四川理工学院教材出版资助项目

Java 程序设计教程

主　编　居锦武　王兰英
副主编　梁兴建　高　祥　卢　令　李随群

西南交通大学出版社
·成都·

内容简介

Java 程序设计是计算机专业的一门语言基础课，越来越受到重视。本书介绍了使用 Java 语言进行程序设计所涉及的各个知识点，配有大量的实例代码，内容浅显易懂，避免晦涩的概念讲解。全书共 12 章，第 1～4 章介绍了 Java 语言基础、类与对象、类的高级内容，第 5～11 章介绍了 Java 的常用系统类、异常处理、I/O 流机制、图形用户界面、数据库、多线程、WEB 应用技术，第 12 章通过两个应用程序设计，将各知识点综合在一起。书中各章节给出了大量的实例。

本书内容丰富，深入浅出，结合应用，图例丰富，可作为高等院校计算机专业本专科生学习 Java 程序设计的入门教材，也可供工程技术人员和自学读者学习参考。

图书在版编目（CIP）数据

Java 程序设计教程 / 居锦武，王兰英主编. 一成都：西南交通大学出版社，2017.11

ISBN 978-7-5643-5894-5

Ⅰ. ①J… Ⅱ. ①居… ②王… Ⅲ. ①JAVA 语言－程序设计－高等学校－教材 Ⅳ. ①TP312.8

中国版本图书馆 CIP 数据核字（2017）第 277838 号

Java 程序设计教程

主编 居锦武 王兰英

责任编辑 穆 丰
特邀编辑 傅莉萍
封面设计 何东琳设计工作室

出版发行 西南交通大学出版社
（四川省成都市二环路北一段 111 号
西南交通大学创新大厦 21 楼）
邮政编码 610031
发行部电话 028-87600564 028-87600533
官网 http://www.xnjdcbs.com
印刷 四川森林印务有限责任公司

成品尺寸 185 mm × 260 mm
印张 16
字数 389 千
版次 2017 年 11 月第 1 版
印次 2017 年 11 月第 1 次
书号 ISBN 978-7-5643-5894-5
定价 36.00 元

课件咨询电话：028-87600533
图书如有印装质量问题 本社负责退换

前　言

Java 程序设计语言在国内外的使用非常广泛，随着互联网的快速发展，Java 编程技术也得到快速的发展，推广应用到多个计算机领域。在面向对象程序设计技术中，存在多种 OOP 语言，Java 语言是最成功的之一。面向对象程序设计技术是对面向过程程序设计技术的革命，已经成为计算机软件开发领域的主要技术。

本书是笔者在多年的 Java 程序设计课程教学经验的基础上，针对学生的情况及课程的需要，博采众多 Java 教材的优点，编写的一本内容丰富实用，学习易用流畅的 Java 教材。本书的编写特点是以初学者为起点，由浅入深、循序渐进地介绍 Java 程序设计语言，以及程序设计的基本概念和基本方法，在内容上力争主次分明，避免枯燥的概念讲述，避免烦琐细节的罗列，设置大量的实例代码来降低学习的难度，让概念通过实例来直观的展现，同时又把 Java 的一些先进内容和思想方法介绍给读者，希望在有限的篇幅中，让读者能够更容易的掌握 Java 程序设计的思想和方法。

全书共分 12 章，各章节的主要内容简介如下：

第 1 章简要对 Java 语言进行了概述，介绍了 Java 语言历史、Java 开发环境的安装及设置。

第 2 章介绍了 Java 语言的基础知识，包括符号、常量与变量、数据类型、操作符与表达式、各种基本语句结构、数组、Java 的输入输出。

第 3 章开始进入面向对象程序设计，介绍了面向对象程序设计的基本概念，Java 中的类的概念，包括类的定义、成员变量、成员方法、初始化、构造方法，Java 中的对象的概念，包括对象的定义与创建、使用以及权限访问控制符。

第 4 章介绍面向对象程序设计的高级概念，包括类的继承、抽象方法与抽象类、接口、内嵌类以及 Java 语言中包的概念。

第 5 章介绍了一些 Java 程序设计中常用的系统类，包括包装类、String 字符串、StringBuffer 缓冲字符串类、Vector 向量类、Map 映射类。

第 6 章介绍了 Java 语言的异常处理机制，包括 Java 异常处理的异常声明、抛出、捕获、处理等概念，还介绍了自定义异常类的使用方法。

第 7 章介绍了 Java 语言的 IO 流类与文件处理，包括 Java 语言的输入输出机制、IO 流类、File 类、文件读写等概念。

第 8 章介绍了 Java 的图形界面设计，包括窗口与容器、布局管理器、事件模型。还详细介绍了常用的图形界面 GUI 部件，包括标签、文本框与文本域、按钮、检查框、列表框、菜单、对话框、表格。本章最后通过综合性的实例来加强对内容的运用及理解。

第 9 章介绍了 Java 的数据库编程方面的知识，简要介绍了 JDBC 数据库的概念和连接，介绍了数据库的操作，如数据查询、插入、删除、更改等。

第 10 章介绍了 Java 的多线程程序设计方法，介绍了线程的状态转变，线程的建立，以及多线程程序的同步方法。

第 11 章介绍了 Java 语言在 WEB 技术方面的应用，介绍了 WEB 开发环境的建立与设置，详细介绍了 JSP 技术和 Servlet 技术的工作原理和执行过程。

第 12 章通过两个相对复杂的实例来加强对 Java 语言程序设计技术的理解与运用，这两个实例一个是基于 awt 的图形用户界面设计，一个是基于数据库的程序。

本书由四川理工学院的居锦武、王兰英、梁兴建、高祥、卢令、李随群编写，由居锦武通审、修改定稿。王兰英负责第 1 ~ 3 章的编写工作，梁兴建负责第 4 ~ 6 章的编写工作，高祥负责第 7 ~ 10 章的编写工作，卢令、李随群负责第 10 ~ 12 章的编写工作。罗岚方、邓媛丹、裴云强、刘茂林、熊磊、朱艳琳、蔡艳、文欣、刘敏、吴军、赵容梅负责各章例子程序的编写与调试。出版社的多位同志对本书的出版给予了充分重视和周到的安排，使本书得以在短时间内完成出版。对所有曾经鼓励、支持和帮助过我们的领导、组织、朋友，在此表示真挚的感谢。

尽管作者有多年的 Java 教学经验，但由于时间仓促和水平有限，书中难免有不妥之处，欢迎读者多提宝贵意见。电子邮箱：jjwly@163.com。

居锦武
2017 年 6 月
于四川理工学院

目　录

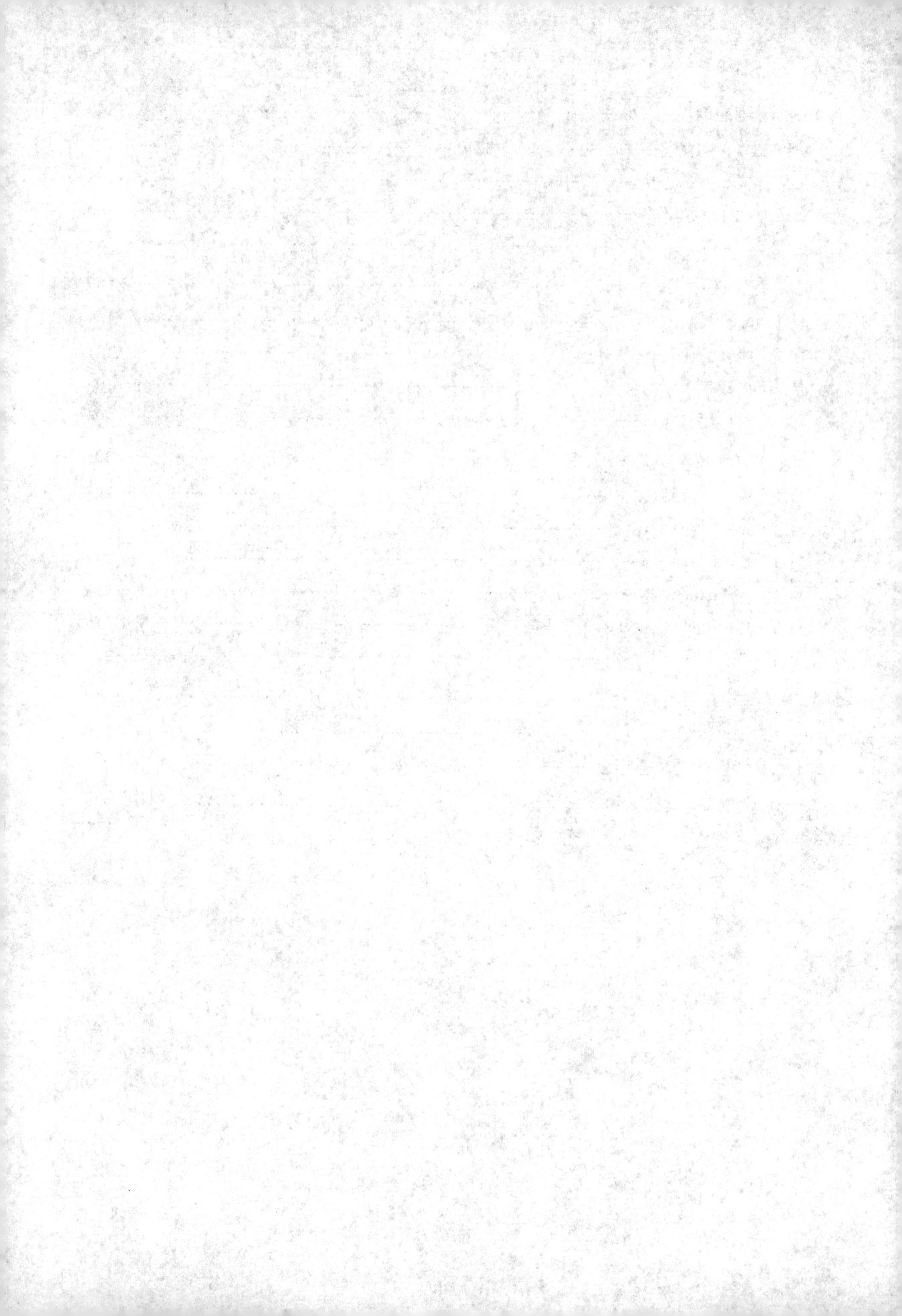

第 1 章　Java 概述

1.1　Java 的历史

计算机语言历经从面向机器的语言到面向过程语言，再从面向过程语言发展到面向对象语言，面向对象语言如 C++，Java 等，解决了面向过程语言难以处理的空间结构不一致问题，是最接近人类自然思维方式的程序设计语言，使软件开发过程变得简单高效，成为当前主流的程序设计语言。

Java 语言的历史要追溯到 1991 年，美国 Sun Microsystems 公司的 Green 开发项目小组成立，这是一个由 James Gosling 领导的主要为了开拓消费类电子产品市场的项目小组，该小组的研究人员最开始考虑用 C++语言来编写消费电子产品的应用程序，但由于 C++语言太复杂，也存在一定的安全问题。于是，该小组就开始自己设计和开发一种面向对象的语言，命名为 Oak 语言。Oak 语言中大部分采用了 C 语言的语法，但是在安全方面做了很大的改进。该语言是跨平台、面向对象、安全性高的一种语言，但是在商业上并未取得成功。在 1995 年，sun 公司对 Oak 语言的设计做了改进，也就形成了现在的 Java 语言。

Java 语言在发展过程中发生了一些特性的转变，显示了 Java 语言的特点：

- 由一种面向过程的语言发展到了面向对象的程序设计语言；
- 提供了解释执行的程序运行环境，使程序代码独立于平台；
- 吸收了 C 和 C++的优点，使得程序员更加容易掌握；
- 删除了 C 和 C++中影响程序健壮性的部分，增加程序的安全性；
- 具有多线程的特性，使得程序中的多个任务能够同步运行；
- 增加了动态下载程序代码的机制；
- 使用代码校验机制，保证了安全性。

1.2　Java 与 C++的比较

Java 语言是从 C++语言发展而来，人们常通过将 Java 语言与 C++语言做比较，来了解 Java 语言的特点和优点。

（1）Java 语言基于解释方式运行，而 C++语言基于编译方式运行。解释运行的 Java 程序要比 C++程序的执行速度慢 20 倍左右。但 Java 语言采用解释方式，带来新的优点，由于为每种操作系统都配备有一个解释器，使得 Java 编译后的.class 文件基于相同的虚拟机运行，虚拟机是运行在解释器上的，这样使得 Java 成为了一种跨平台的语言。而 C++程序直接编译生成的机器语言代码不能运行在不同的计算机上，计算机平台改变，C++程序需要重新进行编译。

（2）Java 语言是完全面向对象的，而 C++语言则可以编写面向过程的程序。Java 语言完全面向对象，完全使用面向对象的思想来完成程序设计。每个 Java 程序都是由若干个类构成的，每个 Java 源程序文件都至少要包含一个类，其中所有的方法都是在类的主体定义的，用关键字 class 来标识类定义的开始。在一个 Java 程序中有且只有一个 public（公共）类，并且主类名必须和文件名保持一致。

（3）Java 中的类定义形式和 C++不同，类所有的成员都定义在类体中。

（4）Java 是一种强类型检查语言，对变量的类型检查非常严格。如条件表达式只能用 boolean（布尔）类型，不能使用整数。通过对程序的严格类型检查，能够避免潜在的错误数据类型转换，提高了代码的健壮性。

（5）Java 语言不支持指针，这可以防止对内存的非法访问，从根本上保证了程序代码的内存访问安全。

（6）Java 语言的内存分配与内存释放工作均自动运行，自动垃圾回收线程在后台自动运行，这保证了程序不会出现内存泄漏问题。

（7）Java 的数组采用了特殊的结构，并且具备独特的行为。其中包含了一个 length 成员，用于计算数组的长度，若在数组运行期检查时越界，则会自动丢弃一个异常。还可以将数组复制给另一个数组，并且复制后的数组，所有的方法也同样可用。

（8）Java 语言在类继承方面，只支持单向继承，而 C++则支持多重继承。Java 语言通过接口的多重继承来间接实现类的多重继承，这样可避免 C++类多重继承带来的二义性问题。

（9）Java 语言从语言级别支持多线程，这可大大提高多线程程序编写的便利性，提高了软件的运行效率。

（10）Java 语言因网络而生，Java 的 Applet 程序，是浏览器动态页面设计的重要手段，Java 语言从语言级别支持网络程序设计，Java 语言已成为分布式企业级应用的主要语言。

（11）Java 基于沙箱模型运行，不被信任的程序，比如网络下载的代码，只能在沙箱中运行，这进一步保证了系统的安全性。

在语言细节上，Java 也与 C++有许多的不同之处，比如，Java 若在定义前使用类或方法，不需要提前声明，直接使用。Java 没有预处理机制。Java 如果要使用另一个库中的类，需要用到 import 命令，import 后面接库名。在 Java 中，定义成类成员的对象的句柄会自动被初始化为 null（空）。而在 C++中，未初始化的成员内容是不确定的。Java 的语法比 C++的语法理解起来更加容易，并且 static 和非 static 成员都是固定不变的。在 Java 中必须用关键字 new 来创建一个对象。Java 中的继承和 C++的作用相同，但是在语法上不同。Java 使用关键字 extends 实现一个基础类的继承，用关键字 super 指出在基础类中调用的方法，Java 中的 super 关键字只允许访问父类的方法（分级结构的上一级）。但是在 C++中设定了基础类的作用域，所以可以访问分级结构较深处的方法。所有类都是从 Object 里自动继承。和 C++不同，没有构建器的初始化列表。但是编译器会强制在构建器主体的开头进行全部的基础类初始化。Java 运行在虚拟机上，由 JVC 负责内存垃圾回收，而 C++需要自行处理内存的释放。

1.3 Java 开发环境

1.3.1 Java SDK 的下载与安装

构建 Java 开发环境的第一步是下载 Java SDK、安装 Java SDK 和环境变量的配置。

1. JDK 的下载

Java SDK 是构建 Java 开发环境的基础，该软件可以在 Java 的官方网站免费下载。如图 1-1 所示，在 Downloads 页面中，选择 Java for Developers。

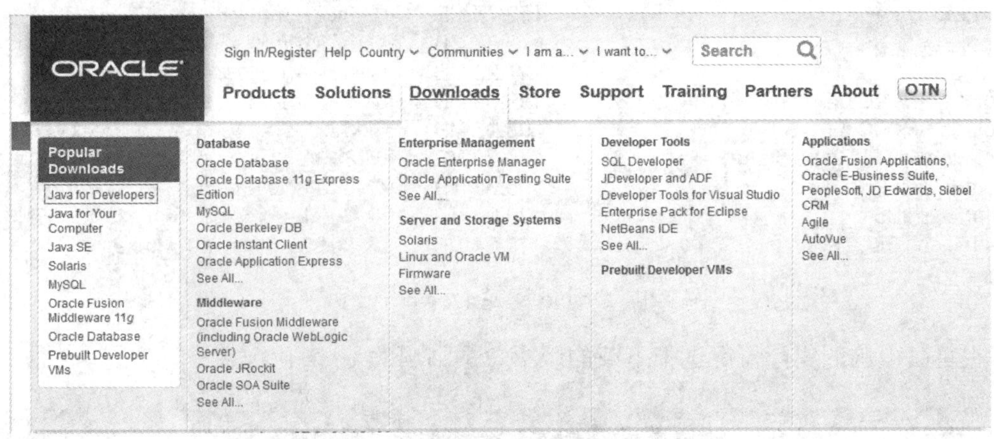

图 1-1 Oracle 网站 Download 页面

如图 1-2 所示，根据实际情况选择合适自己的 Java JDK 版本，点击下载。

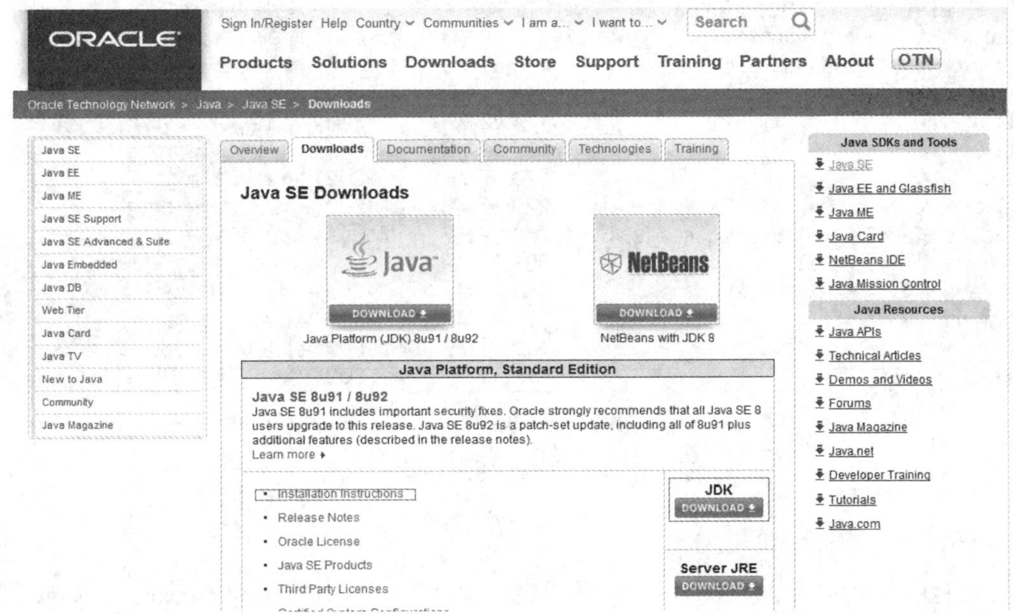

图 1-2 Download 页面 Java 版本选择

如图 1-3 所示，选择 Accept License Agreement。

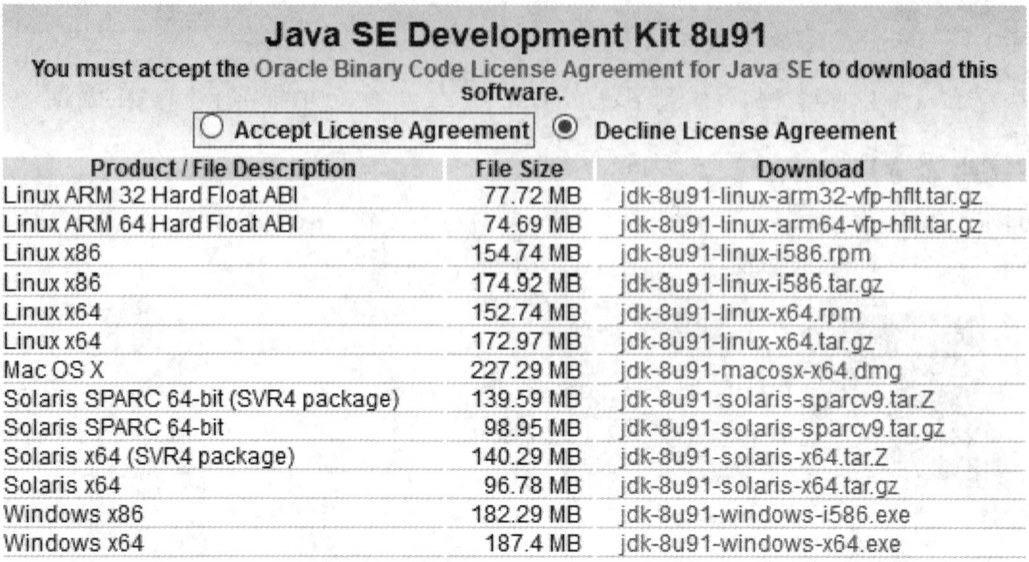

Java SE Development Kit 8u91

You must accept the Oracle Binary Code License Agreement for Java SE to download this software.

○ Accept License Agreement ◉ Decline License Agreement

Product / File Description	File Size	Download
Linux ARM 32 Hard Float ABI	77.72 MB	jdk-8u91-linux-arm32-vfp-hflt.tar.gz
Linux ARM 64 Hard Float ABI	74.69 MB	jdk-8u91-linux-arm64-vfp-hflt.tar.gz
Linux x86	154.74 MB	jdk-8u91-linux-i586.rpm
Linux x86	174.92 MB	jdk-8u91-linux-i586.tar.gz
Linux x64	152.74 MB	jdk-8u91-linux-x64.rpm
Linux x64	172.97 MB	jdk-8u91-linux-x64.tar.gz
Mac OS X	227.29 MB	jdk-8u91-macosx-x64.dmg
Solaris SPARC 64-bit (SVR4 package)	139.59 MB	jdk-8u91-solaris-sparcv9.tar.Z
Solaris SPARC 64-bit	98.95 MB	jdk-8u91-solaris-sparcv9.tar.gz
Solaris x64 (SVR4 package)	140.29 MB	jdk-8u91-solaris-x64.tar.Z
Solaris x64	96.78 MB	jdk-8u91-solaris-x64.tar.gz
Windows x86	182.29 MB	jdk-8u91-windows-i586.exe
Windows x64	187.4 MB	jdk-8u91-windows-x64.exe

图 1-3 Oracle 网站 Download 页面

根据自己电脑的实际情况选择下载的版本（本书用的是 64 位）。

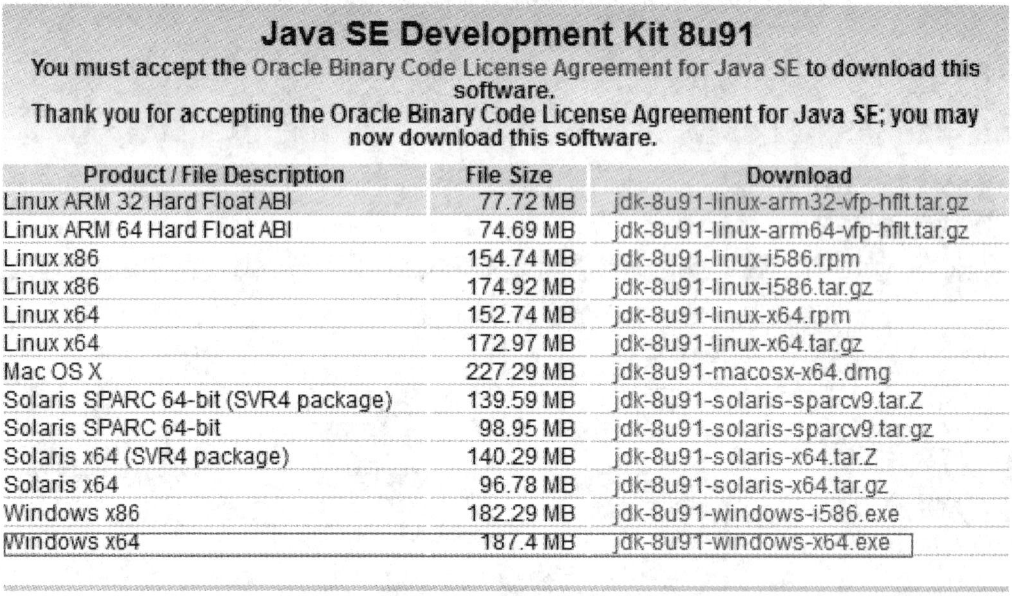

Java SE Development Kit 8u91

You must accept the Oracle Binary Code License Agreement for Java SE to download this software.

Thank you for accepting the Oracle Binary Code License Agreement for Java SE; you may now download this software.

Product / File Description	File Size	Download
Linux ARM 32 Hard Float ABI	77.72 MB	jdk-8u91-linux-arm32-vfp-hflt.tar.gz
Linux ARM 64 Hard Float ABI	74.69 MB	jdk-8u91-linux-arm64-vfp-hflt.tar.gz
Linux x86	154.74 MB	jdk-8u91-linux-i586.rpm
Linux x86	174.92 MB	jdk-8u91-linux-i586.tar.gz
Linux x64	152.74 MB	jdk-8u91-linux-x64.rpm
Linux x64	172.97 MB	jdk-8u91-linux-x64.tar.gz
Mac OS X	227.29 MB	jdk-8u91-macosx-x64.dmg
Solaris SPARC 64-bit (SVR4 package)	139.59 MB	jdk-8u91-solaris-sparcv9.tar.Z
Solaris SPARC 64-bit	98.95 MB	jdk-8u91-solaris-sparcv9.tar.gz
Solaris x64 (SVR4 package)	140.29 MB	jdk-8u91-solaris-x64.tar.Z
Solaris x64	96.78 MB	jdk-8u91-solaris-x64.tar.gz
Windows x86	182.29 MB	jdk-8u91-windows-i586.exe
Windows x64	187.4 MB	jdk-8u91-windows-x64.exe

图 1-4 64 位 Windows 版本下载

2. Java SDK 的安装

下载好 Java SDK 后，双击 Java SDK 的安装包“jdk-8u91-windows-x64.exe”，开始安装 Java SDK。

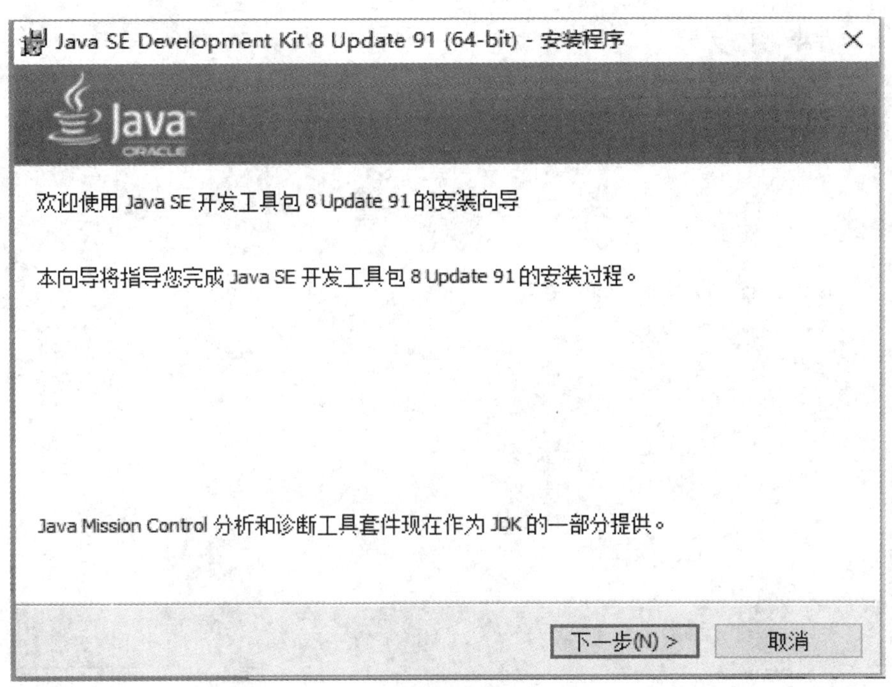

图 1-5　安装 Java SDK

如图 1-6 所示，首先默认选择开发工具，并设置 SDK 安装目录。Java SDK 目录位置很重要，在设置 Java 开发工具时，环境变量的设置要使用 Java SDK 安装目录。

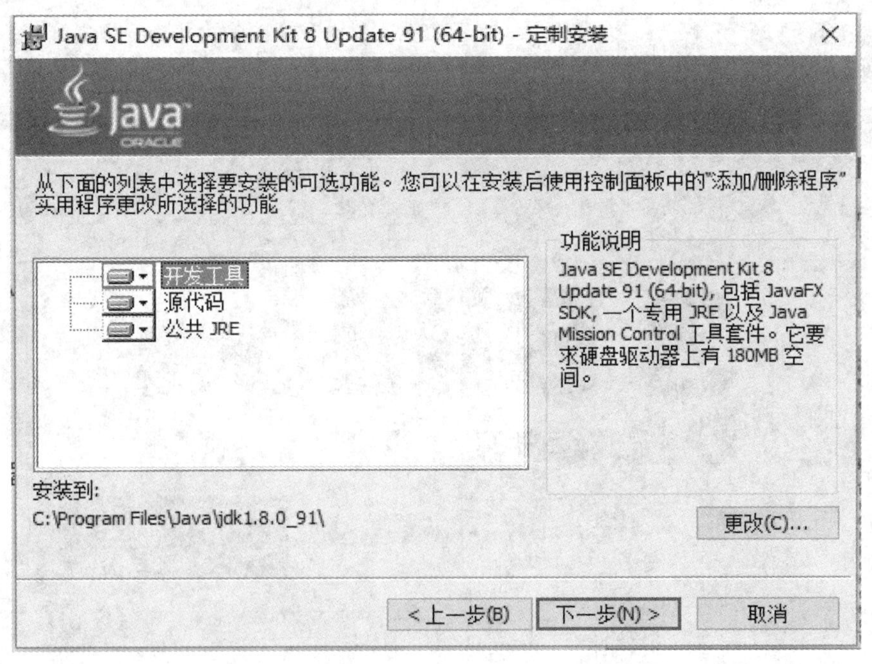

图 1-6　选择 SDK 安装目录

选择下一步，如图 1-7 所示，选择 Java 运行环境 JRE 的默认安装路径。

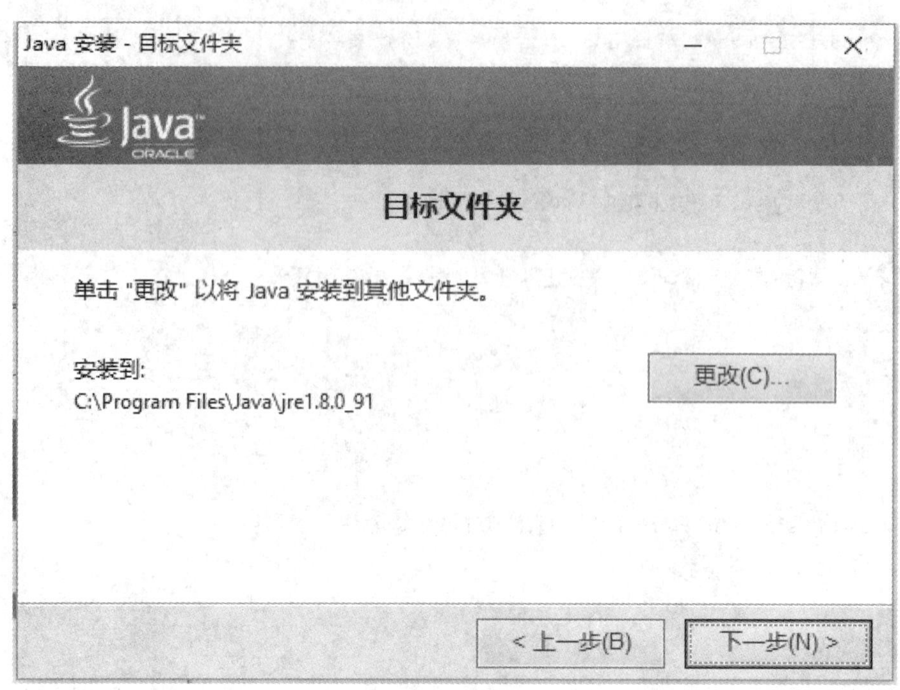

图 1-7　更改 JavaSDK 安装目录

等待安装完成。

图 1-8　Java SDK 安装过程

Java SE Development Kit 8 Update 91 (64-bit) - 完成
Java
ORACLE
Java SE Development Kit 8 Update 91 (64-bit) 已成功安装
单击"后续步骤"访问教程，API 文档，开发人员指南，发布说明及更多内容，帮助您开始使用 JDK。
后续步骤(N)
关闭(C)

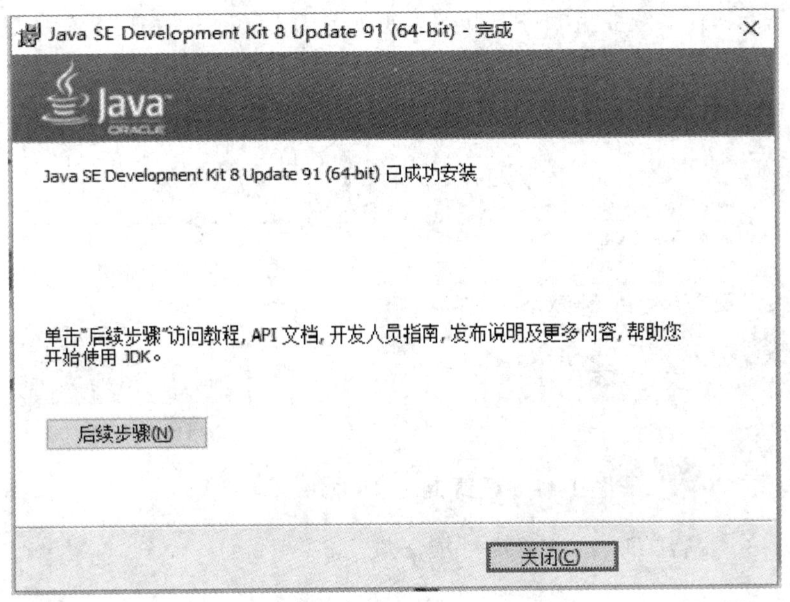

图 1-9　完成 Java SDK 的安装

1.3.2　SDK 环境变量的设置

Java SDK 安装完成后，还需要设置相应的环境变量，操作步骤如图 1-10 所示，从 Windows 操作系统的控制面板→系统和安全→系统→高级系统设置→环境变量。

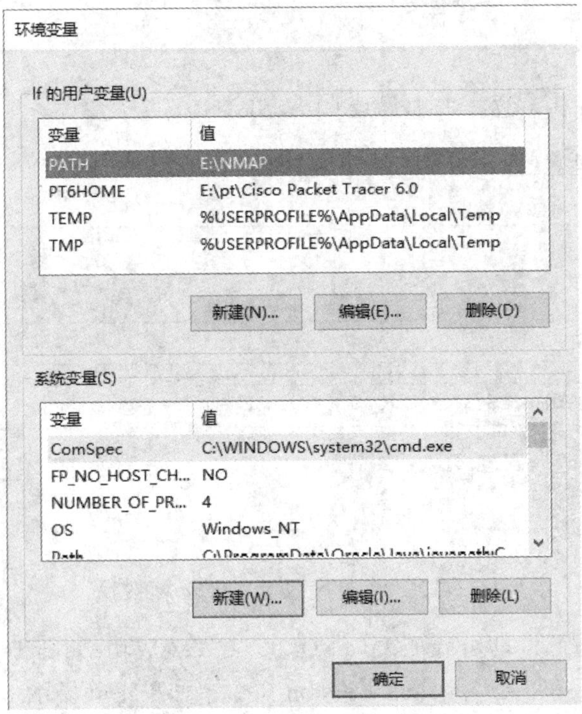

环境变量
lf 的用户变量(U)
变量
值
PATH
E:\NMAP
PT6HOME
E:\pt\Cisco Packet Tracer 6.0
TEMP
%USERPROFILE%\AppData\Local\Temp
TMP
%USERPROFILE%\AppData\Local\Temp
新建(N)...
编辑(E)...
删除(D)
系统变量(S)
变量
值
ComSpec
C:\WINDOWS\system32\cmd.exe
FP_NO_HOST_CH...
NO
NUMBER_OF_PR...
4
OS
Windows_NT
新建(W)...
编辑(I)...
删除(L)
确定
取消

图 1-10　系统环境变量的设置

如图 1-11 所示，在系统变量中点击新建，变量名为“Java_HOME”，在变量值中输入 Java SDK 的安装路径。

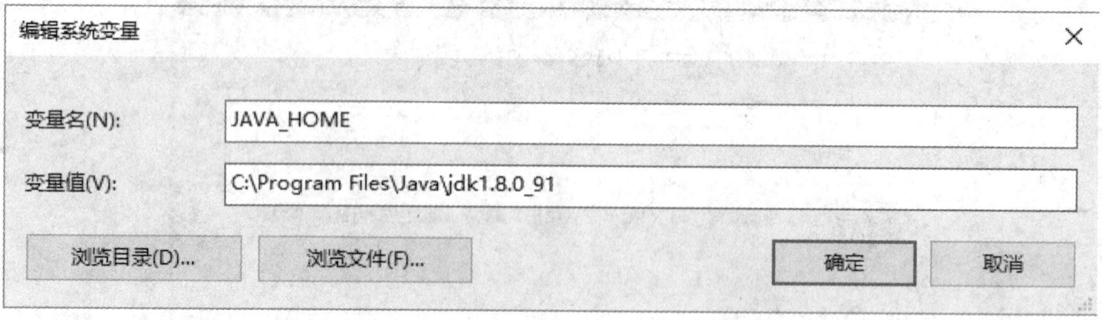

编辑系统变量
×
变量名(N):
JAVA_HOME
变量值(V):
C:\Program Files\Java\jdk1.8.0_91
浏览目录(D)...
浏览文件(F)...
确定
取消

图 1-11　设置 Java_HOME 环境变量

如图 1-12 所示，新建 CLASSPATH 环境变量。

新建系统变量
×
变量名(N):
CLASSPATH
变量值(V):
./;%JAVA_HOME%lib/tools.jar;%JAVA_HOME%lib/dt.jar
浏览目录(D)...
浏览文件(F)...
确定
取消

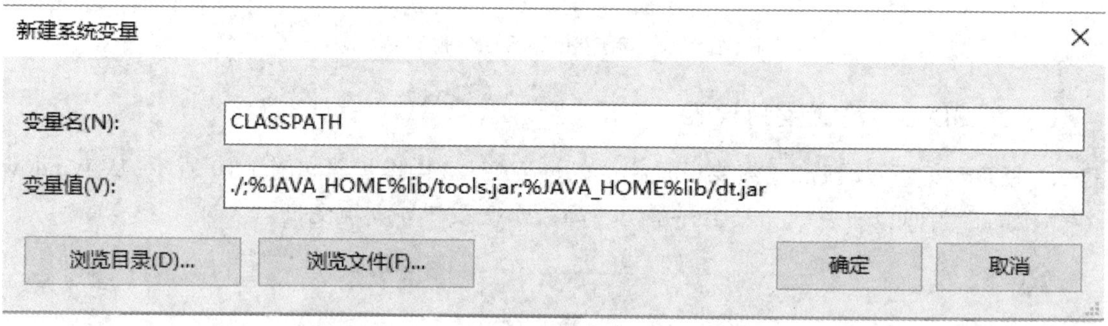

图 1-11　设置 CLASSPATH 环境变量

接着，修改系统环境变量 PATH，添加 Java 运行环境 JRE 的安装路径。

编辑系统变量
×
变量名(N):
Path
变量值(V):
32\Wbem;%SYSTEMROOT%\System32\WindowsPowerShell\v1.0\;%JAVA_HOME%/bin;
浏览目录(D)...
浏览文件(F)...
确定
取消

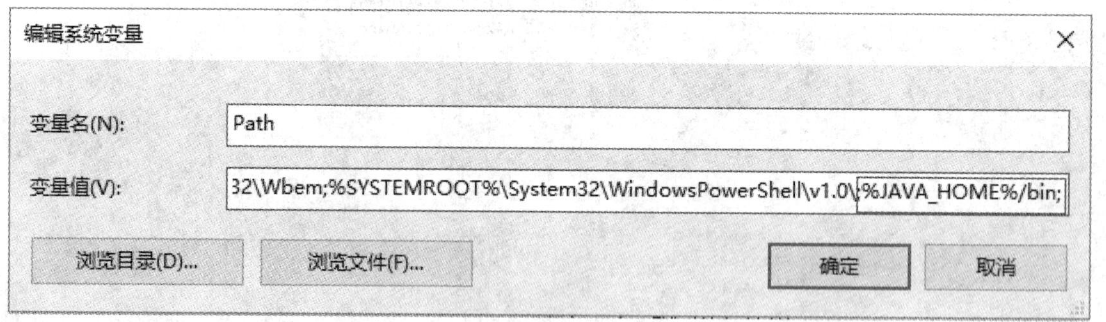

图 1-12　修改设置 PATH 环境变量

完成环境变量的设置后，即可验证 Java SDK 是否安装成功，如图 1-13 所示，进入 Windows 操作系统的命令行窗口，然后运行 Java -version 命令，如果正确显示 Java SDK 的版本，显明 Java SDK 成功安装。

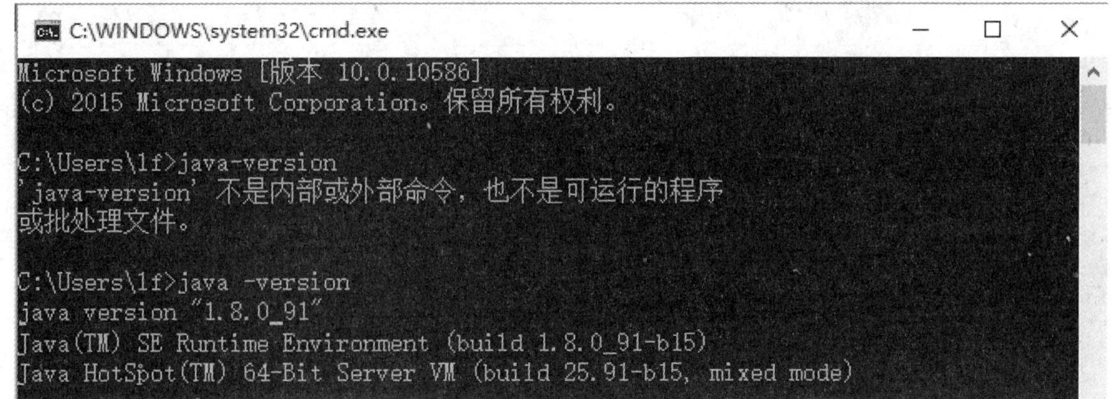

图 1-13　Java SDK 测试

1.3.3　JCreator 的安装与使用

Java SDK 包括了进行 Java 代码编译进行所需的工具，但没有包含代码编辑工具。JCreator 是一个小巧灵活的 Java 编辑开发工具，它将编辑源文件、编译、运行、调试等功能集成为一体，因此被成称为 IDE（Integration Developer Environment，集成开发环境）。JCreator 运行所需的内存很小，但在使用前必须先安装好 JDK（Java 的开发工具包）。

JCreator 的一组相关文件由一个工程（project）来管理，其中包括多个源文件和其他的一些文件，工程文件的扩展名是 jcp。JCreator 的工程由工作空间（workspace）管理，其中有多个工程，工作空间的扩展名是 jcw。在创建工程时，会自动创建对应的工作空间，在 JCreator 中同一时刻只能打开一个工作空间。

JCreator 的安装和其他应用程序的安装类似，首先双击 jCreator 安装程序，进入如图 1-14 所示安装界面。

图 1-14　JCreator 的安装

下一步是接受软件协议许可，如图 1-15 所示。

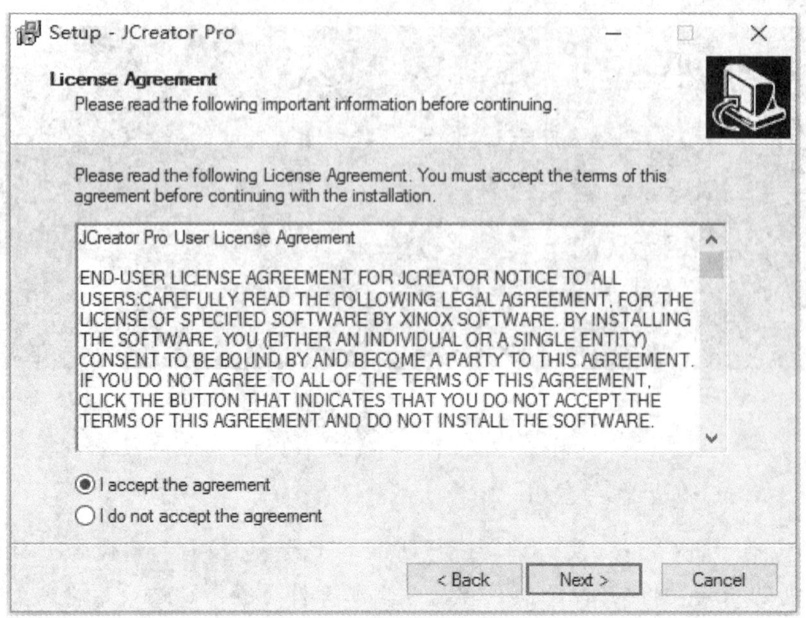

图 1-15　JCreator 的软件许可协议

下一步是选择软件安装路径，如图 1-16 所示。

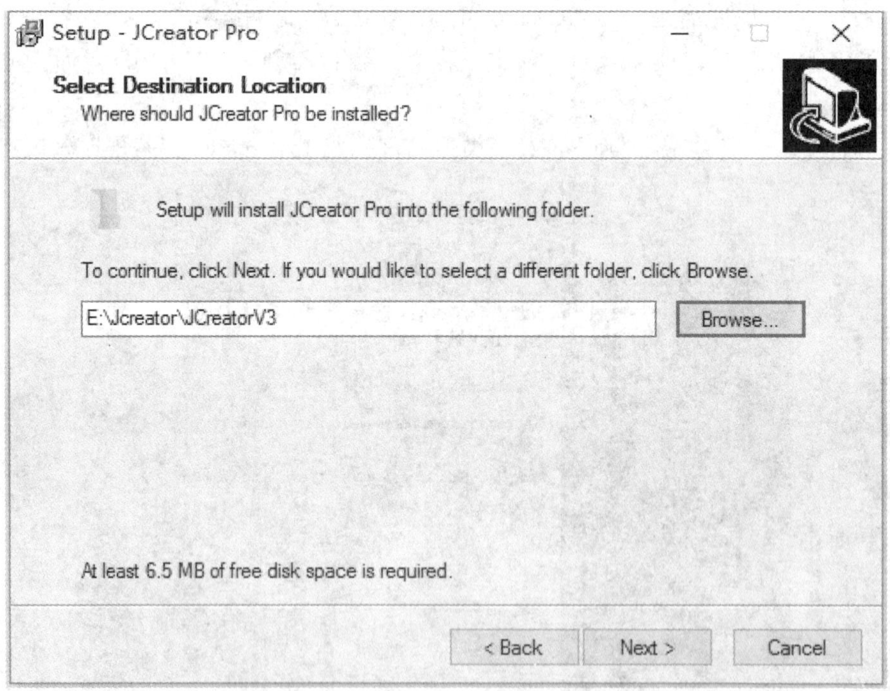

图 1-16　JCreator 的安装路径设置

如图 1-17 所示，开始 JCreator 软件的安装。

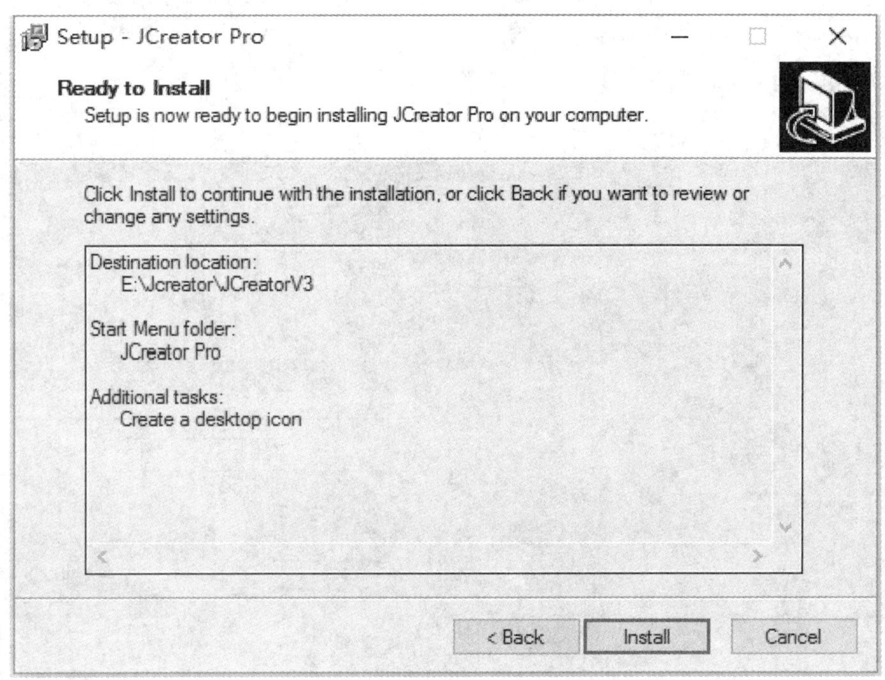

图 1-17　JCreator 的安装

最后完成 JCreator 安装，如图 1-18 所示。

图 1-18　完成 JCreator 的安装

第一次运行 JCreator，要进行简单的设置。启动 JCreator 后，如图 1-19 所示，先进行文件关联设置，选择“.Java”。

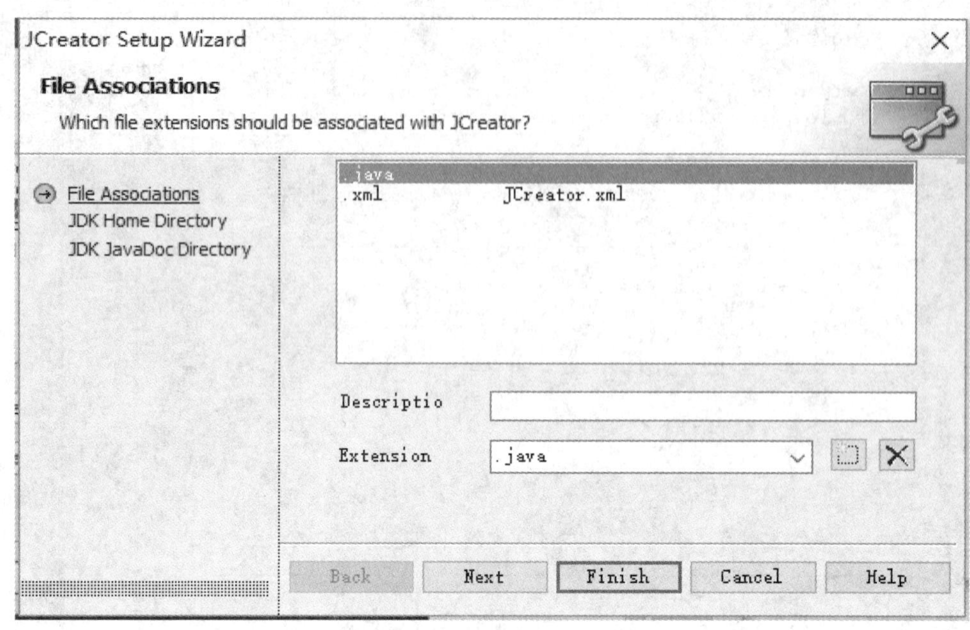

图 1-19　JCreator 的文件关联设置

在图 1-19 中，点击“Finish”按钮，进入图 1-20 所示的文件默认保存路径设置界面。

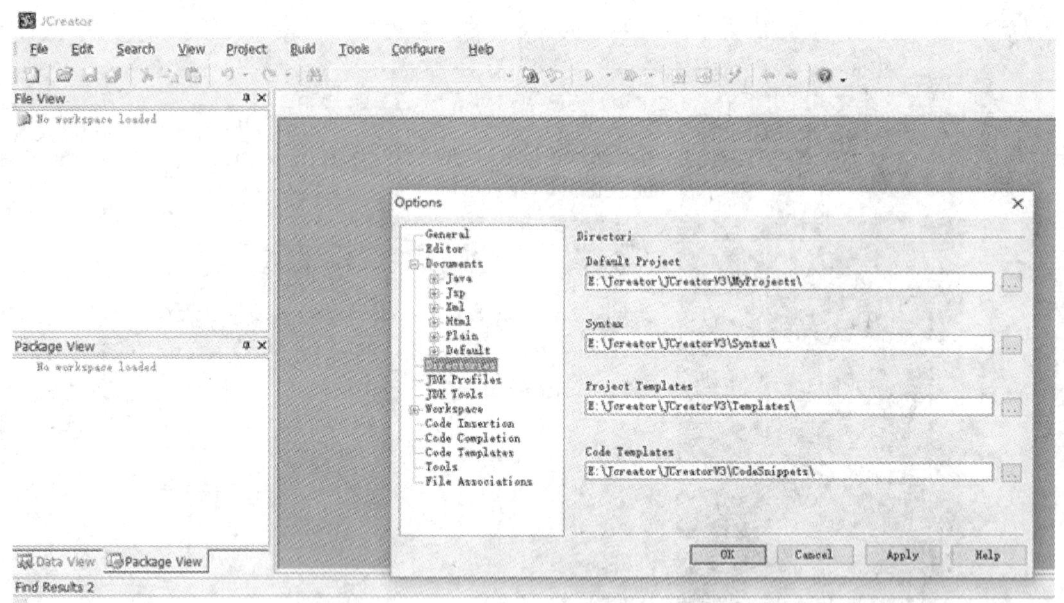

图 1-20　JCreator 的文件默认保存路径设置

在图 1-20 中，点击 OK 按钮，就进入 JCreator 的主界面，我们通过一个简单 Java 程序的编写，来了解 JCreator 软件的基本使用。首先如图 1-21 所示，选择“File”菜单，再选择“New” / “File”，建立一个新的源程序文件，在图 1-22 中，输入所要编写的 Java 源程序文件名，并设置文件保存的路径位置。我们将所要完成的简单 Java 程序命名为“JavaApplication.Java”，保存在 G 盘根目录下。Java 源程序文件的文件扩展名必须是“.Java”。

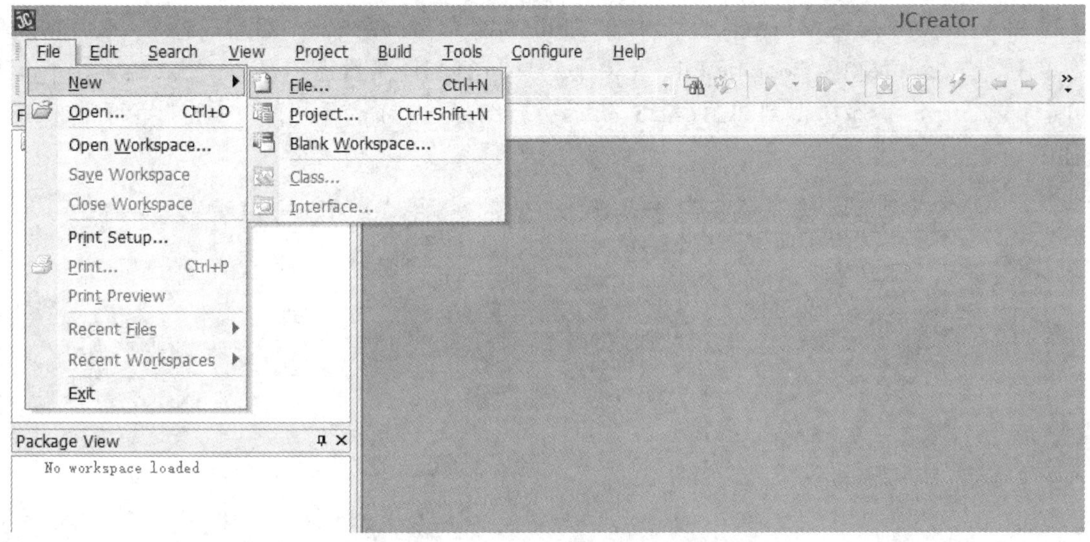

图 1-21　在 JCreator 中新建文件

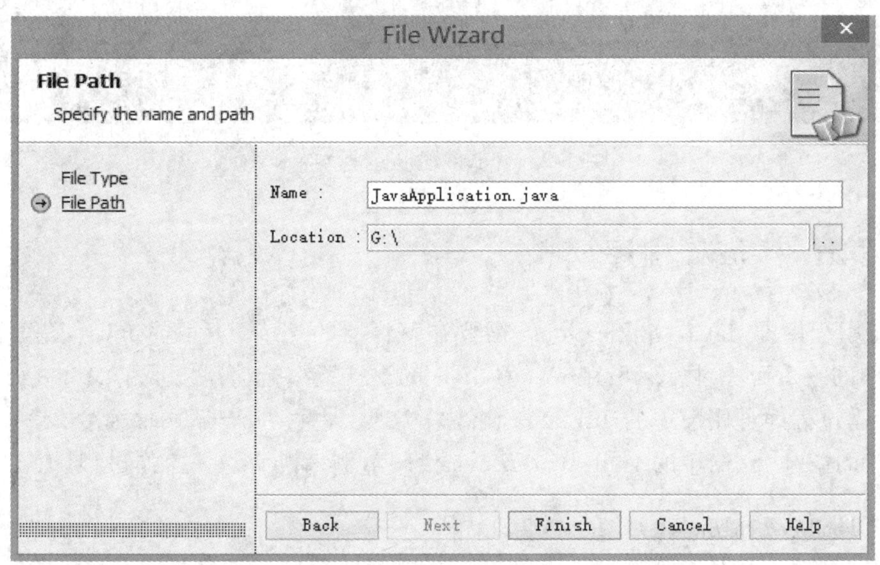

图 1-22　Java 源程序文件名及保存路径设置

在图 1-22 中点击“Finish”按钮，进入如图 1-23 所示的软件主界面，即可输入源代码。

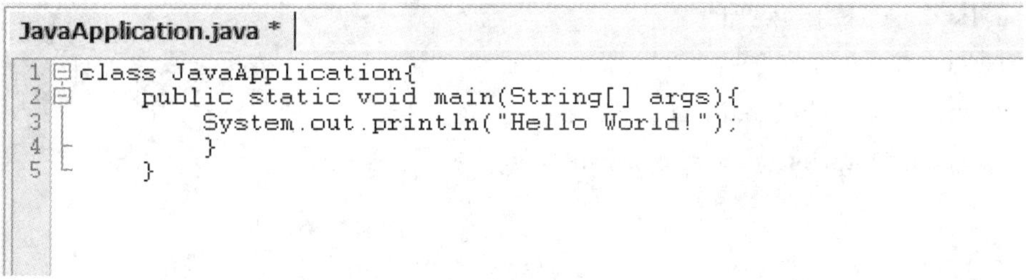

JavaApplication.java *

```
class JavaApplication{
    public static void main(String[] args){
        System.out.println("Hello World!");
        }
    }
```

图 1-23　编写 Java 源程序

完成 Java 源程序的编写后，点击菜单“File/Save”，保存文件，然后在图 1-24 所示的构建菜单中，先点击菜单“Compile File”，对源程序进行编译，再点击菜单“Execute Project”，即可运行该 Java 程序，得到如图 1-25 所示运行结果，在命令行窗口中显示字符串“Hello World!”。

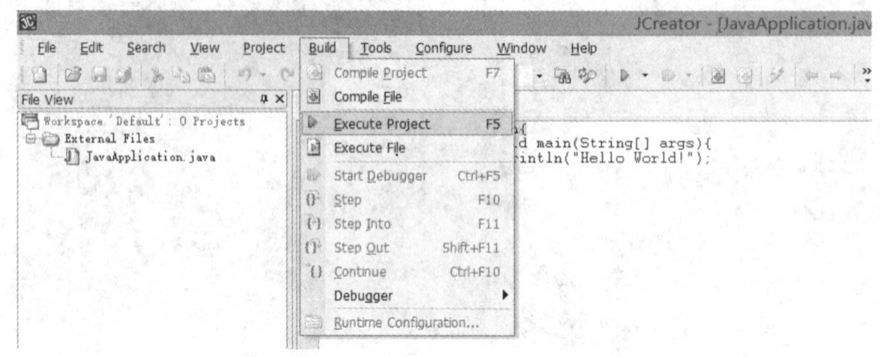

图 1-24　JCreator 的构建菜单

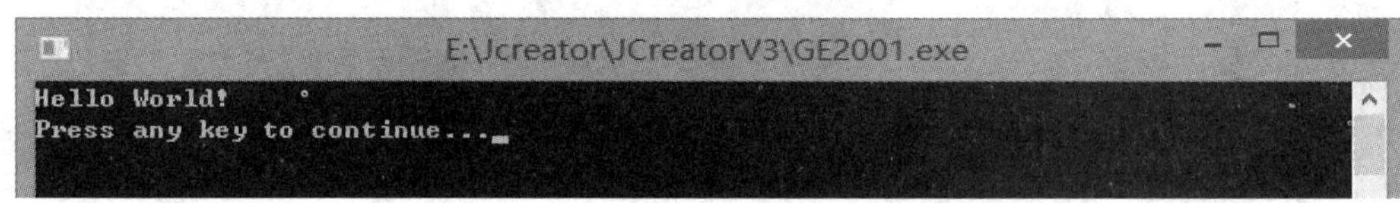

图 1-25　Java 程序运行结果

1.4　第一个 Java 程序

Java 应用程序即 Java Application，需要在解释器的支持下运行。Java 源程序首先编译为.class 的中间字节码文件，然后在解释器 JRE 的支持下运行，这实现了 Java 语言的平台无关性。其操作过程即可用前述的 JCreator 软件来实现，也可在 Windows 命令行窗口中用命令来实现，下面通过一个简单的 HelloWorld.Java 代码示例来说明这一操作过程。

1. 编辑 HelloWorld.Java

使用任意文本软件完成代码的编辑，并保存。

例 1-1　HelloWorld.Java

```
//声明一个 HelloWorld 类
public class HelloWorld {
//声明一个 main 方法
   public static void main(String args[]){ //程序的入口
   System.out.println( “hello world!” );      //屏幕输出
   }
}
```

Java 语言的程序具有以下一些基本的特点：

（1）主类的类名必须和原文件名相同，文件名以.Java 为后缀。

（2）Java 程序中的语句必须以“;”结尾。

（3）程序块以“{”开始，“}”结尾。

（4）Java 语言严格区分大小写。Java 的关键字均用小写，一般类名的开头字母用大写，方法名用小写字母开头，如果一个标识符用多个单词构成，切换新单词的首字母用大写。

（5）每个 Java 程序由若干个类组成，至少包含一个主类，用 class 标识类定义的开始。

（6）该程序的功能是在屏幕上显示字符串“Hello World!”。

2. 编译生成中间字节码文件

将 Java 源程序编译生成中间字节码文件，使用 Java SDK 提供的 Javac.exe 程序实现，该程序是基于命令行的软件，需在 Windows 命令行窗口中运行。

命令格式：Javac 文件名.Java

运行该命令后，如果程序没有错误，将生成“文件名.class”的中间字节码文件，如果程序有错误，编译将给出错误提示信息及错误在源程序中的大致位置。

3. 运行程序

要运行字节码文件，使用 Java SDK 提供的 java.exe 程序实现，该程序是基于命令行的软件，需在 Windows 命令行窗口中运行。

命令格式：Java 文件名

如果程序工作正常，将显示程序运行结果。如果程序错误，将显示运行提示错误信息。

HelloWorld.Java 程序的编译和运行过程如图 1-26 所示。

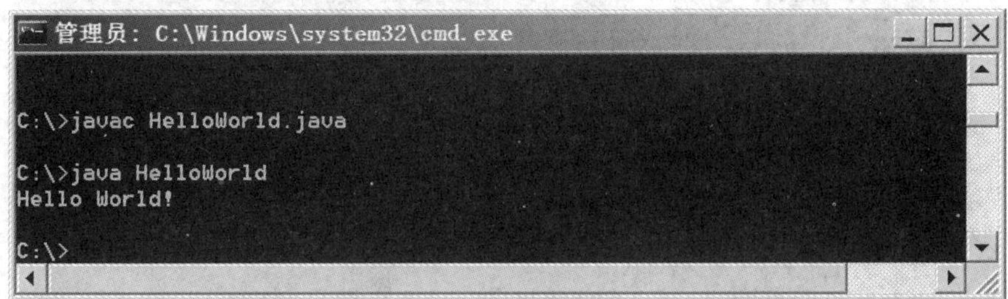

图 1-26　Java 程序的编译与运行

1.5　习　题

（1）Java Application 程序在结构上有哪些特点？如何编译、运行？被编译后生成什么文件？该文件机器可以直接识别吗？如何执行？

（2）安装 JDK 后如何对 JAVA_HOME、PATH 和 CLASSPATH 环境变量进行设置？它们的作用是什么？

（3）Java 程序在书写上应注意哪些事项？有哪些编码规范？

（4）为什么要对程序进行注释？Java 中有哪几种注释？文档注释符与多行注释符有何不同？

第 2 章　Java 基础知识

2.1　Java 符号

2.1.1　关键字与标识符

在 Java 语言程序的编写过程中，通常都需要为自定义的包、类、方法、参数和变量命名。用户自定义的名字通常称之为标识符（identifier）。标识符可由任意顺序和任意长度的大小写字母、数字、下划线（_）和美元符号（$）组成。但合法的标识符需要遵守以下几点要求：

（1）不能以数字开头。

（2）不能是关键字。

（3）注意 Java 语言大小写敏感。

如：username 和 Username 是两个不同的标识符。

（4）为了程序可读性，一般要求标识符可以做到见名知意。

如：在程序中若有一个年龄变量，即可取名为 age。

此外，要注意在取名时，如果一个标识符中包含多个单词，应该使用驼峰命名法来书写。驼峰命名法是编程时为变量方法等命名的一套命名规则，它是指混用大小写字母来构成变量名和方法名。在 Java 中，类名的标识符一般用大驼峰式书写格式（即每一个单词的首字母都采用大写字母，如：FirstName、LastName、CamelCase，这种书写格式也被称为 Pascal 命名法。）；方法名和变量名则多用小驼峰式书写格式（即第一个单字以小写字母开始，第二个单字的首字母大写。如：firstName、lastName。）

（5）如表 2-1 所示是合法的标识符。

表 2-1　Java 合法的标识符举例

username	user_name
_userName	$username
username1	user1_name

（6）如表 2-2 所示是非法的标识符。

和其他高级语言相似，Java 中也有许多关键字，关键字也被称为保留字。这些关键字在程序中被赋予了特殊的意义，有特殊的用法。因此不能被当作标识符使用。在实际的 Java 代码编写过程中，如果使用了关键字作为标识符，在编译过程中编译器会有相应的错误提示，因此读者无需死记 Java 关键字。如表 2-3 所示是 Java 中的关键字列表。

表 2-2　Java 非法的标识符举例

举　例	错　因
class	使用了关键字
98.3	以数字开头
Hello+World	出现了非法符号+
7user	数字开头

表 2-3　Java 关键字一览表

abstract	boolean	break	byte	case	char	class
catch	continue	default	do	double	else	extend
false	final	finally	float	for	if	implement
import	instanceof	int	interface	long	native	new
null	package	private	protected	public	return	short
static	strictfp	super	switch	this	throw	throws
transient	true	try	void	volatile	while	synchronized

注意：虽然在 Java 中并不使用 sizeof、goto、const 这些关键字，但 goto、const 仍然不能作为 Java 标识符使用。

2.1.2　程序注释

在程序语言中加上注释对程序设计者本身来说能及时有效地进行维护及修改。而对程序阅读者来说，是对代码功能的解释，能让读者更为通彻地了解程序和设计者的思路。对企业来说，在人员接替时能保证稳定过渡。它是写在程序里的信息，用来说明某段程序的作用和功能。Java 里的注释根据不同的用途分为三种类型：

1. 单行注释

所谓单行注释，直接在需要注释的内容前面加上双斜线（//），在代码被编译时，Java 编译器会忽略掉这行代码，不会进行任何编译工作。

如：

```
char c = ‘a’;                // 定义一个字符型变量 c 并为其赋值为 a
```

2. 多行注释

第二种注释格式是多行注释，就是在注释内容前面以（/*）开头并在注释内容末尾（*/）结束。当注释内容包含多行时使用，这样的注释内容也称注释块。多行注释可以与单行注射一起组合嵌套使用。

如：

```
/* int count = 30;           // 定义一个整型
```

```
count++;                    // 变量 count 自加运算
*/
```

3. 文档注释

还有一种注释方法是文档注释，其格式是以（/**）开头，并以（*/）结束。被文档注释的内容将被解释成所编写程序的帮助文档，并能被包含在诸如 Javadoc 之类的工具程序提取的文档里，用来说明该程序的结构及功能。

最后，在三种注释格式中，注意不能出现下面的情况：

/*……*/中可以嵌套“//”注释，但不能嵌套“ /**/”。

如：

这样格式的注释是不合法的：

```
/*
    /*int count = 30;*/
      count++;
 */
```

2.2 常量与变量

2.2.1 常量

常量，顾名思义就是在整个应用程序的执行过程中，它们的值都保持不变，既不能被修改，也不能被赋予新值。

在 Java 语言中，在定义变量时加上了 final 关键字对其进行修饰，在对其初始化赋值之后，其值就一直保持初始化所赋的值，不能再改变。

如：

```
final int a = 1;
```

以上代码执行之后，a 的值就永远保持为 1，且再也不能被更改，所以其实是相当于 a 是一个不可再改变的变量。若在定义变量 a 时不加上前面的修饰符 final，则 a 相当于是个普通的 int 类型的变量，其值可以在程序中根据需要被随时更改。但如今在加了修饰符 final，变量 a 的内存空间中就一直保持初始化的数据 1 且不可更改。

Java 中的常量包含整型常量，浮点数常量，布尔常量，字符常量，字符串常量和 null 变量等，其中，有一种比较特别的常量——字符串常量，在 Java 语言中，并没有将字符串常量当作简单的普通类型进行处理，而是用作复合变量并有专门的 String 类对其进行处理。下面的章节中，我们将详细讲解在 Java 中的各种不同类型的常量在程序中具体是如何表示的。

2.2.2 变量

变量可能被明确为是能表示可变状态、具有存储空间的抽象（如在 Java 和 Visual Basic 中）；但另外一些语言可能使用其他概念（如 C 的对象）来指称这种抽象，而不严格地定义“变量”的准确外延。具体而言，变量就是系统根据用户所定义的变量类型，为程序分配的一块有特定大小内存单元，用来存储与其类型相对应的数据。根据所存储的数据类型的不同，有各种不同类型的变量。

当我们在程序中定义一个变量名之后，程序就会为其分配相应的内存空间。要注意，在 Java 中的变量必须要先声明再使用。变量被定义之后，变量名在程序中就可以用于表示变量内存中的数据。

如：

```
int a=1,b;
b=a+1;
```

以上两行代码中，首先定义了两个整型变量 a 和 b，此时系统即为 a 与 b 分配两块内存空间用于存储数据。我们可以在代码中看到，变量 a 的内存空间中的数据被置为 1，而变量 b 内存中的数据尚未进行初始化。此时可以认为变量 b 的值是个未知量。第二行代码在其运行过程中首先将变量 a 内存空间中的数取出，再进行加法运算，最后将结果赋给变量 b 的内存单元中。

2.3 Java 数据类型

Java 中有八种基本的内建数据类型用以存储整型变量，浮点型变量，布尔型变量以及字符型变量，这八种数据类型共同构成了 Java 中的基本数据类型。此外在 Java 中还有一类引用数据类型，由类、接口以及数组组成。如图 2-1 所示。

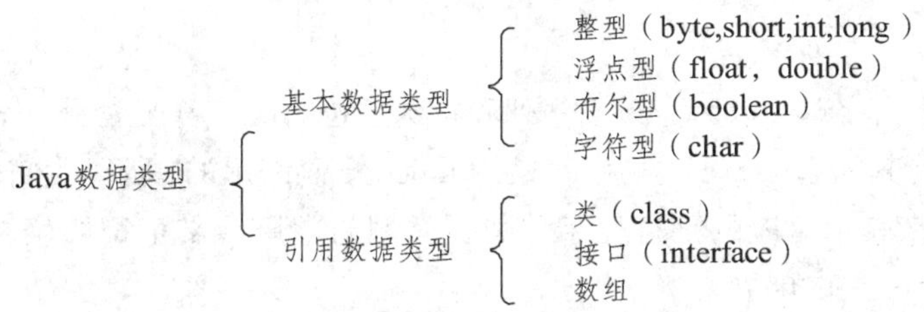

图 2-1 Java 语言的数据类型

2.3.1 Java 基本数据类型

1. 整数类型

整数类型的常量我们通常可以用八进制，十进制和十六进制来表示。当用十进制来表示时，若非数字 0 本身，要注意首位不能是数字 0，因为用八进制表示时必须以 0 开头。十六进制表示时需要以 0x 开头。此外书写不同进制时还要注意各自有不同的书写规则。最后注意若是长整型，注意必须以 L 结尾。整型数据取值范围如表 2-4 所示。

如：±10　067　0x3F

表 2-4　Java 语言的整数数据类型

类　型	所占字节	取值范围
byte	1	−128 ~ 127
short	2	−32 768 ~ 32 767
int	4	−2 147 483 648 ~ 2 147 483 647
long	8	−9 223 372 036 854 775 808 ~ 9 223 372 036 854 775 807

2. 浮点类型

在程序中表示浮点型常量时，需要在其后加上 f(F)或 d(D)，也可以用指数形式来表示。需要我们注意的是，小数常量的默认类型是 double，所以若我们需要定义的是一个 float 类型的常量，需要在其后加上 f(F)。浮点数据类型取值范围如表 2-5 所示。

如：5e3f　1.2d　 1.23d　3-022e+13f

表 2-5　Java 语言的浮点数据类型

类　型	所占字节	取值范围
float	4	1.4E-45 ~ 3-4E+38，-1.4E-45 ~ -3-4E+38
double	8	4.9E-324 ~ 1.7E+308，-4.9E-324 ~ -1.7E+308

3. 布尔类型（boolean）

逻辑数据类型 boolean 变量存储为 8 位(1 个字节)的数值形式，但只能是 True 或是 False。其表示的是逻辑的真假状态，在 C++语言中用 0 与非 0 表示真假，而 Java 中真假不能以这样的方式表示。

4. 字符类型

字符常量可以是由字母、数字、转义序列和特殊字符等的字符所表示，字符常量的表示一般需要用两个单引号将其括起，Java 中的字符是用 unicode 码表示的，所以我们也可以使用 unicode 码值加上\u 的形式来表示对应的字符。字符数据类型与常用转义字符如表 2-6，表 2-7 所示。

如：'a'　'2'　'\b'　'\u0027'

表 2-6　Java 语言的字符数据类型

类　型	所占字节
char	2

表 2-7　Java 语言的常用转义字符表

\r	回　车
\n	换行
\t	制表（tab 键）
\b	退格
\'	单引号（同理\" 表示双引号）
\\	表示斜杠

2.3.2 数据类型的转换

在 Java 语言程序的编写过程中，我们往往需要将一种数据类型的值赋给另一种不同数据类型的变量，由于是两种不同的数据类型，因此在对变量赋值时就要进行数据类型转换，这里就引出了两个与数据转换相关的概念：自动类型转换和强制类型转换。

1. 自动类型转换（隐式类型转换）

自动类型转换，亦称隐式类型转换。这种类型转换需要满足两个条件，首先是两种类型之间彼此兼容，其次是源类型要比目标类型低级。所谓类型的高低级，即是指目标类型的取值范围应大于源类型。在 Java 中的简单数据类型由低级到高级分别为（byte→short→char→int→long→float→double）。举例来说，当程序中需要从 int 类型向 long 类型转换时，由于 long 型的取值范围大于 int 型，此时就会发生自动类型转换。所有的简单数据类型彼此之间都可以进行这样的转换。

如：

```
int x=1;
long y=x;      //程序不会出现错误，程序把 int 型的 x 被自动转换为了 long 型的 y。
```

2. 强制类型转换（显式类型转换）

当两种需要进行转换的类型不满足自动转换的两个条件时，此时就需要进行强制类型转换。进行强制类型转换时的语法格式如下例：

如：

```
int a=1;
byte b;
b = (byte) a;
```

这段代码首先将 int 型的变量 a 的强制转换成 byte 型，再将该值赋给变量 b。在赋值过程中，变量 b 的数据类型并没有发生改变。由于在强制类型转换中，源类型的值很有可能超出目标类型的取值范围，目标类型的内存空间很可能装不下源类型的数据，此时会发生溢出，因此转换过程很可能造成转换后数值不准确。

例 2-1 Convert.java

```
public class Convert
{
public static void main(String args[])
{
    byte b ;
    int a = 300 ;
    b = (byte)a ;
    System.out.println("result is"+" "+b) ;
}
}
```

例 2-1 程序的运行结果如图 2-2 所示，由于 byte 类型变量 b 无法表示整数 300，最终结果错误。在向屏幕打印输出最终结果字符串时，可使用加号（+）与其他的数据类型相连接而组成新的字符串。

图 2-2　Convert.java 程序的运行结果

2.4　操作符与表达式

表达式 = 操作符 + 操作数

Java 表达式是由操作符和操作数按照一定的语法规则组合而成的式子。其中，操作符亦称运算符。Java 中提供了一套丰富的运算符来操纵操作数。我们可以把运算符分成算术运算符、关系运算符、位运算符、逻辑运算符以及赋值运算符。

2.4.1　Java 的运算符

1. 算术运算符

所谓算术运算符，就是加减乘除四则运算中常用到的几种类型的运算符。

表 2-8　算术运算符

运算符	操作
+	加
-	减
*	乘
/	除
%	取余
+/-	正/负
++	自增
--	自减
+	字符串连接

当使用算术运算符时，我们需要注意以下几点：

（1）Java 运算符的优先顺序遵循从左到右的顺序。

（2）当使用“++”和“--”运算符时，如果运算符在变量前面，则先运算再操作；如果运算符在变量后面，则先操作再运算。

（3）当使用“/”运算符时，它在整数和小数之间的除法运算是有区别的：整数之间做除法时，只保留整数部分而舍弃小数部分。

例 2-2　Calc.java

```
public class Calc{
    public static void main(String[] args){
        int x=230;
        x=x/100;
    System.out.println(x);
}
}
```

程序运行结果：

2

（4）“+”运算符除了可以实现连接不同字符串外，当表达式中至少包含有一个字符串对象时，还能将表达式中的其他类型数据自动转换成字符串类型，再完成连接工作。

如：

2+"abc";的结果是"2abc"。

2. 关系运算符

关系运算符的运算结果一般是 boolean 类型，只有 true 和 false 两种结果，如表 2-9 所示。

表 2-9　关系运算符

运算符	操　作	示　例	结　果
==	等于	1==2	false
!=	不等于	1!=2	true
<	小于	1<2	true
<=	小于等于	1<=2	true
>	大于	1>2	false
>=	大于等于	1>=2	false
instance of	是否为某个类的对象	"hello world" instance of String	true

注意使用过程中，“==”是比较运算符，“=”是赋值运算符。

3. 位运算符

我们知道信息和数据在计算机中是以二进制的形式存储的，与、或以及异或运算符除了可以作为逻辑运算符来使用，同时也可以作为位运算符来使用，当作为位运算符来使用时，其要针对两个操作数的每一个相对应的二进制位进行运算。此时进行位运算的两个二进制位遵循表 2-10 中的运算规则。

表 2-10　位运算符

两位为 1	&	1
两位为 0		0

续表

<table>
<tr><td>两位相异</td><td></td><td>0</td></tr>
<tr><td>两位为 1</td><td rowspan="3">|</td><td>1</td></tr>
<tr><td>两位为 0</td><td>0</td></tr>
<tr><td>两位相异</td><td>1</td></tr>
<tr><td>两位为 1</td><td rowspan="3">^</td><td>0</td></tr>
<tr><td>两位为 0</td><td>0</td></tr>
<tr><td>两位相异</td><td>1</td></tr>
</table>

&运算：两位为 1 结果为 1；其余为 0。

|运算：两位为 0 结果为 0；其余为 1。

^运算：两位不同结果为 1；两位相同为 0。

除此之外，Java 中还有三种移位运算符，如表 2-11 所示。

表 2-11　移位运算符

<table>
<tr><td><<（左移）</td><td>右边的空位用 0 补</td></tr>
<tr><td>>>（右移）</td><td>如果最高位是 0，左边的空位就填入 0
如果最高位是 1，左边的空位就填入 1</td></tr>
<tr><td>>>>（无符号右移）</td><td>左边的空位用 0 补</td></tr>
</table>

例 2-3　Shift.java

```
public class Shift
{
public static void main(String [] args)
{
   int x_1=0xffffffff;
   int x_2=0xffffffff;
   x_1=x_1>>1;
   System.out.println("0xfffffff>>1    result is " + Integer.toHexString(x_1));
   x_2=x_2>>>1;
   System.out.println("0xfffffff>>>1    result is " + Integer.toHexString(x_2));
}
}
```

程序运行结果：

```
0xfffffff>>1    result is ffffffff
0xfffffff>>>1    result is 7fffffff
```

这一段程序代码中，将变量 x_1 和 x_2 赋值为十六进制所能表示的最大整数 0xffffffff，0xffffffff 的二进制形式为：1111 1111 1111 1111 1111 1111 1111 1111。为了读者能直接观察有符号和无符号右移后的差异，因此结果也使用十六进制来表示（见表 2-12），此处调用了 Java 库中提供的 Integer.toHexString 方法。

表 2-12　十六进制与二进制转换

十六进制形式	二进制形式
0xffffffff	1111 1111 1111 1111 1111 1111 1111 1111
0x7fffffff	0111 1111 1111 1111 1111 1111 1111 1111

带符号右移“>>”和无符号右移“>>>”运算结果的区别如上面程序所示。

4. 逻辑运算符

逻辑运算符与关系运算符的运算结果一样，都是 boolean 类型，如表 2-13 所示。

表 2-13　逻辑运算符

运算符	操　作	示　例	结　果
&	与	true&false	false
|	或	true|false	true
^	异或	false^true	true
!	非	!false	ture
&&	与（短路）	false&&true	false
||	或（短路）	false||true	true

&和&&都是逻辑运算符，都是判断两边同时真则为真，否则为假；但是&&当第一个条件不成之后，后面的条件都不执行了，而&则还是会继续执行后面的条件语句，直到整个条件语句执行完为止。“|”和“||”的区别与“&”和“&&”的区别一样。异或运算符是当只有“^”连接的两个布尔表达式的值不相同时返回 true。若两个相同，则返回 false。下面我们来举例说明“&”与“&&”之间的区别：

例 2-4　LogicalCalc1.java

```
public class LogicalCalc1{
    public static void main(String[] args){
        int i=5;
        if((i++>7)&(i++<11)){
            System.out.println(i);
            System.out.println("-------executed--------");
        }
          System.out.println(i);
    }
}
```

程序运行结果：

7

例 2-5　LogicalCalc2.java

```
public class LogicalCalc2{
    public static void main(String[] args){
        int i=5;
        if((i++>7)&&(i++<11)){
            System.out.println(i);
            System.out.println("--------executed----------");
        }
        System.out.println(i);
    }
}
```

程序运行结果：

6

5. 赋值运算符

赋值运算符完成数据的赋值传递。赋值运算符可与其他一些运算符组成组合赋值运算符，其功能是先将运算符左边的变量与右边的表达式进行运算，然后再将结果赋值给左边的变量，如表 2-14 所示。

表 2-14　赋值运算符

运算符	操　作
=	赋值
+=	加等于
-=	减等于
*=	乘等于
/=	除等于
%=	取模等于

在 Java 中可以把多个变量写在一起进行赋值。

例 2-6　AssignCalc.java

```
public class AssignCalc{
        public static void main(String[] args){
        int x,y,z;
        x=y=z=1;
        System.out.println(x);
        System.out.println(y);
        System.out.println(z);
}
}
```

程序运行结果：

1

1

1

6. 其他运算符

Java 语言中还包括一些其他运算符，如表 2-15 所示。

表 2-15　其他运算符

运算符	操　作
?:	问号运算符
[ ]	用于数组相关操作
.	对象成员访问运算符
(type)	强制类型转换运算符
new	对象创建运算符
instanceof	对象类型判断运算符

2.4.2　优先级

在上一章中我们谈到了 Java 中最常使用到的几种操作符，这些操作符都有不同的优先级，Java 中运算符的优先级指的是在表达式中操作符的运算顺序，表 2-16 中根据操作符的优先级从上到下排序，首行优先级最高，末行优先级最低。

表 2-16　运算符的优先级

运算符	优先级	结合性
.　[]　()　new	14	左
++　--　~　!　(type)	13	右
*　/　%	12	左
+　-	1	左
<<　>>　>>>	10	左
<　>　<=　>=　instanceof	9	左
==　!=	8	左
&	7	左
^	6	左
|	5	左
&&	4	左
||	3	左
?:	2	右
=　+=　-=　*=　/=　%=　<<=　>>=　>>>=　&=　^=　|=	1	右

根据上表给出的运算符运算顺序，我们可以写出符合自己程序要求的运算表达式。表达式的优先级多而繁复，我们在实际程序代码的编写过程中不必去死记表目中的操作符优先级顺序。我们应该善用括号，因为括号的优先级最高，而且多用善用括号可以增加程序的可读性，同时也可以帮助我们养成良好的编程习惯，此外这也是软件编码规范的要求。

2.5　基本语句与程序结构

程序流程有三种最基本的控制结构，即顺序结构、选择结构和循环结构。在一个程序中，程序通常是按照自上而下的顺序来执行各个语句，直到整个功能模块结束。而选择结构和循环结构，可以改变程序执行的流程。

2.6　if 分支结构

if 语句是条件判断语句，其根据括号内的布尔表达式或布尔值作为是否分支的判断条件来进行分支控制，其中 if 语句有如下几种形式：

1. 无 else 的 if 语句（if…）

```
if（逻辑表达式）
{
语句…
}
```

无 else 的 if 语句的程序流程是，如果逻辑表达式为 true，则执行语句。

例 2-7　IsPositive1.java

```
public class IsPositive1{
public static void main(String[] args){
          int a=1;
        if(a > 0){
           System.out.println("positive number");}
}
}
```

运行结果为：

positive number

例 2-7 代码程序是最简单的 if 条件判断语句，该程序首先定义了变量 a，然后用 if 条件语句对 a 是否大于 0 进行判断，判断结果如果为真，则执行花括号中的打印语句。如果为假，则什么也不执行结束程序。要注意的是，如果 if 后面的语句只有一行代码，此时可以省略花括号；如果含有多行代码则一定要用花括号括起。程序例 2-7 的程序流程图如图 2-3 所示。

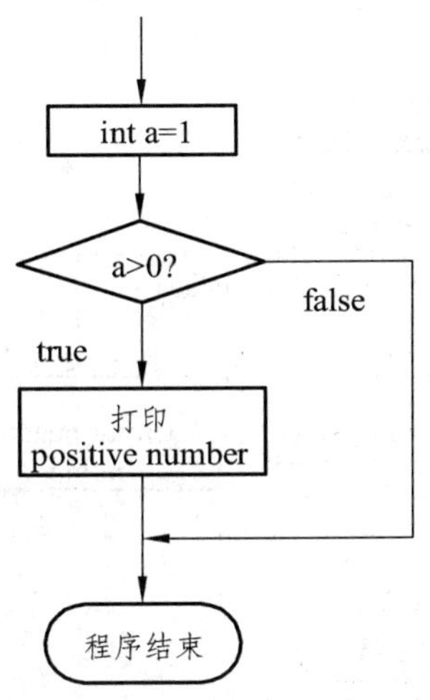

图 2-3　无 else 的 if 语句流程图

2. 带有 else 的 if 语句（if…else…）

```
if（逻辑表达式）
{
语句 1…
}
else
{
语句 2…
}
```

带有 else 的 if 语句的执行流程是，如果逻辑表达式为 true，则执行语句 1，否则执行语句 2。

例 2-8　IsPositive2.java

```
public class IsPositive2{
public static void main(String[] args){
        int a=1;
        if(a > 0){
            System.out.println("positive number");}
        else{
            System.out.println("zero or negative number");}
}
}
```

程序运行结果：

```
positive number
```

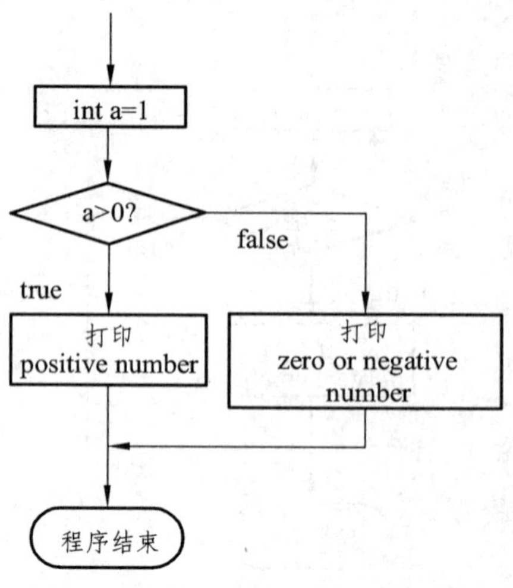

图 2-4 带 else 的 if 语句流程图

例 2-8 代码程序与例 2-7 程序实现的功能大致相同，如果 if 语句后面的条件不满足时，会转去执行 else 中的代码，然后结束整个程序。流程图如图 2-4 所示。

3. if 语句的多重嵌套

```
if（逻辑表达式 1）
{
    if（逻辑表达式 2）
    {
    语句 1…
    }
    else…
}
```

多个 if 语句组合在一起，形成了 if 语句的多重嵌套。其软件流程是首先判断逻辑表达式 1 是是否为 true，若为 true，则接着判断逻辑表达式 2，若逻辑表达式 2 也为 true，则执行语句 1，否则接着判断其他逻辑表达式。

例 2-9 IsPositive3.java

```
public class IsPositive3{
public static void main(String[] args){
      int a=1;
         if(a != 0){
           if(a > 0){
                 System.out.println("positive number");
           }
           else{
                 System.out.println("negative number");
           }
```

```
            }
            else{
                System.out.println("zero");
            }
    }
}
```

程序运行结果：

positive number

例 2-9 代码与前面的代码相比，有两个 if 条件语句的嵌套，首先判断变量 a 的值是否为 0，如果为 0 则直接执行第一层与 if 语句匹配的 else 中的语句，打印提示信息 zero。只有当其不为 0 时才进入第二层条件语句，对其进行正负数的判断。此时应该注意的问题是 if 和 else 之间的匹配遵循最近匹配原则，为了让程序编写者或者程序阅读者更易理解，应多使用花括号。例 2-9 的软件流程图如图 2-5 所示。

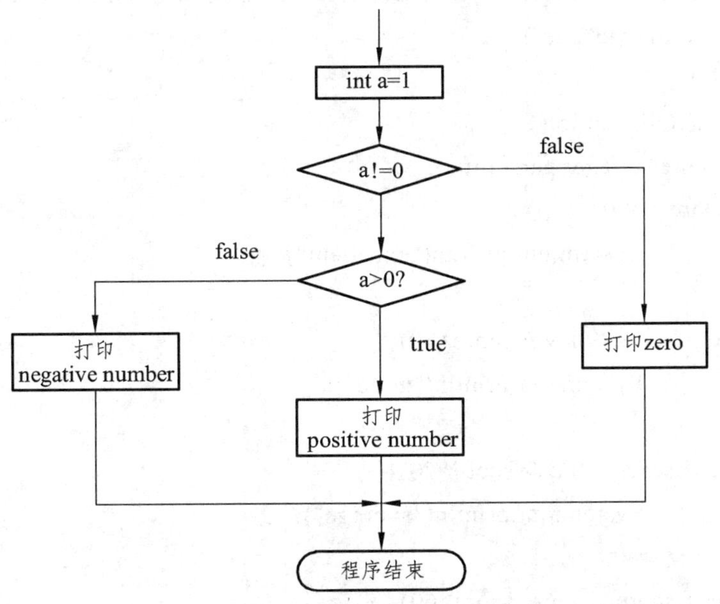

图 2-5　多重 if 语句嵌套流程图

4. 阶梯形的 else if 语句（if…else if…else…）

```
if（逻辑表达式 1）
{
    语句 1…
}
else if（逻辑表达式 2）
{
    语句 2…
```

```
}
…        //可以有零个或多个 else if 语句
else     //最后的 else 语句也可以省略
{
    语句 N…
}
```

例 2-10 Score.java

```
import java.io.*;
public class Score{
public static void main(String[] args){
    String s="";
    System.out.println("please input your score:");
        try{
            BufferedReader in= new BufferedReader(new InputStreamReader(System.in));
            s=in.readLine();
            }
        catch(IOException e){}
        int score=Integer.parseInt(s);
        if(score > 90){
                System.out.println("excellent");
        }
        else if(score<90 && score>80){
                System.out.println("good");
        }
        else if(score<80 && score>70){
                System.out.println("average");
        }
        else if(score<70 && score>60){
                System.out.println("passed");
        }
        else{
                System.out.println("failed");
        }
    }
}
```

程序运行结果：

```
please input your score:
74
```

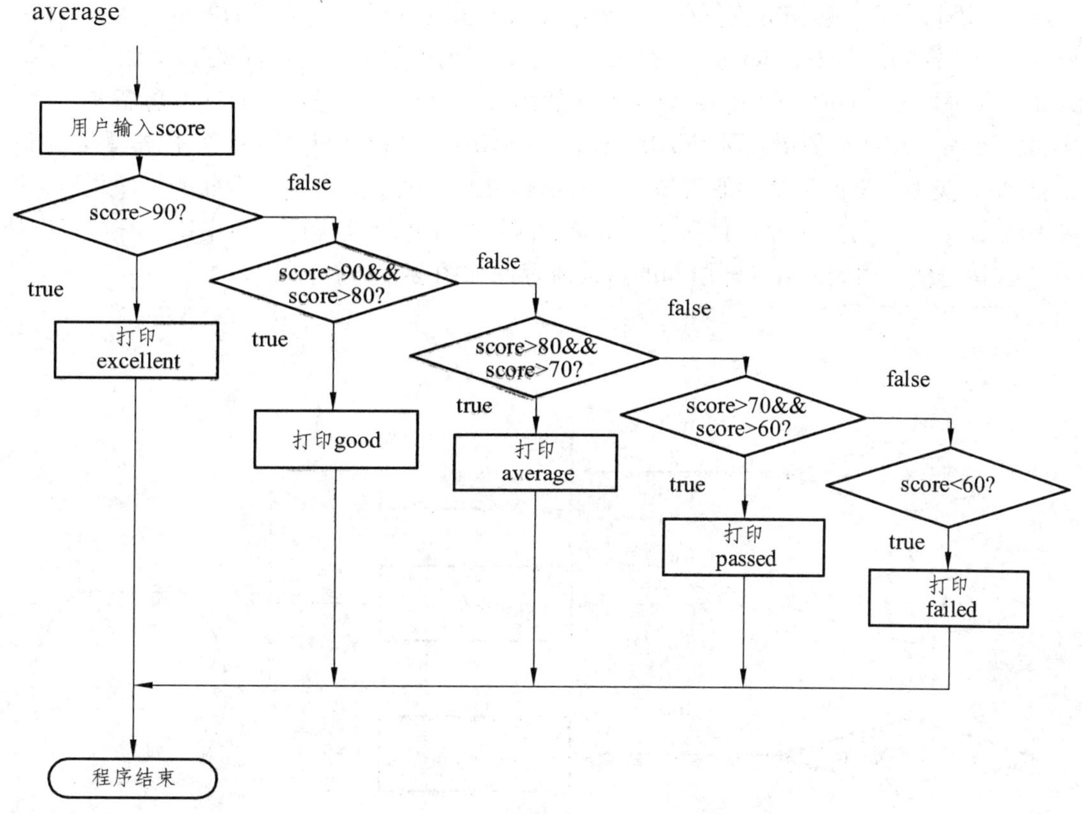

图 2-6　多分支 if 语句流程图

例 2-10 代码是典型的 if...else if...else 多分支语句结构，其软件流程图如图 2-6 所示。程序一开始打印提示信息“please input your score:”，然后接受用户键盘输入的字符串，再将其转换为整型数据类型。之后进入 if 条件语句判断并根据条件真假执行相应的条件。注意代码开头的 import java.io.*; 语句， java.io.*是 Java 中 io 包里的一组类，其中通配符*表示 io 包中的全部类，因此 import java.io.*表示在这个 Java 程序中导入 io 包中的全部类。包括程序中使用到的 BufferedReader、InputStreamReader、IOException 等均是 io 包中的类，这几类是读取键盘时使用的类。import 语句的功能是，若在自行编写的类中想要引用其他与之不在同一个包中的类时，需导入该类。

2.7　switch 分支结构

```
switch（表达式）
{
case 常量表达式 1:语句 1;
....
case  常量表达式 2:语句 2;
default:语句;
}
```

switch 语句是另一种多分支语句，它根据表达式值与常量表达式值的匹配，来决定执行某一个分支中的语句。其中，default 后跟的语句是，当前面没有与之匹配的 case 语句时执行，default 语句并不是 switch 语句必须要求书写的部分，要根据代码实现的具体功能决定是否书写 default 部分。case 后的语句可以不用大括号。switch 语句的判断条件只可以接受 int，byte，char 和 short 类型，不能接受其他类型。一旦 case 匹配，就会顺序执行后面的程序代码，而无视后面的 case 是否与之匹配，直到遇见 break 语句才停止继续执行。利用这一特性可以让好几个 case 执行统一语句。swtich 语句的执行流程图如图 2-7 所示。

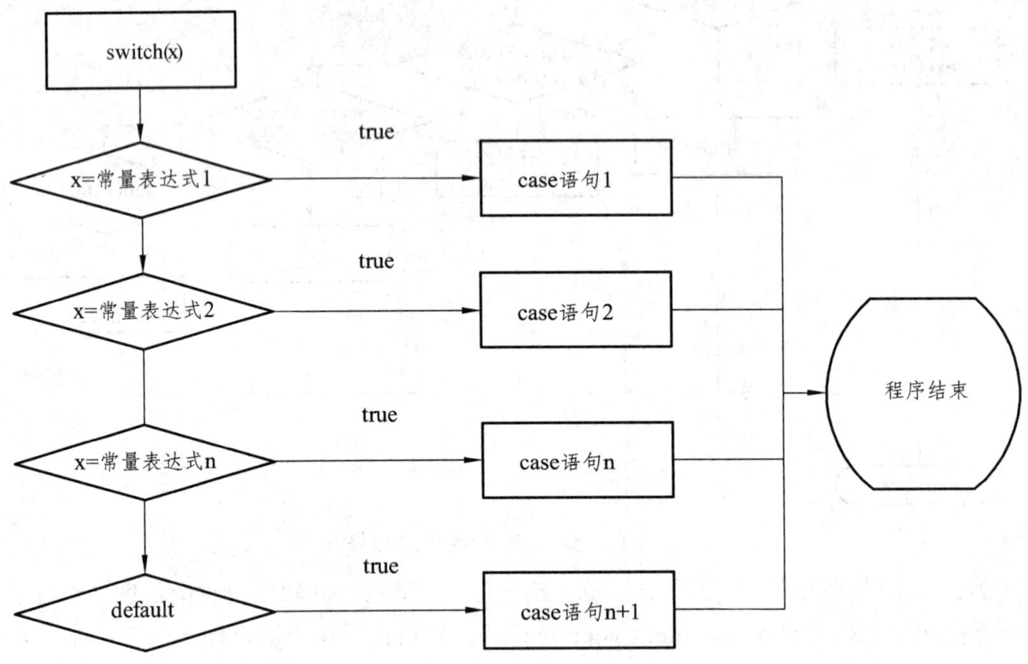

图 2-7　switch 多分支语句流程图

例 2-11　SwitchTest.java

```
import java.io.*;
public class SwitchTest{
public static void main(String[] args){
        String input="";
        System.out.println("please input your number:");
        try{
            BufferedReader in=
        new BufferedReader(new InputStreamReader(System.in));
            input=in.readLine();
        }
        catch(IOException e){}
        int i=Integer.parseInt(input);
        switch(i)
```

```
    {
        case 1:System.out.println("you are the first!");
        case 2:System.out.println("you are the second!");
        case 3:System.out.println("you are the third!"); break;
        default:System.out.println("you are the last!");
    }

}
}
```

程序运行结果：

```
please input your number:
1
you are the first!
you are the second!
you are the third!
```

二次运行：

```
please input your number:
3
you are the third!
```

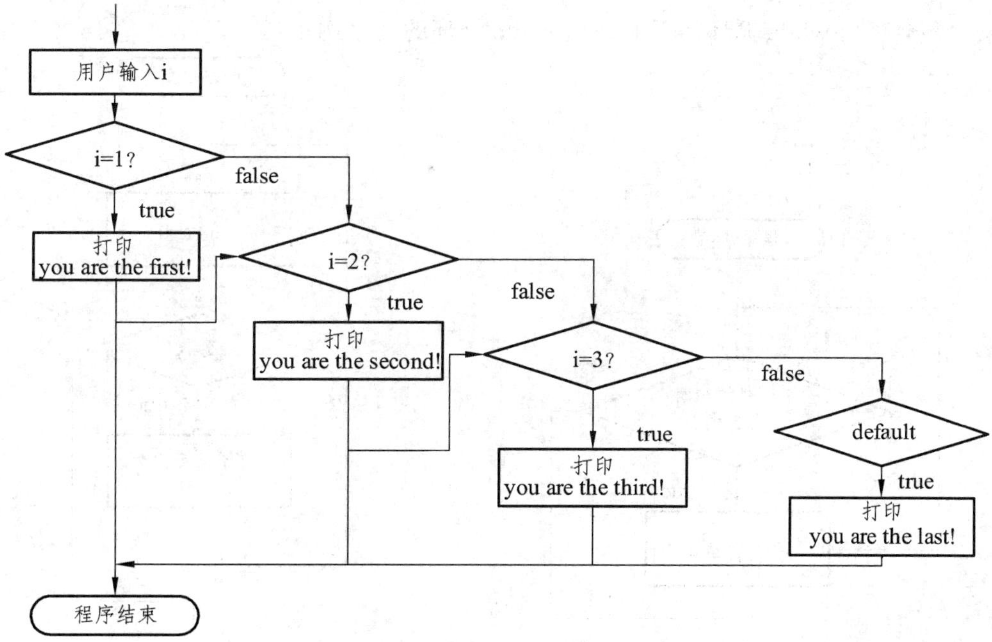

用户输入i

i=1？

false

true

打印
you are the first!

i=2？

true

false

打印
you are the second!

i=3？

false

true

default

打印
you are the third!

true

打印
you are the last!

程序结束

图 2-8　SwitchTest 代码软件流程图

三次运行：

```
4
```

you are the last!

例 2-11 的软件流程图如图 2-8 所示。例 2-11 代码根据用户输入的变量 i 的值，来与下面的 case 语句相匹配，若有与之匹配的值则执行后面的打印语句。其中如果 i 的值是 1 或 2 则会一直顺序执行到 case 3 处遇见 break 停止执行，如首次和第二次运行结果所示。从流程图中可以看出，如果没有 break 语句，就会出现图中的红色箭头，转去执行后面的 case 语句。如果 i 的值不与任何 case 语句后面的值匹配则默认执行 default 后面的语句，如第三次运行结果所示。

2.8 循环结构

2.8.1 while 循环结构

```
while（循环条件表达式）
{
    代码块;
}
```

while 语句是一种循环语句，其语句流程图如图 2-9 所示，程序首先计算循环条件表达式的值，如果循环条件表达式为 true，则执行代码块，接着程序再次计算循环条件表达式的值，进入下一轮循环。如果循环条件表达式为 false，则停止循环，程序向下运行。如果 while 循环结构中有且只有一条语句时，可省去大括号，但如果是一个语句块，一定不能省去大括号。在 while 循环语句中的判断条件可以是任何表达式。如果判断条件为 true，则会执行 while 语句中的执行代码块。然后再次重复测试判断条件，满足条件则执行循环主体，直到判断条件为 false，才会跳出 while 循环。下面列出 while 循环的几个例子：

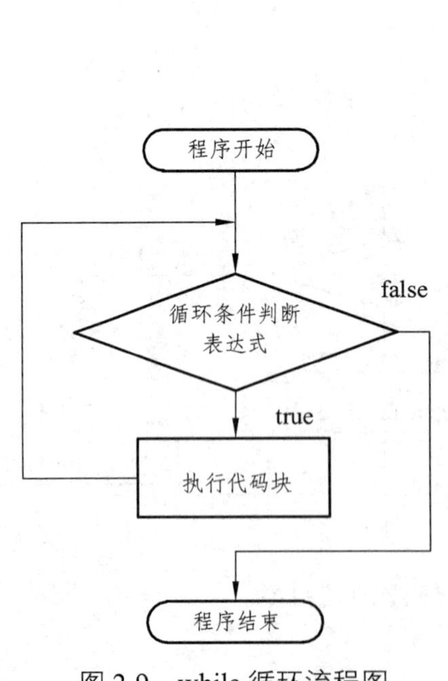

图 2-9 while 循环流程图

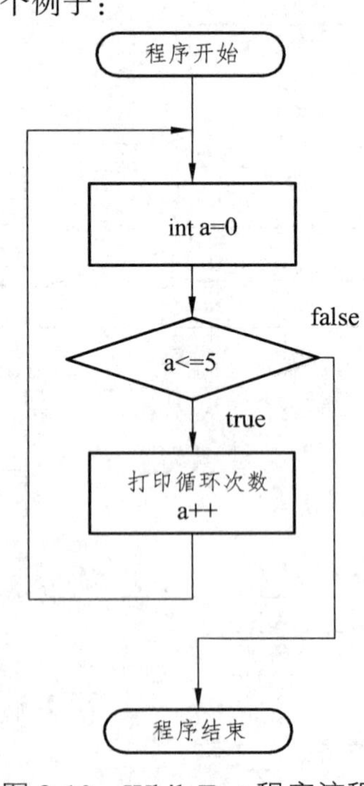

图 2-10 WhileTest 程序流程图

例 2-12　WhileTest.java

```
public class WhileTest{
public static void main(String[] args){
    int a=0;
    while(a<=5)
        {
        System.out.println("第"+a+"次循环");
        a++;
        }
    }
}
```

程序运行结果：

第 0 次循环

第 1 次循环

第 2 次循环

第 3 次循环

第 4 次循环

第 5 次循环

例 2-12 程序中定义了变量 a 并赋其初值，只有当其值小于等于 5 时才执行 while 中的代码，且 while 语句块中每次执行时变量 a 会自增，直到 a 大于 5 之后，不满足 while 条件，退出循环语句，其程序流程图如图 2-10 所示。

例 2-13　WhileTest2.java

```
public class WhileTest2{          //计算 10 的阶乘
public static void main(String[] args)
{
    int i=1;
    int total=1;
    while(i<=10)
    {
        total=total*i;
        i++;
    }
    System.out.println("10 的阶乘结果是："+total);
}
}
```

程序运行结果：

10 的阶乘结果是：3628800

在 while 语句的使用过程中要注意 while 表达式的括号后一定不要加“;”，如：while（条件表达式）；编译器在编译过程中并不会报错，而程序则会认为后面的分号是要执行一条空语句，如果条件表达式一直为 true，代码会进入死循环，永远不会执行后面的代码，程序永远也不会结束。

2.8.2 do-while 循环结构

do-while 循环格式：

```
do
{
  执行代码块;
}while(循环条件表达式);
```

图 2-11 所示为 do-while 循环语句的流程图。do…while 循环与 while 循环的不同之处在于：do-while 无论是否满足 while 后面的表达式，都会先执行一次循环中的语句，然后再去判断表达式是否为真，是否可以开始下一次执行。如果表达式为 true，则继续执行 do 中的语句块；如果为 false，则终止本次循环。所以，do-while 循环中，无论表达式真假，至少会执行一次循环语句。而 while 循环则不一定。具体情况可参考例 2-14、例 2-15。

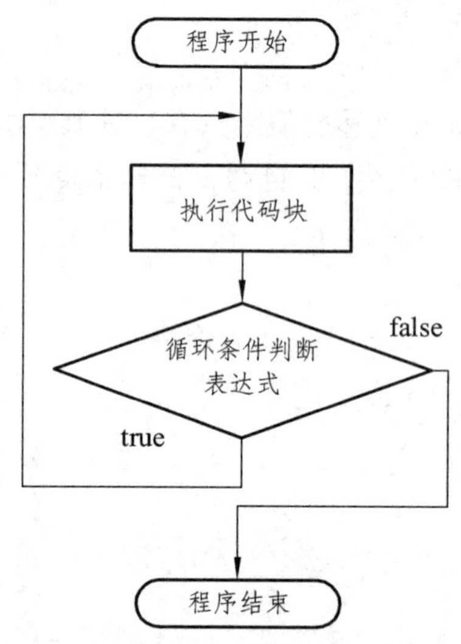

图 2-11 do-while 循环语句流程图

例 2-14 DoWhile.java

```
public class DoWhile{
public static void main(String[] args){
int a=5;
int count=1;
    do{
    System.out.println("第"+count+"次循环");
```

```
        a++;
        count++;
        }while(a<5);
}
}
```

程序运行结果：

第 1 次循环

例 2-15　WhileTest3.java

```
public class WhileTest3{
public static void main(String[] args){
int a=5;
int count=1;
        while(a<5){
        System.out.println("第"+count+"次循环");
        a++;
        count++;
        }
}
}
```

程序运行结果：

（无显示）

例 2-14 运行后，虽然 while 语句后面的条件并不满足，但还是执行了一次 do 中的代码；例 2-15 运行后，第一次进入 while 语句时就不满足条件，于是 while 中的代码一次也不会执行。从上面 do...while 语句和 while 语句的运行结果中可以看出两种语句结构的差异。要注意的是 do...while 语句在 while 语句结束后要加上分号表示结束，而 while 语句末不能加分号，编译器会以为是一条空语句，如果循环条件表达式为 true，程序会陷入死循环，程序无法结束。

2.8.3　for 循环结构

相比之前面两个 while 循环语句，for 循环语句的使用更灵活，尤其适用于循环次数已经确定了的情况，此外也可以用于循环次数不确定但给出了循环结束条件的情况。完全可以用 for 循环语句来改写 while 语句。for 循环语句的执行流程图如图 2-12 所示。

for 循环格式：

```
for(表达式 1;表达式 2;表达式 3)
{
    语句
}
```

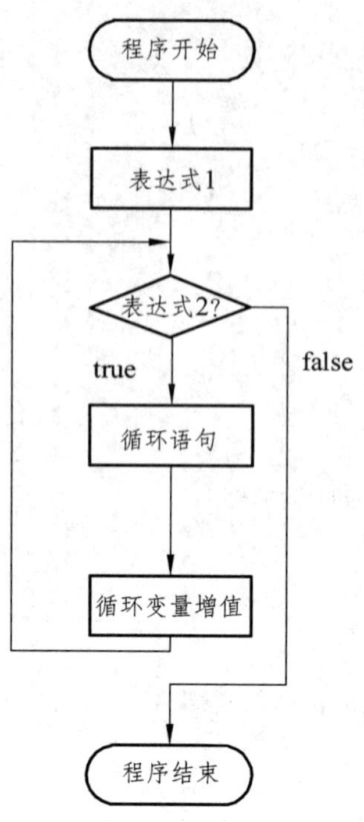

图 2-12　for 循环语句的执行流程图

例 2-16　ForTest1.java

```
public class ForTest1{
public static void main(String[] args){
int a=0;
    for(int i=0;i<=5;i++){
    System.out.println("第"+a+"次循环");
    a++;}
}
}
```

程序运行结果：

第 0 次循环

第 1 次循环

第 2 次循环

第 3 次循环

第 4 次循环

第 5 次循环

例 2-17　ForTest2.java

```
public class ForTest2{
public static void main(String[] args){
     int total=1;
```

```
        for(int i=1;i<=10;i++){
                total=total*i;
        }
        System.out.println("10 的阶乘结果是："+total);
    }
}
```

程序运行结果：

10 的阶乘结果是：3628800

在例 2-16、例 2-17 中，分别用 for 语句分别改写了前面 while 语句中循环打印的例子和求 10 阶乘的例子。前面已经提过，while 和 for 之间的差异并不太大。只是 for 需要由表达式 2 来确定循环的具体次数，而 while 则通过循环逻辑表达式判断是否符合循环条件。

此外，for 语句还有一种格式为无限循环，即 for(;;)，其与 while(true)均是无限循环的意思，在程序中使用时，可用 break 语句跳出。

2.8.4 break 与 continue 语句

1. break 语句

break 语句的语法格式为：break;

break 语句一般只出现在 switch 语句和其他循环语句中。

如果 break 出现在 switch 语句体内时，其作用只是跳出该 switch 语句体。

如果 break 出现在其他非 switch 语句的循环体中时，执行到 break 时将跳出本层循环。

在循环结构中，可以使用 break 语句跳出当前循环以提前结束循环语句。

例 2-18 BreakTest.java

```
public class Test{
public static void main(String[] args)
{
    for(int i=0; i<100; i++)
    {
        if(i == 10) break;
        System.out.println("i: " + i);
    }
    System.out.println("Loop stop.");
}
}
```

程序运行结果：

```
i:0
i:1
i:2
```

```
i:3
i:4
i:5
i:6
i:7
i:8
i:9
Loop stop.
```

例 2-18 代码中包含一个 for 循环语句，一共循环 10 次，直到 i 的值变成 10 时，跳出循环，再执行循环语句后面的代码。

2. continue 语句

continue 语句的语法格式为：continue；

continue 语句通常是用于结束本次循环，跳过 continue 语句之后尚未执行的语句，再进行下一次是否循环的条件判定。

例 2-19 是 continue 语句的例子，在 for 循环中，当遇到 continue 后，跳过循环体中其后余下的语句，接着对 for 语句中的“表达式 3”求值，再对“表达式 2”进行真假判定，为 true 则继续执行循环。在循环语句体内，不论 continue 是作为何种语句中的语句成分，都将按上述功能执行，这点与 break 有所不同，break 是直接跳出循环本身，执行循环语句后面的语句块。

例 2-19　ContinueTest.java

```java
public class ContinueTest
{
      public static void main(String [] args)
      {
         for(int i=0;i<10;i++)
         {
            if(i%2 != 0)
            continue;
            System.out.println(i);
         }
      }
}
```

程序运行结果：

```
0
2
4
6
8
```

例 2-19 代码的作用是打印出 10 之内的所有偶数,因此每当循环到一个奇数则跳出本次循环，不再执行循环体内的其他语句，接着开始下次循环，继续判断下一次的 i 是否为偶数。

2.9 数　组

2.9.1 数组的建立与初始化

数组（array）是同种类型数据的集合，在 Java 语言中数组属于最简单的一种复合数据类型，是一种引用类型对象。数组中的各个元素，依照初始化时的顺序依次连续存放于系统所分配的内存中。在创建一维数组时，如果数组内的元素是基本类型，系统会按照默认的规则进行初始赋值；如果数组内的元素是引用类型，此时所有数组内元素均为未赋初值状态，即为 null。一维数组的声明方式主要有以下几种：

1. type[]　数组名= new type[数组中的元素个数];

例：

int[] a =new int[5];

这句代码声明一个元素个数为 5 个的 int 类型的数组，并给数组命名为 a。数组中的各个元素均使用数组名加其在数组中的位置，亦称下标来表示。在 Java 语言中，注意数组的第一个元素下标从 0 开始。

例：

数组中第三个元素则是 a[2]。

2. type　数组名[]　=　new　type[数组中元素个数];

例：

int a[] =new int[5];

这句代码的功能与上一例无异，但其声明方式与之略有差异，这是更具 C 语言风格的声明方式。

type[] 变量名= new type[]{以逗号分隔的初始化值};

前两种数组创建数组的格式中，都是仅仅创建数组，对数组的初始化还需另写代码实现。而这种格式下数组的创建和初始化是同时完成的。其中 new type[]可省略，因此又可以写成两种格式。

int[] a = {1,2,3,4,5}；

int[] a = new int[]{1,2,3,4,5}；

注意：其中 int[] a = new int[]{1,2,3,4}；的第二个方括号中不能加上数组长度，因为元素个数是由后面花括号的内容决定的。

2.9.2 数组的使用

1. 数组的长度

在 Java 中的每个数组都有一个名为 length 的属性，由此来表示数组的长度，该属性由系统自动生成并维护。length 属性是 public final int 类型的，即 length 是只读常量。数组长度一旦确定，就不能改变其 length 属性的内容。在程序中引用数组的长度时用“数组名.length”的形式。

例 2-20　ArrayTest1.java

```
public class ArrayTest1
{
  public static void main(String [] args)
  {
    int a[]={1,2,3,4,5};
    int b[][]={{1,2,3},{4,5,6}};
    System.out.println("a 数组的长度："+a.length);
    System.out.println("b 数组的长度："+b.length);
    for(int i=0;i<b.length;i++)
        System.out.println("b.["+i+"]数组的长度："+b[i].length);
  }
}
```

程序运行结果：

```
a 数组的长度：5
b 数组的长度：2
b.[0]数组的长度：3
b.[1]数组的长度：3
```

在上面的程序中我们创建并初始化了一维数组 a 和二维数组 b，并打印了 a 与 b 的数组长度，其中对于 b 数组分别打印出了它第一维长度和第二维长度。

2. 数组作为方法参数使用

例 2-21　ArrayTest2.java

```
public class ArrayTest2      //完成数组复制
{
  public static void main(String [] args)
  {
    char a1[]=new char[]{'q','w','e','r','t','y'};
    char a2[]=new char[]{'f','g','h','j','k'};
        System.out.println("---------array a1---------");
    for(int i=0;i<a1.length;i++)
        System.out.print(a1[i]);
    System.out.println("\n---------array a2---------");
    for(int j=0;j<a2.length;j++)
        System.out.print(a2[j]);
```

```
        System.out.println("\n");

        System.arraycopy(a1,0,a2,0,4);// 复制 a1 数组的 a1[0]到 a1[3]这 4 个元素到 a2 数组，
并从 a2 数组的下标 0 开始覆盖
        System.out.println("---------array a1---------");
        for(int i=0;i<a1.length;i++)
            System.out.print(a1[i]);
        System.out.println("\n---------array a2---------");
        for(int j=0;j<a2.length;j++)
            System.out.print(a2[j]);
        System.out.println("\n");
    }
}
```

程序运行结果：

```
---------array a1---------
qwerty
---------array a2---------
fghjk
---------array a1---------
qwerty
---------array a2---------
qwerk
```

此时应注意源数组中元素个数一定不能超过目的数组个数，否则会溢出发生异常。

例 2-22　ArraySort.java

```
import java.util.*;   //导入需要使用的类
public class Sort
{
    public static void main(String [] args)
    {
        int a[]=new int[]{98,100,34,51};
        Arrays.sort(a); //将数组 a 按照从小到大的顺序排序
        for(int i=0;i<a.length;i++)
            System.out.print(a[i]+"\t");//打印数组 a
    }
}
```

程序运行结果：

```
34      51      98      100
```

例 2-22 的功能是使用 Arrays.sort 方法来排序数组，main 方法将未排序的数组 a 传入

Arrays.sort 方法中，由 Arrays.sort 方法完成数组元素的排序，把 a 里面的元素按从小到大的顺序逐一排列，然后回到 main 方法中，把排序后的数组输出在命令行窗口上。关于 Arrays.sort 方法的帮助信息，读者可以自己动手查阅 JDK 相关文档。在该例中，Arrays.sort 方法完成其形参数组的排序，当回到 main 方法，a 数组，即实参数组也完成了排序，这是因为在 Java 语言中，当将数组作为方法参数时，使用的是引用传递，形参数组就是实参数组，Arrays.sort 方法对形参数组排序，实际上就是完成对实参数组的排序。

例 2-23　ArraySum.java

```
public class ArraySum
{
public static int sum(int a[]){
      int s=0;
      for(int i=0; i<a.length; i++){
          s=s+a[i];
      }
      return s;
}
public static void main(String [] args)
{
      int a[]=new int[]{1,2,3,4,5,6,7,8,9};
      int s;
      s=sum(a);
      System.out.print( “数组的和为："+s);
}
}
```

程序运行结果：

数据的和为：45

例 2-23 程序中的 sum 方法的功能是，计算从参数传入的数组 a 的各元素之和，再将和返回到 main 方法中打印。

此外，在 Java 主类的主方法定义时，应注意到在程序代码中 public static void main(String [] args)，其中 String [] args 是一个字符串数组，数组中存放的是用户输入的命令行参数。注意在使用 String [] args 时要小心越界问题。

2.9.3　二维数组

二维数组，我们可以理解为是数组的数组，即是在一个一维数组中存储的各个元素又是一个一维数组。二维数组的基本定义有两种形式，示例代码中的 x 和 y 分别用于确定二维数组的各维的维数。

```
type[][]  a  =  new type[x][y];
type  a[][]  =  new type[x][y];
```

示例代码定义并为每一维分配了内存空间，与一维数组相似，二维数组中的每个元素用数组名加上下标来表示。

除了直接为数组中每一维创建内存空间外，还可以在定义数组之后，从最高一维开始依次为每一维分配空间。这种方式，可创建每一维大小不相同的二维数据。

例：

```
int a[][]  =  new int [3][];
a[0]  =  new int [3];
a[1]  =  new int [4];
a[3]  =  new int [5];
```

二维数组的创建主要就是上面介绍的两种形式，其初始化的方式为：

int a[][] = {{3,2,1},{6,5,4}}; //初始化一个 2X3 的数组

int b[][] = {{1},{1,2}};　　　//初始化一个 2 维数组，即有两个 1 维数组，第 1 个 1 维数组有 1 个元素，第 2 个 1 维数组有 2 个元素

二维数组的初始化方法在前面举过例子，读者可以翻阅前面的例子加深对二维数组的理解。

一般在程序中更为常见的做法是在创建数组之后，使用循环语句为每一个元素进行赋值操作。

2.10 输入与输出

Java 语言将输入输出功能封装在若干个标准类中，这样既符合面向对象的设计思想，同时也便于用户使用，最后还大大增强了 Java 库的可扩展性。输入输出是应用程序与用户之间进行直接交互的主要途径，在 Java 程序中，可以在命令行界面或图形界面下实现输入输出功能。

在 Java 的输入输出中，java.lang.System 类提供了三种有用的标准流。

System.in：系统标准输入流对象。

System.out：系统标准输出流对象。

System.err：系统标准错误流对象。

2.10.1 Java 的输出

System.out 对象用于程序的输出，通常用来在屏幕或用户所指定的输出设备上显示相应的信息。

常用的方法有：

System.out.print(data)：将 data 输出到指定设备中。

System.out.println(data)：将 data 输出到指定设备中，注意要换行输出。

Java 中的标准错误输出 System.err 是另一种特殊的输出，它专门用于显示出错信息，常用方法与 System.out 相似。

例 2-24　PrintTest.java

```
public class PrintTest
```

```
{
        public static void main(String [] args)
        {
            System.out.print("-----Java input-----");
//输出自定义任意字符串，用双引号括起内容
            System.out.print("\n");
            String a = "input test";
            System.out.print("\n");
            System.out.print(a);
//输出变量时，无需双引号。此时若将变量放入双引号中，编译器不会将其解释为其值，而直接打印变量名
            System.out.print("\n");
            System.out.print("-----Java input-----"+a);
            //若输出中包含变量和一般字符串，可用“+”连接两者
            System.out.print("\n");
        }
}
```

程序运行结果：

```
-----Java input-----
-----Java input-----
input test
-----Java input-----input test
```

2.10.2 Java 的输入

Java 中的标准输入流 System.in，用于程序的输入，常用于记取用户从键盘上的输入或用户所定义的其他输入设备上的输入。我们都知道 Java 中 I/O 操作分为字节流和字符流，对于字节流，顾名思义是按字节的方式读取数据，所以我们常用字节流来读取二进制流（如图片，音乐 等文件）。

常用的方法主要有以下几种：

1. 输入字符类型数据

利用 System.in 对象提供的 read()方法，Java 程序可以从键盘读取流中读取一个字符，该方法返回的是 int 整型数据类型，即相应字符的 Unicode 码形式，因此在读取之后，需要打印在标准输出前，要通过强制类型转换，转换为 char 类型。将返回的 int 类型转换为 char 类型再打印。此外要注意，System.in.read()方法只会读输入中的第一个字符，用户输入字符数据后输入的回车符等不会被读取。在使用 System.in 对象时，还要注意一点，System.in.read()代码必须位于如例 2-25 中所示的 try…catch 异常处理代码中，关于异常处理的问题，在后面章节详述。

例 2-25 InputTest.java

```
import java.io.*;
public class InputTest{
public static void main(String[] args){
      int c=0;
      System.out.println("input a character:");
      try{
      c=System.in.read();
      }
      catch(IOException e){}
      System.out.println( "your input:\n" +(char)c);
}
}
```

程序运行结果：

```
input a character:
abc
your input:
a
```

2. 输入字符串数据类型

当 Java 程序需要从键盘得到一个字符串时，可以用 read 方法，一个字符一个字符的输入，但比较麻烦。Java 提供了一些相关的类，提供 readLine()方法从控制台直接得到一个字符串，在例 2-26 中，使用 BufferedReader 类和 InputStreamReader 类来读取字符串数据。

例 2-26 StringInputTest.java

```
import java.io.*;
public class StringInputTest{
public static void main(String[] args){
      String input="";
      System.out.println("please input:");
      try{
            BufferedReader in=
            new BufferedReader(new InputStreamReader(System.in));
            input=in.readLine();
            }
      catch(IOException e){}
      System.out.println( "your input:\n" +input);


  }
```

}

程序运行结果：

please input:

abc

your input:

abc

BufferedReader 类和 InputStreamReader 类位于 Java.io 包，使用前先要导入 Java.io 包。另外，这两个类在使用时，相关代码也要位于 try…catch 异常处理代码中。

3. 使用 Scanner 类

Java 语言还提供了 Scanner 类用于数据输入操作，不管是输入字符串，还是整型数据或者 float 类型的数据，都能够很容易地实现输入功能。

例 2-27　ScannerTest1.java

```
public class ScannerTest1{
public static void main(String [] args) {
            Scanner sc = new Scanner(System.in);
            System.out.println("input your name:");
            String name = sc.nextLine();
            System.out.println("input your age:");
            int age = sc.nextInt();
            System.out.println("input your salary");
            float salary = sc.nextFloat();
            System.out.println("hello,"+name);
            System.out.println("your name is "+name+"\n"+"your age is "+age+"\n"+"your salary is "+salary);
}
}
```

程序运行结果：

input your name:

andy

input your age:

21

input your salary

10000

hello,andy

your name is andy

your age is 21

your salary is 10000.0

使用 Scanner 类进行数据输入，虽然简单易掌握，但是有一个地方需要注意，即 Scanner 的 nextLine 方法与其他 next 系列方法的区别，两者功能上大抵相同，但是实际代码运用编写时有一些差别。

例 2-28　ScannerTest2.java

```
import java.util.Scanner;
public class SCannerTest2{
public static void main(String [] args) {
        Scanner sc = new Scanner(System.in);
        System.out.println("input your age:");
        int age = sc.nextInt();
        System.out.println("input your name:");
        String name = sc.nextLine();
        System.out.println("input your salary");
        float salary = sc.nextFloat();
        System.out.println("hello,"+name);
        System.out.println("your name is "+name+"\n"+"your age is "+age+"\n"+"your salary is "+salary);
}
}
```

例 2-28 与例 2-29 代码相比，例 2-28 只是简单交换了姓名和年龄的输入顺序，即先用 nextint()方法读取年龄数据，再用 nextLine()方法读取姓名数据。当我们运行例 2-28 代码时，会发现在输入年龄并回车提交之后，程序跳过了对姓名的输入，直接转到等待用户输入工资数据。这种情况的原因在于提交输入的年龄时敲击了回车键，回车符被当作是 nextLine()所读取的内容。

在 Scanner 类中，next 系列方法和 nextLine 方法的区别在于，next 系列方法在接收数据时，无论空格键、tab 键、回车键等输入都不会被当作输入内容，只是用于表明用户输入完毕。而 nextLine()方法则会接收空格键、tab 键、回车键等，将交其作为数据的一部分。

2.11　习　题

（1）编写阶乘累加程序，计算 1!+2!+...+10!的值。

（2）编程打印求 100 以内的素数。

（3）使用异或运算符“^”实现两个整数的交换。

（4）编写一个程序，打印输出下列方阵：

```
1   2   3   4   5
16  17  18  19  6
15  24  25  20  7
14  23  22  21  8
```

13　12　11　10　9

（5）由于用户输入任意两个日期，计算日期相距的天数。

（6）输出下列图形：

*

***

*****

第 3 章　Java 的类与对象

3.1　面向对象的基本概念

早期的程序设计是面向过程的，比如：C 语言。面向过程的编程仅仅局限于纯代码，单纯地强调代码结构，直到面向对象的出现才使程序员从繁杂的后期维护工作中解脱出来。所谓面向对象（Object Oriented），其特点是基于对象的概念来完成软件设计，这种编程思想建立在面向过程之上，弥补了前者种种不足，成为解决前者诸多问题的一种编程思想。面向对象为计算机的固化式思维模式竖立起了另一个崭新的风向标，让计算机的语言结构像人类思维方式一样清晰，灵活。本节中我们首先初步了解一下什么是对象，然后再对面向对象以及面向对象编程进行深入性探讨和系统化学习。

什么是对象？一般来讲，万物皆对象，客观存在的事物皆为对象。对象可以是一切可见的事物，且这些事物都实际存在的，具有实体性，如：一张光盘、一台笔记本、一个人、一架飞机等等；除上述事物之外，对象也可以是一切不可见的事物，这些事物往往是从某个实际存在的事物抽象出来的，其本身具有抽象性，如：一个抽象的概念等等。

对对象的理解，是从其属性状态等特征来理解的，对象有两个特征，分别是对象的属性状态和对象的行为。属性状态是静态的，行为是动态的，行为可以改变属性状态。

那么什么是面向对象呢？通俗地讲，面向对象就是在编程的时候要一直把关注点放在事物的信息上。推而广之，面向对象的编程就是把编写过程中的数据结构（数据组织方式）都通过对象的结构进行存储，即程序员在进行编程时要把对象所有的属性和方法都组织起来进行统一存储，这种编程方法就是所谓的面向对象编程。现如今越来越多的人都在使用面向对象语言，究其原因是因为面向对象的描述方式更加贴合真实的世界，非常有利于大型业务的理解。比如：我们在编写面向对象语言程序时可以创建无数个对象，在这些对象之间又可以进一步且方便地进行互动，也就是说面向对象更能够贴近我们与真实世界的联系。在程序设计过程中用对象的视角分析世界的时候能够拉近程序设计和真实世界的距离，面向对象编程能让我们的思维方式和现实世界更加紧密的联系起来。

从软件角度来理解面向对象，对象的属性状态就是变量，对象的行为就是方法函数，变量存储数据，方法定义操作。这样一来，面向对象程序设计思想就实现了数据与操作的分离。

面向对象程序设计的特点：

1. 封装性

封装性是面向对象程序设计的基本原则之一，指的是隐藏对象内部的属性和实现细节，我们将符合要求的对象属性和方法都封装到同一个类中。

封装性产生的目的是为了保护某些属性和方法不被外部所访问。封装性是通过为属性和方法进行封装并以关键字private（一种访问控制权限）声明来实现的。若外部想要访问受private保护的属性，则可以定义一定的方法来实现访问。

2. 继承性

继承是指在一个类的基础上定义新的类，原有的类叫父类，新生成的类叫子类。

继承性的作用就是为了扩展父类的功能，Java 中使用 extends 关键字来实现继承。继承性最大的优点就是子类可以继续使用父类的部分或所有的属性和方法，另外子类也可以将自己的属性和方法继承给子类的子类，也就是说多个类之间可以有多层的继承关系。

不过继承也有一定的限制，首先在 Java 中只允许单继承不允许多继承，其次子类不能直接访问父类的私有成员，详细的内容在第四章会有更全面的介绍。

3. 多态性

多态性是指为完成一定功能，事物存在有多种不同的形态来实现，方法的重载和覆盖（重写）体现了面向对象程序设计的多态性。

如果同一个类中包含了多个不同形式（方法名相同、方法参数的个数、顺序或类型不同）的方法，则称为方法的重载（Overloading）。

如果子类对父类的方法不满意，子类可以重写一个新的方法来覆盖从父类继承来的方法，当调用方法时优先调用子类的这个方法，这就是方法的覆盖（Overriding）。

面向对象就是把生活中要解决的问题都用对象的方式进行来存储，即把所有数据用属性和方法组合的方式表示出来，而对象和对象之间通过方法的调用完成相互之间的协作，这就是面相对象的实质。如图 3-1 所示，一场篮球比赛中运动员 A 首先接球，然后运球到中场传球给运动员 B，接着运动员 B 接过球，经过短暂的跑动之后 B 扣篮。图中每一个动作就是对象跟自身和其他对象之间的交互，也就是方法调用。

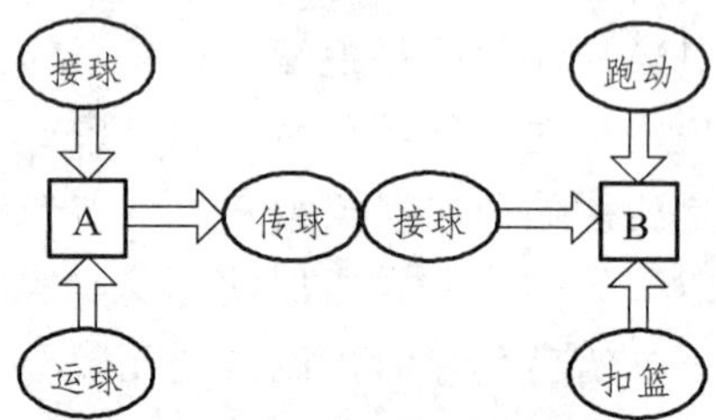

图 3-1　篮球比赛的互动

说明：箭头指向自身的就是对自身方法的调用，箭头指向对方的就是对其他对象方法的调用。

面向对象程序设计的基本思路如下：

第一步：识别对象。任何实体都可以被识别为一个对象，如一张桌子、一个运动员、一座城堡等等。

第二步：识别对象的属性状态。对象里面存储的数据被识别为属性状态，如一个人的属性包括性别、年龄、种族、国籍等等。对于不同的业务逻辑，关注的数据不同，对象里面存储的属性也不同。如：一个 NBA 球员和一个演员虽然他们都属于人，但我们对于 NBA 球员更关注他来自哪个球队，而对演员而言更关注他演过什么电影。

第三步：识别对象的行为。对象的行为包括对象自身属性数据的改变以及对象和外部的交互。

除了理清面向对象的基本思路，我们还需要掌握面向对象的基本原则——高内聚原则。对象具有高内聚原则，即说明对象本身是高内聚的。简单地说对象只负责一项特定的职能（职能可大可小），所有与对象相关的内容都封装到对象内部。低耦合原则，即对象对外具有低耦合性。外部世界可以看到对象的一些属性（并非全部），也可以看到对象做的某些事情。两者之中低耦合显得尤为重要，低耦合能显著降低各对象相互之间的依赖关系，使程序的设计变得更加灵活，同时有利于对象的重用。

现如今高内聚和低耦合不仅仅是面向对象的基本原则，同样也是程序设计和编写程序时需要考虑的原则。

3.2 Java 中的类

3.2.1 类的定义

Java 语言编程中大量的运用到类库，这也足以体现学习“类”的重要性。学习 Java 语言并不仅仅需要熟悉 Java 编程的基础概念和基本思想，也应该对 Java 的类库有个大致的了解，知道是在哪些特定的场合该用什么方法。类是一个抽象的概念，在客观世界中是不存在的，只是用于描述对象的信息，我们可以把类当成模版来确定对象将会拥有的特征（属性）和行为（方法），也就是说对象是计算机中具体的信息，而类是用于描述这些信息的类型。类是由属性和方法组成的，是具有相同属性和方法的一组对象的集合，我们可以把具有多个相同属性和方法的对象用一个类来表示，同理一个类可以对应多个对象。

实际上，我们把具有相似特征的对象归类到一个类（Class）中，类定义这些相似对象拥有相同的属性和方法。类是相似对象的描述，称为类的定义（Class Definition），是该类对象的蓝图或者原型。

类的对象称为类的一个实例（Instance）。类的属性和方法统称为类成员。

如：羽毛球运动员是一个类的定义，而林丹、谌龙、李宗伟称为类的实例，每位球员的身高、体重、年龄等属性就属于类成员。

Java 编程中想要创建用户自己的对象必须先定义符合语法规则且完整的类，类的重要性不言而喻，并且所有 Java 程序都是以类作为组织单元。用户在编写 Java 程序时可以自己编写需要的类，类的定义包括类声明和类体两个部分。

类定义的格式：

```
[修饰符]  class 类名 [extends 父类名]  [implements 类实现的接口对象]{
        ...//类体部分
}
```

说明：class 是声明类的关键字，后面跟着该类的名字。类的命名通常每个单词的第一个字母要大写。“[ ]”的内容是可选部分，修饰符定义类的访问控制权限和类型。关键字 extends 用于引导该类要继承的父类，同样，父类名通常也用大写字母开头。关键字 implements 用于引导该类所实现的接口列表，大括号内是类的主体部分，存放该类的属性和方法的定义。

编写一个类的步骤，如下：

（1）定义类名，确定类的权限等内容，编写类声明部分；

（2）分析所编写的类的属性状态，编写类的成员变量，即类的属性；

（3）分析类的行为，编写类的成员方法。

类成员属性的定义格式：

[修饰符] 类型 变量名 ;

类成员方法的定义格式：

```
[修饰符] 返回值类型 方法名 ([参数定义列表]) [throws 异常列表]{
...//方法体
}
```

例 3-1　Cellphone.java

```
public class Cellphone{            //类名为 Cellphone
//定义属性（成员变量）
private float screen;              //屏幕
private float cpu;                 //CPU
private float mem=1;               //内存
private int   num;                 //手机号
//定义方法
public void sizeMem(){
    System.out.println("内存大小为"+mem) ;
}
public void call(){                //call 方法
    System.out.println("Cellphone 有打电话的功能");
}
public void sendMessage(){   //sendMessage 方法
    System.out.println("Cellphone 有发短信的功能");
}

public void newNumber(int new_num){
    num = new_num;
}
}
```

例 3-2　Test.java

```
public class Test{                 //测试 Cellphone 类
public static void main(String[] agrs){
    Cellphone c=new Cellphone();//创建 Cellphone 类的对象 c
    c.newNumber(1234567);
```

```
        c.sendMessage();
        c.call();
        c.sizeMem();
    }
    }
```

程序运行结果：

说明：在类 Cellphone 中，定义了四个属性，screen、cpu、mem、num 分别表示屏幕、CPU、内存、手机号，初学者可以在此基础上对类进行扩展。除此之外还定义了四个方法，sizeMem()方法用于输出内存大小；call()方法用于输出“Cellphone 有打电话的功能”；sendMessage()方法用于输出“Cellphone 有发短信的功能”；newNumber()方法用于修改对象的手机号。

3.2.2 类的成员变量的定义

在进行面向对象程序设计时主要用到两种变量，他们分别是成员变量和局部变量。成员变量是在类中定义的，用来描述对象的基本信息，而局部变量是定义在类的方法中，用于临时保存数据。

成员变量和局部变量在作用域上有显著区别，首先局部变量的作用域仅限于定义它的方法，而成员变量的作用域在整个类内部都是可见的。类的成员变量在类中的访问是全局的，可以被类中的所有方法调用。特别地，用 static 修饰符修饰的类中的属性属于该类的静态成员，对应的成员变量又称静态变量或类变量，详细的内容会在后面章节做进一步解释。

在 3.2.1 小节中有提供类成员变量定义的格式，如下：

[修饰符] 类型 变量名 ;

说明：其中修饰符定义类成员变量的访问控制权限和类型，默认情况下是包权限，即同一个包的类，都可以访问该成员变量。

例 3-3 Computer.java

```
public class Computer{        //类名为 Computer，用于描述计算机
//属性（成员变量）
private float screen;                        //屏幕
private float cpu;                           //CPU
private float mem;                           //内存
private Stringip;                            //IP
private int   a = 1;                         //成员变量 a
//方法
public void sizeMem(){                       //sizeMem 方法
  System.out.println(“内存大小为”+mem);
}
public void printA(){                        //printA 方法
  int a = 2;                            //局部变量 a
  System.out.println(“A 的值是”+a);
```

```
}
public void local(){                              //local 方法
  int localVar = 0;                          //局部变量 localVar
  System.out.println(""  "局部变量 localVar 的值为" +localVar);
  //局部变量调用成功


}

public void outside(){                 //outside 方法
  System.out.println( "局部变量 localVar 的值为" +localVar);
  //局部变量调用错误
}

public int newIP(String new_ip){         //更新 IP
  String old_ip = ip;
  ip = new_ip;
  return old_ip;
}
}
```

例 3-4　Test.java

```
public class Test{                   //测试 Cellphone 类
public static void main(String[] agrs){
     Computer c=new Computer();
     c.newIP( "192.168.1.23" );
     c.sizeMem();
     c.printA();
     c.local();
     c.outside();
}
}
```

程序运行结果：

Cellphone 有发短信的功能

Cellphone 有打电话的功能

内存大小为 1

说明：成员变量可以被本类的所有方法使用，而局部变量只能被当前的方法使用。如例 3-2 中的成员变量 mem，在 sizeMem()方法中用于输出到显示屏，而局部变量 localVar 只能在 local()方法中调用成功，而不能在 outside()方法中调用，因为 outside()方法会认为这个局部变量不存在。

除了两者在作用域上的不同之外，成员变量和局部变量的初始值也是不同的。在 Java 程序中，成员变量会被赋予一个初始值，而局部变量需要用户按需进行初始化。一旦编写程序时未初始化局部变量，那么当编译时系统会自动提示该变量需要进行初始化。

在同一个方法中，不允许有同名局部变量；在不同方法中，可以有同名局部变量。

两类变量同名时，局部变量具有更高的优先级，即所谓就近原则。如例 3-4 中的 printA() 方法调用后，在屏幕上显示的是“A 的值是 2”而不是“A 的值是 1”，读者利用上述就近原则可以更好地理解两者之间的区别。

3.2.3 类的成员方法的定义

方法是结构化程序设计中的基本代码模块，在 Java 程序的类中通过编写用户所需要的方法来完成特定的功能。Java 的代码通常要在方法中编写，即代码封装在方法中。Java 语言结合了模块化编程模式，将具有某种特定功能的代码块封装在一个方法中，不同的代码块由不同的方法封装，有利于程序的管理和维护。初学者学习之初必须要养成良好的编程习惯，这样才能在日后的编程和学习中高效率的完成各种任务。

通过学习类的成员方法可以更好地理解结构化程序设计的原理，并且为学习面向对象的程序设计打下牢固的基础。

在 3.2.1 小节中提供了类成员方法定义的格式，如下：

```
[修饰符] 返回值类型 方法名 ([参数定义列表]) [throws 异常列表]{
        ...//方法体
}
```

【说明】方法主要由方法声明、方法体组成，方法声明包括返回值类型、方法名、以及参数列表。修饰符定义类成员方法的访问控制权限和类型，默认情况下是包权限，即同一个包的类，都可以访问该成员方法。

我们把方法当作一个模块，用以完成某个特定的功能，并返回处理结果。

类的成员方法有很多种情形，可根据成员方法的功能来确定。

（1）返回值类型为 void 的方法。该类方法无返回值返回。

（2）带具体返回值类型的方法。该类方法将最终处理得到的结果，返回给方法的调用者。

（2）不带参数的方法，即参数列表为空的方法。

（3）带参数的方法。该类方法需要由方法调用者，提供实参，传递给成员方法。

说明：如果方法有返回值，方法中必须使用关键字 return 返回该值，返回值类型为该方法所定义的返回值类型。如例 3-3 所示，newIP()方法中 return old_ip 表示返回原来的 ip，返回值类型为 int。

Java 程序中调用带参数的方法时，实参到形参的数据传递有两种方法，一个是值传递，一种是引用传递。如果参数是基本数据类型，采用值传递方式，参数的传递是将实参的数值传递给方法中的形参。要注意的是，这里的值传递是将拷贝值传给方法，而并非将原值传递给方法。完成实参到形参的传递后，实参与形参就没有关系了，即使形参改变，实参并不变化。

如果参数是对象或数组，采用的是引用传递方式，参数传递是将对象或数组的引用传递给方法。这种情况与前一种情况有所不同，对象或数组的引用变量中保存的是它们的地址，因此，这里的值传递是将拷贝对象或数组的地址传给方法。采用这种方法时，实参与形参是指向同一个对象，如果形参对象的内容改变，相应的实参对象的内容也会变化。

例 3-5　MethodDemo.java

```
public class MethodDemo{            //类名为 MethodDemo
//属性（成员变量）
private int x;                    //成员变量 x
private int y;                    //成员变量 y
//方法
public void method1(){
    System.out.println("返回值类型为空且无参数的方法");
    method3(1,2.0);
}
public String method2(){
    return  "带有具体返回值类型且无参数的方法";
}
public void method3( int i, double d){
    System.out.println("返回值类型为空且带有参数的方法");
    System.out.println("参数的值为"+i+"和"+d);
}
public String method4( String name, int age){
    return  "带有具体返回值类型且带有多个参数的方法";
}
public static void main(String[] agrs){
    MethodDemo m=new MethodDemo();
    m.method1();
    System.out.println(m.method2());
    m.method3(2,3.4);
    System.out.println(m.method4("李强",21));
}
}
```

程序运行结果：

```
返回值类型为空且无参数的方法
返回值类型为空且带有参数的方法
参数的值为 1 和 2.0
带有具体返回值类型且无参数的方法
返回值类型为空且带有参数的方法
参数的值为 2 和 3.4
带有具体返回值类型且带有多个参数的方法
```

说明：方法内部也可以调用其他方法，如例 3-5，method1()方法中调用 method3 (1，2.0)方法。method1()方法调用的 method3 (1, 2.0) 方法时，参数 1 和 2.0 为实参，而 method3 (int i, double d) 方法中的参数 i 和 d 为形参。

注意：参数传递时，传递的类型、传递的顺序和参数的个数都必须一致，否则编译出错。

类中的成员方法切不可与“类方法”这一概念混为一谈，这是两个不同的概念，只有由 static 修饰的类的成员方法才能称为类方法或静态方法。

如图 3-2 所示是一个 Java 类编译运行的示意图。.java 文件（Java 程序）由 javac.exe 编译生成.class 字节码文件，再由 java.exe 解释器负责将.class 文件编译执行。在编译执行时，首先将.class 文件加载到内存中，再将其保存在内存中的方法区。在方法区中将会创建类方法，即静态方法。

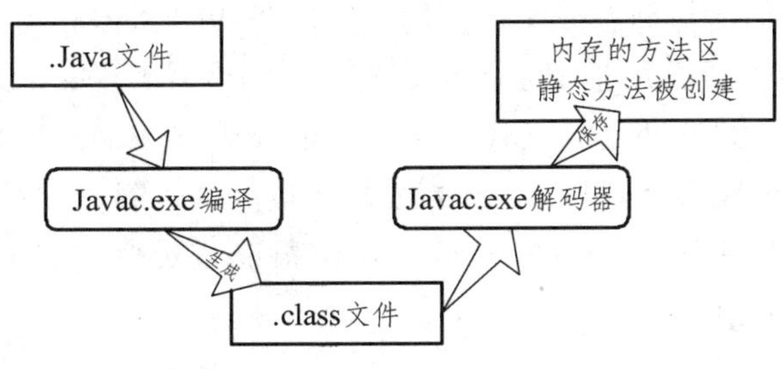

图 3-2　类编译运行过程

静态变量与静态方法都是在类从磁盘加载至内存后被创建的，且都存放在方法区，与类的生命周期是相同的，即与类同时存在，同时消亡。

例 3-6 演示定义了一个描述人的姓名、性别、年龄、身高、性格等属性的类，然后再调用该类的成员方法，让该人向大家做自我介绍。

例 3-6　Person.java

```
public class Person{                                    //类名为 Person
        static String name = ”张三”;                    //姓名
        static char sex = “男”;                         //性别
        static int age = 21;                            //年龄
        static float height = 175.0;                    //身高
        static String type = “热情开朗”;                //性格
public static void introduction(){
    String s=”我叫”+name+”是个”+sex+”孩”+”\n”;
    s +=”今年”+age+”岁了”+”身高”+height+”性格”+type;
    System.out.println(s)
}
public static void main(String[] agrs){
    Person.Introduction();
}
}
```

程序运行结果：

我叫张三是个男孩

今年 21 岁了身高 175 性格热情开朗

说明：此处使用静态方法的好处在于无需创建对象就可以直接调用方法。

3.2.4 实例成员与静态成员

类的成员分为两类，未使用 static 关键字修改的成员被称为实例成员，而使用 static 关键字修改的成员被称为静态成员或类成员。

实例成员的特点是该成员归属于对象所有，不同的对象有相对独立的成员，相互之间没有关系。而静态成员归属于类所有，所有同一个类所创建的对象都共享静态成员。

例 3-7 展示了实例成员与静态成员之间的不同。类 WebStation 中定义了两个成员变量，其中 userID 是实例成员变量，用于记录各个访问用户的编号，accessCount 是静态成员变量，用于记录访问用户数量。类 WebStation 还定义了 4 个成员方法，两个实例成员方法 set_userID 和 get_userID，分别用于设置和获取 userID 成员变量。两个静态成员方法 reset_accessCount 和 inc_accessCount，分别用于复位和对 accessCount 静态成员变量加 1。

例 3-7 WebStation.java

```
public class WebStation{                          //类名为 WebStation
private int userID;                               //记录用户编号
public static int accessCount;                    //记录用户数量
public void set_userID(int id){
    userID=id;
}
public int get_userID(){
  return userID;
}
  public static void reset_accessCount (){
    accessCount=0;
}
public static int inc_accessCount (){
  accessCount++;
  return accessCount;
}
public static void main(String args[]){
  int count=0;
  WebStation.reset_accessCount();
  WebStation ws1=new WebStation();
  count=ws1.inc_accessCount();
  ws1.set_userID(10001);
```

```
        System.out.println(count);
        System.out.println(ws1.get_userID());
        WebStation ws2=new WebStation();
        count=ws2.inc_accessCount();
        ws2.set_userID(10002);
        System.out.println(count);
        System.out.println(ws2.get_userID());
    }
}
```

程序运行结果：

```
1
10001
2
10002
```

从程序的结果可知，ws1 的实例成员变量 userID 的变化与 ws2 无关。但静态成员变量 accessCount 则是相关的。

此外，特别注意一点，即在静态成员方法中是不能访问实例成员变量或实例成员方法的，这是因为静态成员方法是归属于类的，与对象无关，静态成员方法可以访问其他静态成员方法，可以访问静态成员变量，但不能访问归属于对象所有实例成员变量和实例成员方法。

对实例成员和静态成员，其访问形式有一些差别。

实例成员变量的访问形式：对象名.变量名

实例成员方法的访问形式：对象名.方法名()

静态成员变量的访问形式：对象名.变量名 或 类名.变量名

静态成员方法的访问形式：对象名.方法名() 或 类名.方法名()

为强调静态成员归属于类所有这一特点，建议使用“类名.”的形式访问。如果要使用“对象名.”形式访问静态，那么访问之前要先创建对象。

3.2.5 成员变量的初始化

为了减少代码出错的可能性，Java 语言会自动对成员变量做初始化，成员变量的值由 JVM（Java 虚拟机）完成，以下是各种不同类型的成员变量初始化列表。

表 3-1 成员变量的初始值

变量类型	初始值
int 等整型	0
float 等浮点型	0.0
char 字符型	unicode 码为 0 的字符。提示：该字符不可见
boolean 布尔型	flase
String 字符串型	null

在类代码中，也可以编写程序来显式的完成对成员变量的初始化，例 3-8 代码在例 3-7 的

基础上，展示了对成员变量做初始化的两种方式，一种是在声明成员变量时做初始化，一种是在类体中使用初始化语句块完成。

但是，这两种初始化方式都不灵活，其初始化值由类的编写者决定。如何提供一种机制，让使用类的代码也能完成成员变量的初始化？这就要使用类的构造方法。

例 3-8　WebStation.java

```
public class WebStation{                                //类名为 WebStation
  private int userID = 0;                               //记录用户编号
  public static int accessCount = 0;                    //记录用户数量
{    //实例成员变量初始化语句
userID=0;
}
static{    //静态成员变量初始化语句
          accessCount=0;
}
      public void set_userID(int id){
         userID=id;
}
public int get_userID(){
      return userID;
}
      public static void reset_accessCount (){
         accessCount=0;
}
public static int inc_accessCount (){
      accessCount++;
      return accessCount;
}
public static void main(String args[]){
      int count=0;
      WebStation.reset_accessCount();
      WebStation ws1=new WebStation();
      count=ws1.inc_accessCount();
      ws1.set_userID(10001);
      System.out.println(count);
      System.out.println(ws1.get_userID());
      WebStation ws2=new WebStation();
      count=ws2.inc_accessCount();
```

```
        ws2.set_userID(10002);
        System.out.println(count);
        System.out.println(ws2.get_userID());
    }
}
```

3.2.6 类的构造方法

构造方法是定义在 Java 类中的一个用来初始化对象的特殊成员方法，与一般的方法所不同的是，普通的方法只是代表对象的行为，而构造方法可以创建一个对象并初始化对象的值。系统在创建类的对象时，会自动调用类的构造方法来完成对象的创建及成员变量的初始化工作。

如果类中即有成员变量声明初始化，又有初始化语句块，还有构造方法初始化，那么成员变量将做 3 重初始化，顺序分别是声明初始化->初始化语句块->构造方法。

构造方法的特殊性体现在其名称要和它所在类的类名相同，并且没有返回值，切不可在前面加上任何返回值说明，如：void。

构造方法的语法格式：

```
[修饰符] 构造方法名([参数表]) {
//对象的初始化代码
}
```

说明：这里的修饰符用于说明权限，构造方法也不能被 static、final 和 abstract 修饰。构造方法没有返回值类型说明。构造方法不能被子类继承，构造方法名必须与类名相同。构造方法可选带参数或不带参数，我们把没有指定参数的构造方法称为无参构造方法，反之，称为带参构造方法。

注意：有些参考书中也称构造方法为构造函数，两者在 Java 语言中意思是相同的，读者无需担心概念混淆。

例 3-9　Student.java

```
public class Student{          //定义学生信息类，类名为 Student
//属性（成员变量）
private String name;           //姓名
private int age;               //年龄
private int num;               //学号
private int grade;             //年级
//方法
public Student(){              //无参构造方法
  name=”NoName”;
  age=0;
  num=0;
  grade=1;
  System.out.println(“这是无参构造方法”);
```

```
    }
  public String getName() {//获取 name
    return name;
    }
  public static void main(String args[]){
    Student s=new Student();
    System.out.println(s.getName());
  }
}
```

程序运行结果：

这是无参构造方法

NoName

【说明】创建不带参数的对象并编译运行，会输出“这是无参构造方法”。构造方法在对象被实例化的时候自动调用，后面的小节会详细地介绍对象的实例化。

【注意】当没有指定构造方法时，系统会自动添加一个无参构造方法。若已指定构造方法，无论是带参或是无参构造方法，都不会自动添加无参构造方法。

例 3-10　Student.java

```
public class Student{          //类名为 Student
//属性（成员变量）
private String name;           //姓名
private int age;               //年龄
private int num;               //学号
private int grade;             //年级
//方法
public Student(){
  System.out.println("调用无参构造方法");
}
public Student(String name){
  this.name=name;
  System.out.println("调用带参构造方法 1");
  }
public Student(String name, int age ){
  if( age >0 && age <=200){
     this.name=name;
     this.age=age;
     System.out.println("调用带参构造方法 2");
  }else{
     System.out.println("您输入的年龄不在合理的范围之内!");
```

```
    }
  }
  public String getName() {
    return name;
    }
  public static void main(String args[]){
  Student s1=new Student();
  Student s2=new Student( “李强” );
  Student s3=new Student( “李强” ,21);
  Student s4=new Student( “李强” ,212);
  }
  }
```

程序运行结果：

调用无参构造方法

调用带参构造方法 1

调用带参构造方法 2

您输入的年龄不在合理的范围之内!

说明：

（1）创建带参数的对象并编译运行后，会输出“调用带参构造方法 1”。有参构造方法不仅能创建对象，还能给对象中的实例变量赋初值。

（2）当成员变量与形参变量同名时，要引用成员变量，应在成员变量名前加“this.”，如例 3-10 代码中的 this.name，这指的是引用类的成员变量 name。

（3）如果已经自定义了构造方法，无论自定义的是无参还是有参构造方法，系统都不再生成默认无参构造方法。这导致一个容易出错的代码，即如果例 3-10 中，不编写 Student()这个无参构造方法，那么 main 主方法中的 Student s1=new Student()语句将出错，因为该语句使用无参构造来创建对象 s1，但由于 Student 类中没有无参构造，系统编译出错。

（4）定义多个构造方法可以实现构造方法的重载，如例 3-10 中既定义了无参构造方法又定义了有参构造方法，实现了构造方法的重载。

方法名相同，但参数不同的多种方法，调用时会自动根据不同的参数选择对应的方法，这就是方法的重载。方法的重载即可以应用于构造方法，也可应用于普通的成员方法。

构造方法不但可以给对象的属性赋值，还可以保证给对象的属性赋一个合理的值，即传入的参数类型要与构造方法对应的参数类型和范围一致。例 3-10 中规定了年龄的范围，一旦传入的年龄超出了范围则输出“您输入的年龄不在合理的范围之内!”。

3.3 对 象

3.3.1 类的对象的定义

前面几个小节，我们已经对面向对象和类的定义有了初步的了解，接下来我们会进一步学习类的对象的基本概念。

万物皆对象，在日常生活中，人们会不自觉地把大小事物进行分类，分类是我们认识世界的一个很自然的过程。分类同样也是面向对象的基本思路，利用定义好的各种类，可以创建一个个属于不同类或相同类的对象。

对象（Object）包含两个部分，首先是对象的属性，其次是对象的行为。

对象的属性描述了对象的数据模型，即用于描述对象具有的各种特征，比如一张桌子作为一个对象，它有颜色、高度、宽度、形状等属性，这些都属于它的数据。在定义类时，编写为类的成员变量。

对象的行为是对象的行为模型，又被称为对象的方法，用于描述对象执行的操作，即描述对象能够做什么事情，比如一个游泳运动员可以完成蛙泳、蝶泳、自由泳、仰泳等动作，这些动作就属于对象的行为。在定义类时，编写为类的成员方法。

类是对某一类事物的描述，是抽象的、概念上的意义，而对象是实际存在的该类事物的每一个个体，也被称为类的实例。例 3-11 定义了一个 Person 类，并利用该类创建一个对象，这样，这个对象就具有了其所属类中定义的成员变量和成员方法。

例 3-11　Person.java

```
public class Person{                    //类名为 Person
//属性（成员变量）
private    String name;                 //姓名
     private    int age;                //年龄
private    char sex;                    //性别
public String getName() {               //获取姓名
          return name;
     }
public int addAge() {                   //年龄加一
          age += 1;
          return age;
          }
public static void main(String args[] ){
       Person per = new Person();       //创建一个 Person 对象
       per.addAge();                              //调用 per 对象的实例成员方法
       System.out.println(per.getName());
}
}
```

程序运行结果：

说明：这里在 main 方法中，用 new 语句创建了一个 Person 对象，在下一小节我们会详细的解释如何使用类的对象。例 3-11 中 person 表示一个对象，而 name、age、sex 分别表示对象的姓名，年龄和性别等成员变量，它们属于对象的属性；该对象还有两个成员方法：

getName()，addAge()，分别用于获取对象的姓名，给对象的年龄加一。

实际上，对象就是由一组数据和方法构成，用来描述客观事物的一个实体。

以下是对象的四个主要特点：

（1）每个对象都是独一无二的；

（2）对象是一个特定的事物，它的职能是完成特定的功能；

（3）对象是可以重复使用的；

（4）每个对象的每个属性都拥有特定值。

3.3.2 类的对象的使用

当完成类代码的编写，即完成了类的定义。如何用一个类来描述一个具体的对象呢？这一过程须遵循以下步骤：

1. 创建对象

类名 对象名 = new 类名([实参表])；

【说明】new 是创建对象的关键字。该语句实际上就是对类进行实例化并得到对象，再把该对象赋给左侧的变量（对象名）。后续对对象名的操作就是对该对象的操作。系统在使用 new 关键字来创建对象的过程中，会自动调用类的构造方法，如果实参表为空，则调用类的无参构造方法，如果实参表非空，则调用相应的类的有参构造方法。

2. 使用对象

（1）引用对象的属性：对象名.成员变量名

说明：通过“对象名.属性”可使用该属性，并且可以给该属性赋值。

（2）引用对象的方法：对象名.成员方法名([实参表])

说明：通过“对象名.方法名()”可调用受益人成员方法。

要注意区分给类静态成员变量和普通成员变量。

由 static 修饰的成员变量称为静态成员变量，也称类变量。它属于整个类，而不是某个具体对象所有，也就是说它被类的所有对象所共享。静态成员变量可以使用类名引用直接访问，也可以使用对象名进行间接访问。

我们可以基于一个类创建多个该类的对象，每个对象都拥有各自的属性和方法，具有独立性。然而在某些时候，我们会使用类的静态成员变量来满足该类所有对象共享同一个成员的需求，显然静态成员变量并不依赖于对象的创建而进行初始化。类成员变量初始化代码块与对象初始化代码块最明显的不同在于大括号前是否加有 static 修饰。格式如下：

（1）类成员变量初始化代码块。

```
static{
    num = 1;
}
```

（2）对象初始化代码块。

```
{
```

```
    name =" 张三" ;
}
```

为了方便读者理解，我们将例 3-1 进行了一些改动，如下：

例 3-12　Cellphone.java

```
public class Cellphone{                    //手机信息类，类名为 Cellphone
//属性（成员变量）
private float screen;                      //屏幕
private float cpu;                         //CPU
private float mem;                         //内存
private int num;                           //手机号
private static int id = 0;                 //用户 ID
//对象初始化代码块
{
  num = 000000;                    //新创建手机对象号码统一为六个零
}
//方法
public void call(){                //call 方法
  System.out.println( "Cellphone 有打电话的功能" + "\n" );
}
public void sendMessage(){                 //sendMessage 方法
  System.out.println( "screen:" +screen+ "cpu:" +cpu+ "men:" +mem+ "Cellphone 有发
短信的功能" + "\n" );
}
public void applyNum( int newnum ){
  num = newnum;
}
public void userID(){
  id++;
  System.out.println( "申请手机号的用户 ID：" +id+ "\n" +
"申请的新手机号码:" +num+ "\n" );
}
public static void main(String args[] ){
  Cellphone phone = new Cellphone();       //创建一个 Cellphone 对象
phone1.sendMessage();              //通过对象调用 sendMessage()方法
//初始化实例变量
phone1.screen = 5.0f;
phone1.cpu = 1.4f;
phone1.mem = 2.0f;
```

```
phone1.sendMessage();              //再次调用 sendMessage()方法
phone2.userID();
phone3-applyNum(123456);
phone3-userID();
}
}
```

程序运行结果：

```
screen:0.0 cpu:0.0 men:0.0 Cellphone 有发短信的功能
screen:5.0 cpu:1.4 men:2.0 Cellphone 有发短信的功能
申请手机号的用户 ID：1
申请的新手机号码：000000
申请手机号的用户 ID：2
申请的新手机号码：123456
```

说明：例 3-12 中，对象共调用了两次 sendMessage()方法，第一次调用前未对实例变量赋初值，即未对对象的属性赋值，则输出“screen:0.0 cpu:0.0 men:0.0 Cellphone 有发短信的功能”；第二次调用前已经初始化了实例变量，则输出“screen:5.0 cpu:1.4 men:2.0 Cellphone 有发短信的功能”。id 为类变量，它的值被所有的类的对象共享，当 phone2 调用完一次 userID()方法后 id 值变为 1，接下来 phone3 调用 userID()方法时则此时的 id 值为 2。

注意：float 型变量赋值时需要在后面加 f，否则默认浮点数是 double 型。刚刚创建的对象（实例变量）是没有初始值的，需要进行初始化。

3.3.3 权限访问控制符

权限访问控制符是用于限定类及其成员是否可以被其他代码访问的修饰符。在 Java 语言中，权限访问控制符一共有 4 种：public、包权限、protected、private。权限访问控制符可应用于类前或是类的成员前，当用于修饰类时，可使用 public 和包权限，当用于修饰类的成员时，可使用 4 种权限。当要访问类的成员时，类权限和成员权限共同起限制作用，即先要有对类的访问权限，还要有对类的成员的访问权限。

1. public

public 访问权限一种公共访问权限控制符，其所修饰的对象的访问不受限制，任何代码都可以访问具有 public 权限的类或类的成员。

2. 包权限

包权限又称缺省或默认访问权限控制符，这种情况是指在类前及类成员前面没有设置访问控制符的情况，在这种情况下，类及类的成员可由同一个包内的其他类的代码所访问，所以叫做包权限。包的概念后面章节详述。

3. protected

protected 权限又称保护权限，该修饰符的访问范围包含包权限的范围，并且还允许不同包中的子类的代码访问。子类的概念后面章节详述。

4. private

private 权限又称私有权限，该修饰符的访问范围最小，仅限于类体内部可访问，即自身访问，不允许任何其他类访问。

类及类成员的访问权限控制符的设置，要根据所要描述的类的属性和行为的具体情况来决定，一般将类的成员变量设置为 private 权限，而将类的成员方法设置为 public 权限，即保护属性，公开方法，这是面向对象程序设计封装思想的体现。

3.4 实例与小结

（1）编写 Java 代码实现一个计数器类 Computer 其中包括：

① 用 counterValue 来保存计数器的当前值。

② 方法 increment()计数器加一。

⑧ 方法 decrement()计数器减一。

④ 方法 reset()计数器清零。

例 3-13 Computer.java

```
public class Computer{
int counterValue;
public void reset(){
    counterValue=0;
}
public void increment(){
    counterValue++;
}
public void decrement(){
    counterValue--;
}
public static void main(String args[]){
    Computer c=new Computer();
    c.reset();
    c.increment();
    c.increment();
    c.decrement();
    System.out.println(“当前计数为：”+c.countValue);
}
```

（2）定义一个复数类，并实现以下复数类的方法：构造方法，得到实部，得到虚部，设置实部，设置虚部，复数的加法、减法、乘法，最后，创建对象进行运算。复数类 Complex

必须满足如下要求：

① 复数类 Complex 的属性有：

RealPart：double 型，代表复数的实数部分

ImaginPart：double 型，代表复数的虚数部分

② 复数类 Complex 的方法有：

Complex( )：构造函数，将复数的实部和虚部都置 0。

Complex(double r , double i)：构造函数，形参 r 为实部的初值，i 为虚部的初值。

double getReal()：获得复数对象的实部；

double getImagin ()：获得复数对象的虚部；

Complex complexAdd(Complex a)：将当前复数对象与形参复数对象相加，所得的结果仍是一个复数值，返回给此方法的调用者。

Complex complexSub(Complex a)：将当前复数对象与形参复数对象相减，所得的结果仍是一个复数值，返回给此方法的调用者。

Complex complexMulti(Complex a)：将当前复数对象与形参复数对象相乘，所得的结果仍是一个复数值，返回给此方法的调用者。

String ToString( )：把当前复数对象的实部、虚部组合成 a+bi 的字符串形式，其中 a 和 b 分别为实部和虚部的数据。

例 3-14 Complex.java

```
public class Complex{
private double R,I;
public double getReal(){
    return R;
}
public double getImagin(){
    return I;
}
public Complex complexAdd(Complex a) {
    double i,j;
    i=R+a.R;
    j=I+a.I;
    return new Complex(i,j);
}
public Complex complexSub(Complex a) {
    double i,j;
    i=R-a.R;
    j=I-a.I;
    return new Complex(i,j);
}
```

```
    public Complex complexMulti(Complex a) {
        double i,j;
        i=R*a.R-I*a.I;
        j=I*a.R+R*a.I;
        return new Complex(i,j);
    }
    public   Complex(){
        R=I=0;
    }
    public Complex(double a,double b){
        R=a;   I=b;
    }

    public String toString(){
        String s;
        s=R+( I>0? "+": "" )+I+"i";
        return s;
    }

    public static void main(String aa[]){
        Complex c;
        c=new Complex(1,2);
        Complex d;
        d=new Complex(3,4);
        Complex e;
        e =c.complexAdd(d);
        d =e.complexSub(e);
        c =d.complexMulti(e);
        double a,b;
        a=c.getReal();
        b=d.getReal();
        System.out.println(e);
        System.out.println(d);
    System.out.println(a);
      }
    }
```

（3）设计一个类 Triangle，从键盘里面输入三个数字作为三角形的三个边。设计相应的方法判断三角形是否成立；判断三角形的类型（等边三角形、等腰三角形和任意三角形）；与计算三角形的面积和周长。面积的计算公式为：s=(a+b+c)/2; area=Math.sqrt(s*(s-a)*(s-b)*(s-c));

设计一个主类，调用 Tirangle 类中相应的方法，并打印出相应的结果。

例 3-15 Triangle.java

```
public class Triangle {
    private double a = 0;
    private double b = 0;
    private double c = 0;
    private String message = "";

    public Triangle() {
    }
public Triangle(double a, double b, double c) {
        this.a = a;
        this.b = b;
        this.c = c;
}
public String getMessage() {
        return message;
}
public void setMessage(String message) {
        this.message = message;
}
public double getA() {
        return a;
}
public void setA(double a) {
        this.a = a;
}
public double getB() {
        return b;
}
public void setB(double b) {
        this.b = b;
}
public double getC() {
        return c;
}
public void setC(double c) {
```

```
        this.c = c;
    }
    public double area() {// 计算面积的方法
        double s = (a + b + c) / 2;
        return Math.round(Math.sqrt(s * (s - a) * (s - b) * (s - c)));
    }
    public double perimeter() {// 计算 周长的方法
        return a + b + c;
    }
    public boolean isTriangle() {// 判断三角形是否成立的方法
        boolean temp = false;
        if (a + b > c && a + c > b && b + c > a)
            temp = true;
        return temp;
    }
    public String toString() {//判断三角形形状的方法
        if (a == b && b == c)
            message = "此三角形是等边三角形";
        if (a != b && b != c)
            message = "此三角形是任意三角形";
        if ((a == b && b != c) || (a == c && b != c) || (c == b && b != a))
            message = "此三角形是等腰三角形";
        return message;
    }
    }
```

例 3-16　GoTriangle.java

```
import javax.swing.*; //此主类使用图形界面来输入用户数据
public class GoTriangle {
public static void main(String[] args) {
        Triangle triangle = null;
        String a = JOptionPane.showInputDialog("请输入三角形的任意一边", "");
        String b = JOptionPane.showInputDialog("请输入三角形的任意一边", "");
        String c = JOptionPane.showInputDialog("请输入三角形的任意一边", "");
        try {
            int ba = Integer.parseInt(a);
            int bb = Integer.parseInt(b);
            int bc = Integer.parseInt(c);
            triangle = new Triangle(ba, bb, bc);
```

```
        } catch (Exception e) {
            JOptionPane.showMessageDialog(null, "请输入三角形边的数据格式有误");
        }
        if (triangle.isTriangle()) {
            JOptionPane.showMessageDialog(null, "你输入的三边可以构成一个三角形");
            triangle.toString();
            JOptionPane.showMessageDialog(null, "你的三角形的类型为"
                    + triangle.getMessage());
            JOptionPane.showMessageDialog(null, "你的三角形的面积为" + triangle.area());
            JOptionPane.showMessageDialog(null, "你的三角形的周长为"
                    + triangle.perimeter());
        } else {
            JOptionPane.showMessageDialog(null, "你输入的三边不可以构成一个三角形");
        }
    }
}
```

本章介绍了面向对象程序设计和类与对象的基本概念。要牢记面向对象程序设计方法的特点，即封装性、继承性、多态性；要掌握面向对象程序设计方法的优点，即可重用性、可扩展性、可管理性。注意区分以下几组概念，类是具体事物的抽象在概念上的定义，而对象是该类事物真实存在的个体；类成员变量初始化代码块归属于类，而对象初始化代码块依赖于对象。

Java 的核心是面向对象编程，所有的 Java 程序都是面向对象的。要看清 Java 的本质，从复杂的表象中寻找普遍的规律，才能深刻理解 Java 的核心思想。

3.5 习　题

（1）简述面向对象程序设计的基本特点。

（2）简述对象的主要特点。

（3）简述成员变量和局部变量的区别。

（4）什么是构造方法？在什么情况下调用无参构造方法？在什么情况下调用带参构造方法？

（5）什么是类变量？如何区别类变量和实例变量？

第 4 章　继承与多态

4.1　继　承

面向对象程序设计有三个重要的特征：继承、封装和多态。在本章中将为大家介绍 Java 当中一个非常重要的概念——继承。类的继承为软件的重用提供了很好的支持。继承是存在于两个类之间的一种关系，被继承的类称为父类或超类，而继承父类的类称为子类或派生类，子类将继承父类所有的成员。

4.1.1　类的继承

在现实世界中，继承是儿子得到了父亲的东西（子承父业也就是这个意思）；在面向对象程序设计中，继承是一个类获得了另一个类所有的成员变量及成员方法。我们知道在一个类当中，基本上有三种东西：成员变量代表这个类的状态（属性），成员方法代表这个类的行为，还有构造方法。使用了继承的类即使什么代码都不用写，就自动地获取了被继承类的成员变量和方法。被继承的类叫做父类，继承了父类的所有属性和方法的类叫做子类。继承是 Java 程序设计语言在代码重用方面一个重要且强大的特征，使用继承便于更好地避免代码的冗余，并使代码更易于理解和维护。

那么继承该如何使用呢？在定义一个类时，使用关键字 extends 来指明父类，这样就在两个类之间建立了继承的关系。下面我们举一个例子来说明。

我们先定义类来描述人这一现实事物，代码如例 4-1 所示。

例 4-1　Person.java

```
public class Person {
String name;              //名字
int age;                  //年龄

void eat(){               //吃饭
    System.out.println("吃饭");
}

void sleep(){             //睡觉
    System.out.println("睡觉");
}
void introduce(){         //自我介绍
```

```
        System.out.println("我的名字是"+name+",我的年龄是"+age);
    }
}
```

我们再定义一个类“Student”类，让 Student 类继承 Person 类，当然 Student 类中也可加入自己有属性及方法。

例 4-2 Student.java

```
public class Student extends Person{
}
```

那么我们该如何验证是否继承成功呢？这里我们再建立一个 Test 类，编写代码测试 Student 类，验证 Student 类是否自动获得了其 Person 类所具有的成员。

例 4-3 Test.java

```
public class Test {
public static void main(String[] args) {
        Student student = new Student();
        student.name="张三";
        student.age=18;
        student.eat();
        student.sleep();
        student.introduce();
}
}
```

程序运行结果：

吃饭

睡觉

我的名字是张三,我的年龄是 18

说明：由例 4-3 的运行结果可用，即使在类 Student 中没有一行代码，但由于类 Student 继承自类 Person，所以自动就具有了类 Person 所有的成员变量和成员方法，这样成员可以像在类 Student 中自己编写的一样使用。

注意：Java 只支持单继承，不允许多继承。即：子类只能继承一个父类，而一个父类可被多个子类继承，图 4-1 展示了一个父类向下继承给多个子类。但是，多继承可以通过接口来实现。

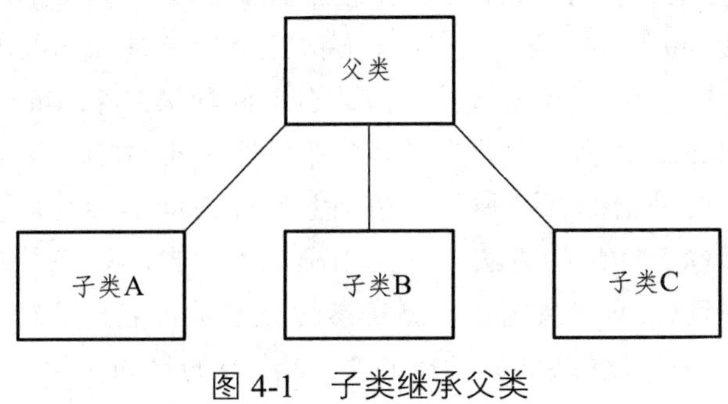

图 4-1 子类继承父类

4.1.2 方法的重载

方法的重载是指：一个类中定义了多个同名不同形态的方法，通过方法的参数（形参个数、形参类型等等）来区分。方法重载的特点是多个方法同名，但其参数表不同，可能是参数表的参数个数不同，如果参数个数相同，那么参数类型不同。Java 系统在决定调用哪个方法时，根据实参的个数及类型，在多个同名重载方法中，自动匹配方法形参对应的方法。

例 4-3 Test.java

```
public class Test {
public static double Max(double x,double y) {
      if (x > y) {
            return x;
      } else {
            return y;
      }
}
public static int Max(int x,int y) {
      if (x > y) {
            return x;
      } else {
            return y;
      }
}
public static double Max(double x,double y,double z) {
      return Max(Max(x,y),z);
}
public static void main(String[] args) {
      System.out.println(Max(1,2));
      System.out.println(Max(2.0,3.0));
   }
}
```

例 4-3 的代码中，编写了 3 个 Max 方法，第一个 Max 方法两个形参是 double 型的，第二个 Max 方法两个形参是 int 型的，第三个 Max 方法三个形参是 double 型的。当进行方法调用时，Max(1,2)的两个实参是两个 int 型数据，因此自动匹配第二个 Max 方法。而 Max(2.0,3.0)的两个实参是两个 double 型数据，因此自动匹配第一个 Max 方法。

重载方法的匹配有两种情况，一种是“精确”匹配，即实参与形参的个数与类型完全一致。如果不能找到“精确”匹配的方法，则使用第二种“自动转换”匹配，即实参与形参的个数相同，但类型不一致，Java 系统会检测实参的类型是否能自动转换为形参的类型，如果能够转换，则完成匹配。自动转换的原则按照 2.3.2 小节的自动转换原则进行。

如果“精确”匹配与“自动转换”匹配都无法找到合适的重载方法，Java 源程序的编译将出错。

4.1.3 变量的覆盖

在子类继承父类时，子类除获得父类的成员，也可以再编写自己代码，设置自己的新的成员，因此子类具有可扩展性。但当子类中新声明了与父类同名的成员变量时，子类中就存在了两个同名的成员变量。这时，访问的是子类中新声明的成员变量，将父类继承而来的同名成员变量隐藏起来，不能够直接访问。这种现象称为变量的覆盖。

例 4-4　Child.java

```
class Parent {
      int x = 1;
      int y = 2;
}
public class Child extends Parent{
      int x = 3;
      int z = 2;
      public static void main(String[] args) {
            Child c = new Child();
            System.out.println("x="+c.x+",y="+c.y+",z="+c.z);
      }
}
```

程序运行结果：

```
x=3,y=2,z=2
```

4.1.4 方法的隐藏与重写

子类即可以从父类继承得到成员变量，也可以从父类继承得到成员方法。面向对象程序思想中，方法描述了对象的行为，子类所继承的成员方法，是由父类继承而来，其所描述的行为由父类决定。如果子类需要改变从父类所继承的方法的行为，可以在子类中重新编写同名方法，这种情况，子类中就存在两个同名且参数表也相同的方法，在子类中调用方法时，访问的是子类重写的方法，从父类继承的方法被隐藏。

例 4-5　Child.java

```
class Parent {
int x = 1;
int y = 2;
void test(){
      System.out.println("x="+x+",y="+y);
   }
}
```

```
public class Child extends Parent{
   int z = 3;
   void test(){
      System.out.println("x=" + x + ",y=" + y + ",z=" + z);
  }
  public static void main(String args[]){
      Child c=new Child();
      c.test();
  }
  }
```

程序运行结果：

x=1,y=2,z=3

在例 4-5 中，父类 Parent 中编写了成员方法 test，在子类 Child 中重新编写了 test 方法，这样子类 Child 中就有两个 test 方法，发生了方法的重写。

注意：

（1）在具有父子关系的两个类当中，父类和子类各编写一个方法，这两个方法的声明（返回值类型、方法名和参数列表）完全相同才会产生重写。

（2）子类不能将父类的静态方法定义为非静态方法，反之亦然，即重写不能改变原有方法的静态或非静态属性。

（3）子类在重写父类继承而来的方法时，其权限访问控制符的访问范围，只能与父类方法的访问范围相同或者更大，而不能比父类方法有更多的限制。通常两个方法的权限保持一致。

（4）如果父类方法定义为 final 方法，则子类不能重写该方法，final 关键字的详细含义见 4.2.3 小节。

4.1.5 this 与 super 关键字

1. this 关键字

this 关键字出现在类的实例成员方法或是构造方法中，这是一个依赖于对象环境的相对概念，它指向当前对象，或称它指向当前实例。那么，代码中的哪个对象是当前对象呢？当前对象就是引发类实例方法执行的对象，例 4-6 展示了 this 关键字在实例成员方法及构造方法中的应用。要特别注意，this 关键字与对象相关，那么，在与对象无关的静态成员方法中，使用这个关键字是不行的。

例 4-6 Test.java

```
public class Test{
private int x;
public Test(){
    this(0);                //①
}
```

```
public Test(int x){
      this.x=x;              //②
}
public print(){
      System.out.print( “x=” +this.x); //③
}
public println(){
      this.print();          //④
      System.out.println();
}
public static void main(String args[]){
      Test t1=new Test();//⑤
      t1.println();          //⑥
}
}
```

程序运行结果：

x=0

在例 4-6 代码中，有 4 处使用了 this 关键字，这 4 处体现了 this 的 3 种用法，分述如下：

① 处代码是在一个构造方法中，使用 this 来调用另一个构造方法。该语句必须是构造方法的第一条语句。

② 处代码是在实例成员方法中，引用当前对象的成员变量。当代码⑤执行时，系统将自动调用 Test()无参构造方法，然后再执行①处代码，调用 Test(int x)单参构造方法，这一连串的动作，都是由于创建对象 t1 引发，所以这一连串代码中的 this 都是引用对象 t1，也就是说当前对象是 t1。②处代码还有一个用处，是用于区分形参变量 x 和实例成员变量 x。

③ 处代码功能与②处代码功能一样，this.x 其实就是 t1.x。

④ 处代码功能与②处代码功能类似，只不过是调用当前对象的实例成员方法。该处代码是由于⑤处代码执行引发，所以当前对象是 t1 对象。

2. super 关键字

子类在继承父类的成员的过程中，也可以覆盖父类成员变量，也可以重写父类的成员方法。对于被覆盖的父类成员变量，以及被隐藏的父类成员方法，子类中可以使用 super 关键来引用。例 4-7 代码展示了 super 关键字的用法。

例 4-7　Child.java

```
class Parent {
int x ;
void test(){
      System.out.println("There is Parent test()");
}
```

```
public Parent(){
        x=0;
        System.out.println("There is Parent()");
}
public Parent(int x){
        this.x=x;
        System.out.println("There is Parent(int x)");
    }
}
public class Child extends Parent{
        int x ;
        void test(){
                super.test();
                System.out.println("There is Child test():this.x="+this.x+" super.x="+super.x);
}
public Child(){
        x=0;
        System.out.println("There is Child()");
}
public Child(int x){
        super(x);
        this.x=x;
        System.out.println("There is Child(int x)");
}
public static void main(String args[]){
        Child c=new Child();
        c.test();
        Child d=new Child(3);
        d.test();
    }
}
```

程序运行结果：

There is Parent()

There is Child()

There is Parent test()

There is Child test():this.x=0 super.x=0

There is Parent(int x)

There is Child(int x)

There is Parent test()

There is Child test():this.x=3 super.x=3

super 关键字用于引用当前对象中被隐藏和覆盖的父类成员变量和成员方法，也用来在子类构造方法中显式调用父类构造方法。在例 4-7 代码中，还有一个细节体现了子类构造方法与父类构造方法的特殊关系。在子类无参构造方法 Child()中，并没有显式调用父类的无参构造方法，但从运行结果第一行可见，父类无参构造 Parent()也得到了执行，并且执行的顺序是在 Child()之前。这是因为，在执行子类构造方法时，如果没有编写 super()来调用父类的构造方法，系统也将自动调用父类无参构造方法，完成父类成员变量的初始化。

4.2 抽象方法与抽象类

4.2.1 抽象方法

在面向对象程序思想中，方法是物体行为的描述，但在一些特殊情况下，会出现能够明确物体具有某种行为，或无法确定行为的具体动作。意即知道要编写一个成员方法，但不确定方法的方法体的具体实现。对于这种特殊情况，可将该方法编写为一个抽象方法，抽象方法只有方法声明，没有方法体的定义。

抽象方法的形式：abstract [权限控制符] 返回类型　方法名 (形参表);

抽象方法以 abstract 关键字修饰，方法头部与一般方法一样，包括返回类型、方法名、形参表，后跟分号。

4.2.2 抽象类

将抽象方法的思想扩大，对于一种只描述了对象的一般的行为，由其子类给出行为的具体实现的类，定义为抽象类。抽象类使用 abstract 关键字定义。

抽象类的定义：

```
abstract [权限控制符] class 类名{
...//成员变量及方法
}
```

抽象类具有如下特征：

（1）抽象类不能够生成对象；也就是说不能调用一个抽象类的构造方法，从而生成这个抽象类的对象。

（2）如果一个类中包含有抽象方法，那么这个类必须被声明为抽象类。

（3）如果一个类当中没有抽象方法，那么这个类也可以被声明为抽象类。

（4）抽象类可以当做父类，向下继承给子类。当子类完全重写了从父类继承来的抽象方法，给出了所有抽象方法的方法实现，子类就可以成为普通类，可以创建对象。但如果没有完全重写父类的抽象方法，那么子类也只能还是抽象类，不能创建对象。

例 4-8 展示了抽象类的使用。

例 4-8　Test.java

```
abstract class A {
    int x=1;
    int y=2;
    void print(){
        System.out.print("x="+x+",y="+y);
    }
    abstract void println();
}
class B extends A {
    abstract void println(){
        print();
        System.out.println ();
    }
}
public class Test {
    public static void main(String[] args) {
        B b = new B();
        b.println();
    }
}
```

4.2.3　final 修饰符

抽象类不能创建对象，只能当做父类，由其子类来实现抽象方法。无论是抽象类或是其他普通类，当作为父类时，子类都能够重写其方法，改变方法的方法体的实现，改变方法的具体行为。有时候，这是不允许的。如何防止子类重写父类的方法呢？当某个类被 final 修饰符所修饰，即将该类说明为最终类。最终类不能有子类，即最终类不能被继承，这样其内部方法也会被重写。

或者，将 final 修饰符应用于修饰成员变量或成员方法，则被修饰的成员变量成为不变的变量，即所谓的常量；被修饰的成员方法成为最终方法，不能被其子类所重写。这保证了父类的属性和行为在子类中不可改变。final 修饰符也可以用来修饰局部变量，成为局部常量。常量只能赋值一次，之后不可更改。

例 4-9　Student.java

```
final class exam{
final public read_book(){
    System.out.println( “read book in exam” );
}
public exam(){
```

```
        System.out.println( "there is exam()" );
    }
}
public class Student extends exam{
        public final int id = 123456;
        public int weight = 80;
        public read_book(){
                System.out.println( "read book" );
}
public static void main(String[] args) {
        Student s = new Student();
        s.id++;
        s.weight = 100;
        }
}
```

最终类不能作为父类继承，最终方法不能被子类重写，常量不能修改，这导致例 4-9 中加框代码编译出错。

4.3　接　口

Java 语句只允许子类继承一个父亲，即只允许单继承，但通过接口，间接实现了多重继承。Java 语言通过接口，使即使是无关的类也能实现相同的行为。

4.3.1　接口定义

Java 语言使用接口来间接实现多重继承，接口是常量与抽象方法的集合。接口定义使用 interface 关键字。

接口语法：[权限控制符] interface 接口名 [父接口列表]{

[public][static][final] 数据类型 成员变量名=初始值;

[public][abstract][native] 返回类型 成员方法名([参数表]);

}

接口具有以下一些特点：

（1）接口使用 interface 关键字定义，与类一样，可使用 public 权限修饰符定义为公共接口；

（2）接口可继承自父接口，并且可继承自多个父接口，这样就间接实现了多重继承；

（3）接口当中的方法默认都是公有抽象方法，都没有方法体；

（4）接口当中的成员变量默认都是公有静态常量；

（5）接口是一种抽象类，不能用于创建对象。接口的功能是实现了一些方法规范，但方法的具体实现由实现接口的具体子类来给出。

例 4-10　USBinterface.java

```
public interface USBinterface {
    void upPower();                  //上电
    public void downPower();         //掉电
    abstract void read();            //读方法
    public abstract void write();    //写方法
}
```

例 4-10 定义了一个 USB 接口，接口中声明了 4 个不同的方法，各个方法前面的修饰符虽然不一样，但其实各个方法的属性其实是一样的，因为接口中方法默认都是 public abstract 属性的。

4.3.2　接口的实现

独立的接口是没有意义的。接口定义了一个抽象的类，其中包括方法的规范，这些方法只有方法头部，没有方法体，也就是说没有方法的实现。这些方法的实现，由继承接口的子类或都称实现一个接口的子类来提供，即由子类来重写接口中的抽象的方法，我们把这个过程叫做接口的实现。一个类要实现一个接口，就必须要重写该接口中的所有抽象方法，只要有一个方法没有实现，这个类就只能是抽象类。

例 4-11　UDisk.java

```
public class UDisk implements USBinterface{     //U 盘实现了 Usb 接口
        public void upPower(){
                System.out.println("USB Disk power up!");
        }
        public void downPower(){
                System.out.println("USB Disk power down!");
        }
        public void read() {
                System.out.println("USB Disk read!");
        }
        public void write() {
                System.out.println("USB Disk write!");
        }
        public static void main(String args[]){
                UDisk ud=new UDisk();
                ud.upPower();
                ud.read();
                ud.write();
                ud.downPower();
        }
```

```
}
```

例 4-12　USBMouse.java

```
public class USBMouse implements USBinterface{     //U 盘实现了 Usb 接口
        public void upPower(){
                System.out.println("USB Mouse power up!");
        }
        public void downPower(){
                System.out.println("USB Mouse power down!");
        }
        public void read() {
                System.out.println("USB Mouse read!");
        }
        public void write() {
                System.out.println("USB Mouse write!");
        }
        public static void main(String args[]){
                USBMouse um=new USBMouse();
                um.upPower();
                um.read();
                um.write();
                um.downPower();
        }
}
```

【注意】

（1）一个类实现接口要使用 implements 关键字；

（2）一个类可以实现多个接口；

（3）一个接口要实现一个接口，就要实现该接口所有抽象方法；

接口的意义在于其规范了一些方法的形式，例 4-11 中，UDisk 类展示了 U 盘实现了 Usb 接口，而例 4-12 则展示了 UsbMouse 类，Usb 接口鼠标也实现了 Usb 接口，对比两个类的实现，可见由于它们都实现了同一个 USB 接口，因此它们都要实现相同的 4 个方法（upPower，downPower，read，write）。这样一来，使得 UDisk 类和 UsbMouse 类之间就具有了统一的规范的方法。

4.4　内嵌类

类是变量与方法的集合，可以看做一种用户自定义的数据类型。用户可以使用类来定义对象，访问对象的成员变量，调用对象的成员方法。一个类在定义自己的成员变量的时候，也可以使用其他类创建对象作为自己的成员变量，这种情况称为类的组合应用。在一些特殊的情况下，类可能希望，用于创建自己成员变量的类是自己私有的，或者说，用于声明定义自己成员变量的自定义数据类型是只供本类使用的。这样，可将这个自定义数据类型定义在类的内部，即在一个类的内部定义一个类，这个内部定义的类称为内嵌类。就像成员变量、成员方法是类的内部成员一样，内嵌类也可理解为类的内部成员。这样，在编写内嵌类时，也可使用 public 等权限控制符，也可使用 static 修饰符或非 static 修饰符，甚至也可使用 final 修饰符。

4.4.1 成员内嵌类

对于未使用 static 修饰符修饰的内嵌类，称为成员内嵌类。例 4-13 展示了一个成员内嵌类的应用。

例 4-13 OuterOneTest.java

```
class OuterOne{
private int x=3;
private InnerOne ino=new InnerOne();
public class InnerOne{
      private int x=1;
      public void innerMethod(int x){
            System.out.println("x="+x);
            System.out.println("InnerOne'x="+this.x);
            System.out.println("OuterOnex="+OuterOne.this.x);
      }
      public InnerOne(){
            x=0;
      }
      public InnerOne(int a){
            x=a;
      }
      }
      public void outerMethod(){
            InnerOne i=new InnerOne();
            i.innerMethod(8);
      }
}
public class OuterOneTest{
   public static void main(String args[]){
            OuterOne o=new OuterOne();
            o.outerMethod();
```

```
        OuterOne.InnerOne i=new OuterOne().new InnerOne();
        i.innerMethod(8);
    }
}
```

说明：例 4-13 中，在外层类 OuterOne 中定义了内嵌类 InnerOne。然后使用 InnerOne 来创建成员变量 ino，也可以在 outMethod 成员方法中使用 InnerOne 来声明临时变量 i。在内嵌类 InnerOne 的成员方法 innerMethod 中，展示了 3 种不同的变量 x 的访问，包括局部形参变量 x、内嵌类的成员变量 x、外部类的成员变量 x。此外，例 4-13 中还展示了另一个类 OuterOneTest 中使用内嵌类 InnerOne 来创建局部变量 i 的方法。

例 4-14 OuterOneTest.java

```
class OuterOne{
  private int x=3;
  private InnerOne ino=new InnerOne();
  public static class InnerOne{
    private int x=1;
    public static int y=0;
    public void innerMethod(int x){
        System.out.println("x="+x);
        System.out.println("InnerOne'x="+this.x);
        System.out.println("OuterOnex="+OuterOne.this.x);
    }
    public static void innerMethodTwo(){
        System.out.println("y="+y);
    }
    public InnerOne(){
        x=0;
    }
    public InnerOne(int a){
        x=a;
    }
    }
    public void outerMethod(){
    InnerOne i=new InnerOne();
    i.innerMethod(8);
    }
}
public class OuterOneTest{
```

```
public static void main(String args[]){
        OuterOne o=new OuterOne();
        o.outerMethod();
        OuterOne.InnerOne i=new OuterOne.InnerOne();
innerMethod(8);
OuterOne.InnerOne.innerMethodTwo();
}
}
```

【说明】例 4-14 中，内嵌类 InnerOne 被定义为 static 类型，这意味着内嵌类 InnerOne 是外部类的静态成员。内嵌类 InnerOne 中增加了静态成员方法 innerMethodTwo。类 OuterOneTest 的 main 方法中使用静态内嵌类 InnerOne 来创建局部变量 i 的方法与例 4-13 有所不同，另外还展示了调用静态内嵌类 InnerOne 的静态成员方法 innerMethodTwo 的方法。

4.4.2 匿名内嵌类

Java 语言允许代码在使用内嵌类创建对象的时刻，才给出内嵌类的实现，这种内嵌类被称为匿名内嵌类。例 4-15 展示了匿名内嵌类的编写方法。

例 4-15 AnonymousInner.java

```
interface sample{
   void test();
}
public class AnonymousInner {
   public void OuterMethod(){
        new sample(){
                public void test(){
                        System.out.println( "in test" );
                }
        }
        }
}
public static void main(String args[]){
        AnonymousInner a=new AnonymousInner();
        a.OuterMethod();
      }
}
```

例 4-15 中的加框代码展示了匿名内嵌类的编写方法，在 OuterMethod 方法中，使用一个匿名内嵌类来继承实现 sample 接口，大括号中给出 sample 接口中的抽象方法 test 的实现，同时创建该匿名内嵌类的对象。

4.5 Java 的包

4.5.1 包的定义

Java 语言基于类来组织变量和方法，而以包来组织类。包的组织采用分层结构，与文件系统的目录结构类似。在默认情况下，系统会为每个类文件创建一个缺省包，缺省包没有名字，所有属于缺省包的类之间，可以相互引用，它们属于同一个包，适用包权限访问控制符。

Java 语言也允许使用 package 关键字，自定义类所属的包，该语句放在 Java 源程序的第一行。

定义包的格式：package 包名；

例 4-16 展示了自定义包的用法，例中编写了类 A，并将其定义为 test 包中。系统在编译类时，将自动生成目录 test，并将类中间字节码文件 A.class 放入其中。

例 4-16　A.java

```
package test;
public class A {
   public void test() {
      System.out.println("This is A !");
   }
}
```

包权限访问控制符与 public、protected、private 一起组成 Java 的 4 种权限访问控制范围，具体的访问范围如表 4-1 所示。这四种权限分别用于限制类或类当中的成员变量和成员方法访问的权利。

表 4-1　4 种权限控制范围

权限级别	同一类中	同一包中	不同包的子类	其　他
public	可直接访问	可直接访问	可直接访问	可直接访问
protected	可直接访问	可直接访问	可直接访问	
default	可直接访问	可直接访问		
private	可直接访问			

4.5.2 包的导入

在一个类中可以直接使用同一包中的其他类，但如果要使用其他包中的类，则需要先导入其他包中的类。

包导入的格式：　import 包名.子包名.类名；

例 4-17 展示了在 B.Java 程序中使用包 test 中的类 A 的用法。

例 4-17　B.java

```
package sample;
import test.*;  //导入 com.test 包中的类
```

```
public class B {
    public static void main(String[] args) {
        A a = new A();
        a.test();
    }
}
```

类 B 自己属于包 sample，类 A 则位于包 test 中，代码使用 import test.*;来导入包 test 中的所有类，这样在类 B 的代码，就可以使用类 A 了。该代码也可以改为 import test.A；只导入 test 包中的一个类 A。

4.5.3 Java 的系统包

Java 语言提供了许多功能非常强大的系统包，如 java.io 包、java.lang 包、java.util 包、java.sql 包等等。这里为大家简单地介绍一下这些包的功能：

java.io 包通过数据流，文件系统等实现了系统的输入、输出。

java.lang 包是默认导入的包，该提供了程序设计的基础类，该包中 Object、Math、String、StringBuffer、System 等类的使用频率是非常高的。

java.util 包提供了各种实用工具类，如：随机数生成器等。

Java 的系统包就介绍到这里，当然 Java 的系统包远远不止这些，若想了解得更多，需要到 Java 的官方文档中查询。

4.6 实　例

（1）定义一个高级复数类（AdvComplex），基于例 3-14 继承实现，并覆盖和重载其相关的方法，进行复数运算。

复数类 AdvComplex 必须满足如下要求：

① 复数类 AdvComplex 的属性有：

RealPart：double 型，代表复数的实数部分。

ImaginPart：double 型，代表复数的虚数部分。

② 复数类 AdvComplex 的方法有：

AdvComplex( )：构造函数，将复数的实部和虚部都置 0，输出“创建复数：0”。

AdvComplex(double r , double i)：构造函数，形参 r 为实部的初值，i 为虚部的初值；并且在初始化完毕之后，输出“创建复数：XX+XXi”。

double　getReal()：获得复数对象的实部。

double　getImagin ()：获得复数对象的虚部。

void　setReal(double d)：修改复数对象的实部。

void　setImagin (double d)：修改复数对象的虚部。

AdvComplex　complexAdd(AdvComplex a)：将当前复数对象与形参复数对象相加，所得的结果仍是一个复数值，返回给此方法的调用者。

AdvComplex　complexAdd(double a)：将当前复数对象与形参实数值相加，所得的结果仍是一个复数值，返回给此方法的调用者。

AdvComplex　complexSub(AdvComplex a)：将当前复数对象与形参复数对象相减，所得的结果仍是一个复数值，返回给此方法的调用者。

AdvComplex　complexSub(double a)：将当前复数对象与形参实数值相减，所得的结果仍是一个复数值，返回给此方法的调用者。

AdvComplex　complexMulti(AdvComplex a)：将当前复数对象与形参复数对象相乘，所得的结果仍是一个复数值，返回给此方法的调用者。

AdvComplex　complexMulti(double a)：将当前复数对象与形参实数值相乘，所得的结果仍是一个复数值，返回给此方法的调用者。

String ToString( )：把当前复数对象的实部、虚部组合成 a+bi 的字符串形式，其中 a 和 b 分别为实部和虚部的数据。

例 4-18　AdvComplex.java

```
public class AdvComplex extends Complex{
public AdvComplex(double r,double i){
        super(r,i);
}
public void setReal(double d){
        RealPart=d;
}
public void setImagin(double d){
        ImaginPart=d;
}
public AdvComplex complexAdd(double a){
        return new AdvComplex(this.R+a,this.I+a);
}
public AdvComplex complexSub(double a){
        return new AdvComplex(this.R-a,this.I-a);
}
public AdvComplex complexMulti(double a){
        return new AdvComplex(this.R*a,this.I*a);
}


}
```

（2）定义一个图形的抽象类，具有求面积和画图形的方法，再定义点、线、圆的类继承这个抽象类实现它的方法。

例 4-19　GraphicDemo.java

```
abstract class Graphic{
```

```
        public static final double PI = 3.1415926;
        abstract double area();
        abstract void draw();
  }
class Point extends Graphic {
        protected double x, y;
        public Point(double x, double y) {
            this.x = x;
            this.y = y; }
        double area() { return 0; }
        void draw() {              // 在此模拟实现画一个点
            System.out.println("Draw a point at ("+x+","+y+")"); }
        public String toString(){
            return "("+x+","+y+")"; } }
class Line extends Graphic{
        protected Point p1, p2;
        public Line(Point p1, Point p2){
            this.p1 = p1;
            this.p2 = p2; }
        double area(){ return 0; }
        void draw(){
        // 在此模拟实现画一条线
        System.out.println("Draw a line from "+p1+" to "+p2);
    }
}
class Circle extends Graphic{
        protected Point o;
        protected double r;
        public Circle(Point o, double r) {
            this.o = o;
            this.r = r; }
        double area() {
            return PI * r * r; }
        void draw() {
        // 在此模拟实现画一个圆
        System.out.println("Draw a circle at "+o+" and r="+r);
    }
}
```

```
public class GraphicDemo{
  public static void main(String []args){
    Graphic []g=new Graphic[3];
    g[0]=new Point(10,10);
    g[1]=new Line(new Point(10,10),new Point(20,30));
    g[2]=new Circle(new Point(10,10),4);
    for(int i=0;i<g.length;i++){
    g[i].draw();
    System.out.println("Area="+g[i].area());
}}}
```

3）设计一个学生类 Student，其数据成员有 name（姓名）、age（年龄）和 degree（学位）。由 Student 类派生出本科生类 Undergraduate 和研究生类 Graduate，本科生类 Undergraduate 增加成员 specialty（专业），研究生类增加成员 direction（研究方向）。每个类都有 show()方法，用于输出数据成员信息。

例 4-20　show.java

```
public class show {
public String name;
public int age;
public String degree;
public show(String n1, int a1, String d1) // 构造方法
{
    name = n1;
    age = a1;
    degree = d1;
}
public void show() {
    System.out.print("学生、" + name + "     " + "年龄、" + age + "     " + "学位、"
            + degree + '\n');
  }
}
```

例 4-21　Undergraduate.java

```
public class Undergraduate extends show {
public String specialty;
public Undergraduate(String name, int age, String degree, String spe) {
    super(name, age, degree);
    specialty = spe;
}
public void show() {
```

```
        super.show();// 调用父类的方法
        System.out.println("专业" + specialty);
    }
}
class Graduate extends show{
public String direction;
public Graduate(String name, int age, String degree, String dir) {
        super(name, age, degree);
        direction = dir;
    }
public void show() {
        super.show();// 调用父类的方法
        System.out.println("研究方向" + direction);
    }
}
```

例 4-22 Student1.java

```
public class Student1 {
    public static void main(String[] args) {
        show stu1 = new show("张 1", 20,"普通");
        stu1.show();
        Undergraduate stu2 = new Undergraduate("陈定", 21, "本科生", "计算机");
        stu2.show();
        Graduate stu3 = new Graduate("李生", 26, "研究生", "信息管理");
        stu3.show();
    }
}
```

4.7 习　题

（1）先在一个包中编写第一个类 ClassA，要求该类中具有四种不同访问权限的成员，再在另一个包中编写第二个类 ClassB，并在该类中编写一个方法以访问第一个类中的成员。总结类成员访问控制的基本规则。

（2）设计一个汽车类 Car，实现构造方法的重载，然后利用这些构造方法，实例化不同的对象，输出相应的信息。

（3）设计一个乘法类 Multiplication，在其中定义三个同名的 mul 方法：第一个方法是计算两个整数的积；第二个方法是计算两个浮点数的积；第三个方法是计算三个浮点数的积。然后以 Java Applet 程序方式调用这三个同名的方法 mul，输出其测试结果。

（4）已知编一个抽象类 AbstractShape 如下所示：

```
abstract class AbstractShape {
   final double PI=3.1415926;
            public abstract double getArea();
   public abstract double getGirth();
}
```

请编写 AbstractShape 类的一个子类，使该子类实现计算圆面积方法 getArea()和周长的方法 getGirth()。

（5）按下列要求编程：

① 编写一个抽象类，至少有一个常量和一个抽象方法。

② 编写两个抽象类的子类，重写定义抽象类中的抽象方法。

③ 编写一个主类使用 3 个类，进行某种运算。

（6）设计一个形状 Shapes 接口，在其中定义计算面积的 getArea( )方法和求周长的 getPerimeter( )方法，然后设计一个 Circle 类以实现 Shapes 接口中的两个方法，最后以 Java Application 程序方式测试前述接口及其实现类，输出其测试结果。

（7）使用继承和接口技术，编写一个程序，求解几何图形（如直线、三角形、矩形、圆和多边形）的周长和面积。

第 5 章　系统常用类

Java 是一种面向对象程序设计语言，它提倡万物皆对象。而在 Java 程序中，任何定义在类外面的单独的变量和方法都是不被允许的，所有的元素都只能通过类和对象来访问，类实际上可以看作是对象的模板。

Java 系统为用户提供了数以千计的类，其中有一些类经常使用，有必要了解和掌握这些类的使用，本章主要介绍几个系统常用类，其他的类，需要程序设计人员在实际编程过程中不断积累总结。

5.1　包装类（Wrapper Class）

5.1.1　包装类简介

Java 是一门面向对象的语言，但是 Java 中的基本数据类型却不是面向对象的，为了使基本数据类型也融入面向对象的体系中，解决实际编程操作中的不便，Java 语言引入了包装类的概念。所谓包装类，也叫数据类型类，是一组由 Java 系统提供的类，这些类是与基本数据类型一一对应的类。所有包装类（除 Boolean 类外）都有一个共同的父类——Number 抽象类。包装类均位于 Java. lang 包中，它与 Java 中基本数据类型的对应关系如表 5-1 所示。

表 5-1　包装类

基本数据类型	对应的包装类
byte	Byte
short	Short
int	Integer
long	Long
float	Float
double	Double
char	Character
boolean	Boolean

虽然包装类的数量较多，但他们的类名很好记忆。除了 int 和 char 类型对应的包装类名称有所不同外，其余的包装类名只是将对应的基本数据类型名称的首字母变为大写。

5.1.2　包装类的使用

我们已经知道，包装类的本质是将基本数据类型转化为对象使用，所以对于包装类来说，它的主要用途表现以下两个方面：

（1）包装类虽然是类，但一样可以作为一种与基本数据类型相似的数据类型使用，进行数据的存储。

（2）包装类中包含了对应的基本数据类型的相关属性和操作方法。

在了解了包装类的具体功能后，我们通过例子代码来了解包装类的使用方法。由于包装类的使用方法比较类似，下面代码都以 Integer 整数包装类作为例子，详细介绍 Integer 整数包装类的使用方法。

1. 实现与基本数据类型之间的转换

实现与基本数据类型之间的转换，是包装类出现的重要作用。Java 语言还提供了自动拆装箱语法，即基本数据类型变量与对应包装类对象之间的转换，由 Java 系统自动完成，极大方便了程序的编写。下面两段代码展示了手动实现转换和系统自动实现转换的例子。

```
//手动实现 Integer 与 int 之间的转换
Integer a = new Integer(4);
int b = 8;
int i = a.intValue();         //将 Integer 类型的对象转换为 int 类型
Integer in = new Integer(b);  //将 int 类型转换为 Integer 类型

//使用拆装箱语法自动转换
int x = 12;
Integer y = x;                // int 类型自动转换成 Integer 类型
int z = y;                    // Integer 类型自动转换成 int 类型
```

2. 包装类对象的比较运算

除 Boolean 包装类对象外，其他包装类对象都可以直接使用”<” ”<=” ”>” ”>=” ”==” ”!=”等关系运算符进行比较运算。

例 5-1 Test1.java

```
//直接用比较运算符比较包装类对象
public class Test1 {
        public static void main(String[] args) {
            Integer a = new Integer(20);
            Integer b = new Integer(20);
            System.out.println("a<b "+(a<b));
            System.out.println("a<=b "+(a<=b));
            System.out.println("a>b "+(a>b));
            System.out.println("a>=b "+(a>=b));
            System.out.println("a==b "+(a==b));
            System.out.println("a!=b "+(a!=b));
    }
```

```
}
```

程序运行结果：

```
a<b false
a<=b true
a>b false
a>=b true
a==b false
a!=b true
```

从程序运行结果中可以发现，包装类对象在用“==”和“！=”比较时，实际上是在比较两个对象在内存中的位置，即比较对象的引用地址，而用“<”“<=”“>”“>=”比较时，则是直接比较对象的值的大小。至于 Boolean 类，虽然也是包装类，但却不能直接用比较运算符进行操作，读者可以思考一下。（其实原因之前提到过，它并没有继承 Number 类。）

3. 通过包装类中的一些方法，可实现基本数据类型和其他数据类型之间的相互转换。如 int 类型向 string 类型的转换。

例 5-2　Convert.java

```
public class Convert {
            public static void main(String[] args) {
                  int a = 64;
                  String s = "123";
                  int b = Integer.parseInt(s);
                  //将 String 类型转换为 int 类型
                  String s1 = Integer.toString(a);
                  //将 int 类型转换为 String 类型
                  System.out.println("字符串 s=“123”转换为 int 型为"+b);
                  System.out.println("整形 a=64 转换为 String 型为"+s1);
            }
}
```

运行结果：

字符串 s=“123”转换为 int 型为 123

整形 a=64 转换为 String 型为 64

例 5-2 所使用的方法分别是 public static int parseInt(String s)和 public static String toString(int i)，还可以在这两个方法中添加参数 int radix，可以按照参数 radix 规定的进制进行转换。

5.2　String 字符串类

字符串是编程中很常用的数据类型，无论用户使用命令行软件，还是使用图形界面软件，用户的数据输入都是以字符串形式送入程序中。但是字符串又不是 Java 的基本数据类型之一，在 Java 中字符串属于对象，Java 语言提供了 String 字符串类来处理字符串数据。String 类是一个特殊的类，它虽然不是基本数据类型之一，却可以像基本数据类型一样使用。

String 类的一个很重要的特性是它主要用于处理字符的检索、比较等工作，原有的字符串不变，操作将产生一个新的字符串。5.3 小节所介绍的 StringBuffer 类则用来处理字符串自身。由于对 String 字符串对象的操作，都会重新创建一个新的 String 对象。这显示 String 对象会占用比较多的资源，在程序设计时要注意这个问题，尤其是对字符串的操作比较频繁的情况下。

String 类的常见操作和用法如下：

1. String 对象初始化

正如前面提到的，String 类很特殊，所以在对 String 对象初始化时，Java 提供了一种非常简单的方法，使用 String 类，就像使用基本数据类型一样方便。

String s = “hello”；

s = “你好”；

上述为简化的写法，是实际程序设计时常采用的方式。但若按照面向对象编程的方式应写成：

String s = new String(“hello”);

s = new String(“你好”);

可以看到，使用对象编程方式，就像一般的类创建对象一样，使用 new 关键字来创建 String 对象，系统将自动调用 String 类的构造方法。

2. 获取字符串的长度

String 类提供了成员方法 length()，它的作用是返回字符串对象包含的字符数。

例 5-3 StringLength.java

```
public class StringLength {
        public static void main(String[] args){
            String s = "I love learning!";
            int len = s.length(); //获取字符串长度
            System.out.println("该字符串长度为"+len);
        }
}
```

程序运行结果：

该字符串长度为 16

3. 多个字符串的连接

String 类中用于连接两个字符串的方法为 string1.concat(string2)，它的结果是返回 string2 连接 string1 后的字符串。

例 5-4 StringConnect1.java

```
public class StringConnect1 {
```

```
    public static void main(String[] args){
        String s1 = "java 很强大，";
        String s2 = "而且很容易入门!";
        System.out.println(s1.concat(s2));
    }
}
```

运行结果：

java 很强大，而且很容易入门!

当然除了调用 concat 方法外，更常用的是直接用“+”操作符来连接字符串。

例 5-5　StringConnect2.java

```
public class StringConnect2 {
    public static void main(String[] args){
        String s1 = "java 很强大，";
        String s2 = "而且很容易入门!";
        System.out.println(s1+s2);
    }
}
```

其运行结果与例 5-4 一样。

4. 查找字符串中特定位置的字符并替换

字符查找替换操作使用的方法是 charAt(int i)和 replace(char a,char b)，前者的作用是按照索引值来返回相应字符串中的字符，需要注意的是，索引值从 0 开始。后者的作用是替换指定的字符，然后生成一个新的字符串，原来的字符串并没有改变。

例 5-6　ChoosetheChar.java

```
public class ChoosetheChar {
    public static void main(String[] args){
        String s = "1234321";
        String s1 = s.replace('3','1'); //将 s 中所有的 3 替换成 1
        System.out.println( "第三和第六个字符是" +s.charAt(3)+" 和" +s.charAt(6));
        System.out.println( "原字符串是:" +s+"  替换后为:" +s1);
    }
}
```

程序运行结果：

第三个和第六个字符是 4 和 1

原字符串是：1234321 替换后为：1214121

如果要全部替换字符串中特定的字符串时，可用 replaceAll(String string1,String string2)，若只需要在第一次出现时替换，可用 replaceFirst(String string1,String string2)。

5. 字符串的解析

字符串解析的基础方法之一是 split()方法，它的作用是以特定的字符串作为标志来拆分当前的字符串，拆分后得到的结果一般是一个字符串数组。它有两种重载形式，split(String string) 和 split(String string,int i)。后者由参数 i 来指定拆分后所形成的字符串的数量。

另一种字符串的解析方法便是子串的提取，substring()方法。该方法也有两种重载形式，分别是 substring(int i)和 substring(int i1, int i2)。前者是提取字符串中从索引值（包括）之后的所有字符作为子串，后者是提取从索引值 i1(包括)到 i2(不包括)之间的字符作为子串，如果索引值等于字符串的值，则返回空字符串，但如果索引值大于字符串长度，则在编译时会出错。下面我们来看一下两种解析方法的具体使用。

例 5-7　StringLength.java

```
public class StringLength {
      public static void main(String[] args){
            String s = "allert";
            //拆分字符串 s
            String s1[] = s.split("e");
            String s2[] = s.split("l", 2);
            System.out.print("第一次拆分后的字符串是：");
            for(int i =0; i<s1.length;i++){
               System.out.print(s1[i]+"，");
            }
            System.out.print("第二次拆分后的字符串是：");
            for(int i2 =0; i2<s2.length;i2++){
                  System.out.print(s2[i2]+"，");
            }
         System.out.println();
         //输出字符串 s 所有的子串
         System.out.println("字符串 s 的所有子串为：");
         int len = s.length();
         for(int start = 0; start<len-1; start++){
               for(int end = start+1; end<=len; end++){
                  System.out.print(s.substring(start,end)+"，");
                      }
                  }
            }
   }
```

程序运行结果：

第一次拆分后的字符串是：all,rt,第二次拆分后的字符串是：a,lert,

字符串 s 的所有子串为：

a,al,all,alle,aller,allert,l,ll,lle,ller,llert,l,le,ler,lert,e,er,ert,r,rt

6. 比较两个字符串是否相等

比较字符串的常用的方法是 equals()方法，它与“==”不同，equals()方法是判断两字符串内容是否相同，而“==”则是判断两个比较对象在内存中的存储位置是否一样，即比较两个字符串的引用地址。如：

```
String s = “world”;
String s1 = new String(“world”);
boolean a = s.equals(s1);            //结果是 true
boolean b = (s==s1);                 //结果为 flase
```

有时候我们希望在比较时忽略字符串字母的大小写，比如验证码的输入，可以用 equalslgnoreCase()方法。

7. 查找特定字符或字符串在待操作的字符串中的起始位置

在字符串中查找特定字符的常用方法是 indexOf，当查找的字符不存在于字符串中时，它返回-1。该方法有四种重载形式，在这里就不一一赘述了。IndexOf()方法在查找时是按从头到尾顺序查找的，你可能想能不能从末尾开始查找呢？答案是肯定的，至于具体用什么方法，怎么操作，留给读者自己思考。（提示：可以将待操作的字符串颠倒顺序后再查找，还可以直接使用 lastindexOF()方法）

例 5-8　StringIndex.java

```
public class StringIndex {
    public static void main(String[] args){
    String s = "fly in the wind!";
    int i = s.indexOf(" "); //查找第一次出现空格的位置
    int i1 = s.indexOf(" ", 4); //查找从第 4 个位置后第一次出现空格的位置
System.out.println("s 中第一次出现空格的位置是："+i+"\n"+"s 中从第 4 个位置后第一次出现空格的位置是："+i1);
    }
}
```

程序运行结果：

s 中第一次出现空格的位置是：3

s 中从第 4 个位置后第一次出现空格的位置是：6

关于 String 类的相关操作还有很多，更多详细的方法使用介绍，大家可以参考一下 Java String API 文档。

5.3　StringBuffer 缓冲字符串类

StringBuffer 类是另一种字符串类，StringBuffer 类弥补了 String 类在效率方面的不足，

StringBuffer 在对字符串进行处理时，会在内存中设置一个缓冲区，这样就不会在操作过程中生成新的字符串对象。StringBuffer 类常用于创建和操作动态的字符串，它有很多方法和 String 类是一样的，而且功能也完全一样。StringBuffer 类与 String 类最显著的区别在于，对 StringBuffer 对象的每次修改都会改变它本身，而 String 类并不会这样。此外，StringBuffer 是一个线程安全类，在多线程的环境下也能很方便地使用。关于 Java 的多线程程序设计会在后续章节中介绍。

StringBuffer 类的基本使用如下：

1. StringBuffer 对象的初始化

与 String 对象不同，StringBuffer 对象的创建要按照面向对象的标准方式完成。

```
StringBuffer s = new StringBuffer();
```

这样便初始化了一个空的 StringBuffer 对象，同时系统将为这个对象分配 16 字节长（一般为默认值）的字符缓冲区，也可以在创建对象时指定分配的字符缓冲区的大小。

```
StringBuffer s = new StringBuffer(64);//为 StringBuffer 对象 s 分配 64 字节长的字符缓冲区
```

在创建 StringBuffer 类对象时，可以同时完成字符串的初始化。

```
StringBuffer s = new StringBuffer( “java” );
```

2. StringBuffer 对象与 String 对象之间的转换

实际编程中，StringBuffer 对象与 String 对象之间的转换很常见，应该怎样实现呢？由于 StringBuffer 类与 String 类的工作方式不同，不能进行直接赋值转换。

```
// StringBuffer 与 String 之间的直接赋值转换，编译出错
String s1 = “hello world” ;
StringBuffer s2 = s1;
```

也不能使用强制类型转换来实现，如下代码也不能正常工作。

```
StringBuffer s2 = (StringBuffer) s1;
```

StringBuffer 对象与 String 对象之间的转换，要借助构造方法和 toString 方法来实现。正确的方法应该如下：

```
String s = “hello world” ;
StringBuffer s1 = new StringBuffer(s);//String→StringBuffer
String s2 = s1.toString();                    //StringBuffer→String
```

3. StringBuffer 类的常用方法

StringBuffer 类中的方法侧重于对字符串自身的操作，如追加、插入和删除等操作，这些操作将会改变原来的对象内容，但并不会生成新的对象。

（1）多个字符串的连接。

在 String 类中，对于多个字符串的连接操作，常用“+”和 concat()方法，而在 StringBuffer 类中则使用 append()方法。该方法的作用是在调用该方法的对象的末尾追加相应的内容，方法调用完成之后，原对象的内容也就改变了。如：

```
StringBuffer s = new StringBuffer( "半斤" );
s.append( "八两" );
```

执行以上代码后，s 中的内容就变成了“半斤八两”，这种字符串的连接操作，可能不如 String 类中直接使用“+”运算符方便。但是，用 append()方法进行字符串之间的连接，不会生成新的对象，节省内存，程序的工作效率更高。

例 5-9　Test.java

```
public class Test {
        public static void main(String[] args){
                String username = "xiong";
                int age = 20;
                StringBuffer s = new StringBuffer();
                s.append("select grade from Grade where username = ").append(username).append(" and age = ").append(age);
                System.out.println(s);
            }
        }
```

程序运行结果：

```
select grade from Grade where username = xiong and age = 20
```

例 5-9 代码是构建一条数据库的查询操作 SQL 语句，该字符串是由 4 个部分连接在一起的。如果使用 String 类的“+”运算符来实现，在构建过程中，将生成多个临时的 String 对象，程序效率比较低。

（2）字符串的插入。

StringBuffer 类中提供了 insert()方法来进行字符串的插入操作，该方法的作用是在 StringBuffer 对象的指定位置后面插入内容，从而改变字符串的内容。

例 5-10　StringInsert.java

```
public class StringInsert {
            public static void main(String[] args){
                StringBuffer s = new StringBuffer("abcdhij");
                s.insert(3, "efg");
                System.out.println(s);
            }
}
```

程序运行结果：

```
abcefgdhij
```

（3）字符串的删除。

StringBuffer 类中提供了两个方法，deleteCharAt()和 delete()方法，均可实现字符串的删除操作。前者是删除指定位置的单个字符，后者是删除指定的起始位置区间内的字符串。

例 5-11　DeleteOP.java

```
public class DeleteOP {
    public static void main(String[] args){
        StringBuffer s = new StringBuffer("every coin has two sides!");
        s.deleteCharAt(5); //删除第五个字符
        System.out.println(s);
        s.delete(1, 5); //删除 1 ~ 5 之间（不包括 5）的字符串
        System.out.println(s);
    }
}
```

程序运行结果：

everycoin has two sides!

ecoin has two sides!

（4）字符串的修改。

当需要修改字符串中某些字符，可以用 setCharAt()方法，该方法可以修改指定位置的字符。用法如下：

```
StringBuffer s = new StringBuffer("whet");
s.setCharAt(2, 'a');
```

对象 s 的内容变成“what”。

（5）字符串的反转。

要将字符串的内容反转，可用 reverse()方法。所谓反转，即原来是顺序显示的，现在将它变为逆序。reverse()方法会将待操作对象的内容反转，形成新的字符串。

例 5-12　StringReverse.java

```
public class StringReverse {
    public static void main(String[] args){
      StringBuffer s = new StringBuffer("秋山满落叶，瘦影惊斜阳");
      System.out.println("反转前 s 的内容是："+s);
      s.reverse();
      System.out.println("反转后 s 的内容是："+s);
    }
}
```

程序运行结果：

反转前 s 的内容是：秋山满落叶，瘦影惊斜阳

反转后 s 的内容是：阳斜惊影瘦，叶落满山秋

实现字符串的反转还有其他方法，用 append()方法也可实现，如例 5-13 所示，但比较例 5-12 和例 5-13，显然例 5-12 的工作效率更高。

例 5-13　StringReverse.java

```
public class StringReverse{ public static void main(String[] args) { String s = "秋山满落叶，
```

瘦影惊斜阳"; int len = s.length(); StringBuffer dest = new StringBuffer(len); for (int i = (len - 1); i >= 0; i--) { dest.append(s.charAt(i)); } System.out.println(dest.toString()); } }程序运行结果与例 5-11 相同。

5.4 Vector 向量类

5.4.1 Vector 类简介

在 Java 语言中，当需要存储一组或几组同类型的数据的时候，一般都是使用数组来进行操作。但数组的使用灵活性不足，一方面，数组的元素不能根据需要自动改变，另一方面，数组只能存储相同类型的数据。Java 语言提供了 Vector 类来灵活的处理这种情况，Vector 类是 Java 集合类中的一个，还包括 LinkList、ArrayList、HashSet、TreeSet 等类，它们的操作基本类似。

Vector 向量类，主要实现了类似于动态数组的数据存储功能。不像普通数组那样，一旦被创建，长度就固定不变。Vector 对象可以根据实际的需求动态的调整大小。在创建了一个向量类对象后，我们可以在该对象中随意插入做任意类型的其他的对象，对象的类型和数量不受限制，Vector 还提供了完成数据查找等功能的方法。Vector 向量类常用于数组大小不能事先确定，且对数据的查找、插入和删除等操作比较频繁的情况。但要注意，不能将基本数据类型变量插入到 Vector 向量中，只能插入对象。

为便于理解和记忆，可以将 Vector 对象看成是一个可以自动变大变小的黑袋子，什么对象都可以往里装。

5.4.2 Vector 向量类的常见功能和用法

1. Vector 对象的初始化

Vector 类提供了四种构造方法，分别是：

Vector()

Vector(Collection c)

Vector(int initialCapacity)

Vector(int initialCapacity, int capacityIncrement)

第一种方法构造一个空向量，使其内部数据数组的大小为 10，其标准容量增量为 10。第二种方法构造一个包含指定 collection 中的元素的向量，这些元素按其 collection 的迭代器返回元素的顺序排列，但如果指定的 collection 为 null，将抛出 NullPointerException 异常。第三种方法使用指定的初始容量参数来构造一个空向量，标准容量增量为 10，若指定的初始容量为负数，将抛出 IllegalArgumentException 异常。最后一种方法使用指定的初始容量和容量增量构造一个空的向量，同样的，如果指定的初始容量为负也会抛出异常。

2. 插入功能

建立了 Vector 对象后，即向其中添加元素，可用 addElement(Object obj)、setElementAt

(Object obj, int index)和 insertElement(Object obj, int index)方法。Object 可以是任何类型对象，第二种方法作用是将指定位置的对象设置成指定的对象，原来的对象将被覆盖；第三种方法是在指定位置插入指定的对象，原来的对象以及后面的顺序后移。

需要注意，不能直接调用插入方法，将基本数据类型变量或常量插入 Vector 对象中，如:

```
Vector v = new Vector();
v.addElement(123);//错误
```

正确的操作应为：

```
Vector v = new Vector();
Integer i = new Integer(123);//创建整数包装类对象
v.addElement(i);
```

3. 查询搜索功能

Vector 类提供了很多查询搜索方法，如表 5-1 所示。

表 5-1　Vector 类的查询搜索方法

方法名	功能说明
firstElement()	返回此向量的第一个部件（位于索引 0 处的项）
lastElement()	返回此向量的最后一个部件
lastIndexOf(Object o)	返回此向量中最后一次出现的指定元素的索引；如果此向量不包含该元素，则返回-1
lastIndexOf(Object o, int index)	返回此向量中最后一次出现的指定元素的索引，从 index 处逆向搜索，如果未找到该元素，则返回-1
indexOf(Object o)	返回此向量中第一次出现的指定元素的索引，如果此向量不包含该元素，则返回-1
indexOf(Object o, int index)	返回此向量中第一次出现的指定元素的索引，从 index 处正向搜索，如果未找到该元素，则返回-1

例 5-14　VectorDemo.java

```
import java.util.Enumeration;
import java.util.Vector;
public class VectorDemo {
    public static void main(String[] args){
        //创建 vector 对象并初始化
        Vector v = new Vector(5,2);
        System.out.println("初始容量为："+v.size());
        System.out.println("容量增量为："+v.capacity());
        //向其中添加其他对象
        for(int i = 0; i<2; i++){
            for(int j = 0; j<9; j++){
```

```
            v.addElement(new Integer(j));
          // v.addElement(new StringBuffer(i));
            }
        }
        //打印此时 vector 对象中的内容
        System.out.print("此时 Vector 对象中的内容是：");
        Enumeration veum = v.elements();
        while(veum.hasMoreElements()){
            System.out.print(veum.nextElement());
        }
        System.out.println();
        System.out.println("当前容量为："+v.size());
        System.out.println("当前增量为："+v.capacity());
        //查询操作
        System.out.println("第一个元素为："+v.firstElement());
        System.out.println("最后一个元素为："+v.lastElement());
        System.out.println("最后一次出现 5 的位置为："+v.lastIndexOf(5));
        System.out.println("第一次出现 7 的位置为："+v.indexOf(7));

    }
}
```

程序运行结果：

初始容量为：0

容量增量为：5

此时 Vector 对象中的内容是：012345678012345678

当前容量为：18

当前增量为：19

第一个元素为：0

最后一个元素为：8

最后一次出现 5 的位置为：14

第一次出现 7 的位置为：7

4. 删除功能

与插入功能对应，实现删除操作也有三个方法，分别为 removeElement(Object obj)、removeAllElement()和 removeElementAt(int index)。第一种方法的作用是删除第一个与指定对象匹配的对象，第二种方法的作用是删除向量中的所有对象，第三种方法的作用是删除指定位置的对象。

5.5 Map 映射类

5.5.1 Map 映射类简介

5.4 小节所介绍的 Vector 向量类用于存储单一对象数据集合，另一类常用的是“键-值”（key-value）对数据集合，每一对数据都包括“键”、“值”、以及“键”与“值”的映射关系，每个映射关系都是一对一的，根据“键”，便能查找到对应的“值”。

在 Java 语言中，使用 Map 接口及实现该接口的子类 HashMap 和 HashTable 来实现“键-值”对数据集合，这里的“键”与“值”可以是任意类型的对象。两个类在使用上的差别主要有两点：（1）HashMap 是一个非线程安全类，而 HashTable 是线程安全类；（2）HashTable 的 key 和 value 不允许为 null，如果插入 null 作为它的键值对的话会出现异常，而 HashMap 可以接受 key 中有一个 null，value 中有多个 null 的情况。

5.5.2 Map 映射类的常用方法

1. 添加键值对（映射关系）

put(Object key,Objcet value) 将指定的值与此映射中的指定键关联。

2. 删除键值对（映射关系）

clear() 从此映射中移除所有映射关系。
remove(Object key) 如果存在一个键的映射关系，则将其从此映射中移除。

3. 判断映射关系的存在

containsKey(Object key) 如果此映射包含指定键的映射关系，则返回 true。
containsValue(Object value) 如果此映射将一个或多个键映射到指定值，则返回 true。

4. 获取对应的值，映射关系数和视图

get(Object key) 返回指定键所映射的值；如果此映射不包含该键的映射关系，则返回 null。
size() 返回此映射中的键-值映射关系数。
values() 返回此映射中包含的值的 Collection 视图。
keySet() 返回此映射中包含的键的 Set 视图。
例 5-15 展示了 HashMap 映射类的使用

例 5-15 MapExample.java

```
import java.util.Collection;
import java.util.HashMap;
import java.util.Map;
import java.util.Set;
public class MapExample {
    public static void main(String[] args){
```

```
        //初始化 map 对象
        Map map = new HashMap() ;
        //添加键值对
        map.put(141010701, "张三");
        map.put(141010702, "李四");
        map.put(141010703, "刘二");
        map.put(141010704, "saber");
        map.put(141010705, "小明");
        //显示当前对象中所有的映射关系
        System.out.println("当前对象中所有的映射关系为："+map);
        //删除其中一个键
        map.remove(141010703);
        System.out.println("删除其中一个键值对后："+"\n"+map);
        //替换其中的一个映射关系
        System.out.println("将小明替换为小红");
        map.put(141010705, "小红");
        System.out.println(map);
        //查找特定的键对应的值
        System.out.println("键 14010701 对应的值为："+map.get(14101701));
        //获取 Set 视图
        Set key = map.keySet();
        Collection value = map.values();
        System.out.println("key = "+key+"\t"+"value = "+value);
    }
}
```

程序运行结果：

当前对象中所有的映射关系为：{141010705=小明，141010704=saber，141010701=张三，141010702=李四, 141010703=刘二}

删除其中一个键值对后：

{141010705=小明, 141010704=saber, 141010701=张三, 141010702=李四}

将小明替换为小红

{141010705=小红, 141010704=saber, 141010701=张三, 141010702=李四}

键 14010701 对应的值为：null

key = [141010705, 141010704, 141010701, 141010702]　value = [小红, saber，张三，李四]

5.6　实例与小结

（1）从键盘上输入一个身份证号码：回车之后，判断是否为正确号码（位数、有无字符）；

如果正确，则判断他是旧号码（15 位）还是新号码（18 位），如果是旧号码，把它转化为新号码；如果是新号码，打印出该人的生日和性别。注意旧号码转新号码的规则：

① 年份由两位变成四位。

② 最后一位为效验码。效验码的公式为：(Σ(ai×wi))%11

其中：i 是从右向左的包括效验码在内的序号（1 – 18）

ai 是第 i 位上号码的字符值

wi 是第 i 位上的加权因子，其数值依据公式 wi=($2^{(i-1)}$)%11

求出(Σ(ai×wi))%11 之后依据下表得到效验码：

(Σ(ai×wi))%11	0	1	2	3	4	5	6	7	8	9	10
效验码值	1	0	X	9	8	7	6	5	4	3	2

③ 计算 a^b：函数为：java.lang.Math.pow(a,b)

④ 判断是否整数：函数为：java.lang.Integer.parseInt(String str)

例 5-16　Identifer.java

```
import java.io.*;
public class   Identifer{
public static void main(String args[]){
     String id;
     BufferedReader in=new BufferedReader( new InputStreamReader(System.in)   );
     try{
          id=in.readLine();
     }catch(IOException e){}

     System.out.println(id);
     if(id.length()==15   || id.length()==18){
          int i=0;
          for(i=0;i<id.length();i++){
               char c=id.charAt(i);
               if(c>='0' && c<='9'){
                    }
               else{
                    System.out.println("No digit");
                    break;
               }
          }
          if(i==id.length()){
               if(id.length()==15){
                    String id1= id.substring(0,6)+"19"+
id.substring(6,15);
```

```
                id=id1+"0";
                System.out.println(id);
                int sum=0;
                int ai,wi;
                for(i=1;i<=18;i++){
                    ai=(id.charAt(18-i))-48;
                    wi=((int)Math.pow(2,i-1))%11;
                    sum=sum+ai*wi;
                }
                sum=sum%11;
                char a[]={'1','0','X','9','8','7','6','5','4','3','2'};
                id=id1+a[sum];
                System.out.println(id);
            }
            String s=id.substring(6,10);
            int y=Integer.parseInt(s);
            int m=Integer.parseInt(id.substring(10,12) );
            int d=Integer.parseInt(id.substring(12,14) );
            System.out.println(y+"-"+m+"-"+d);

            char sex=id.charAt(16);
            int m1=sex-48;
            if(m1%2==0){
                System.out.println("sex=M");
            }else{
                System.out.println("sex=F");
            }
        }

    }else{
        System.out.println("No 15 or 18");
    }

}
}
```

本章介绍了五个系统常用类，包装类是与基本数据类型相对应而产生的，解决了基本数据类型不是对象这个问题；String 类和 StringBuffer 类各有优缺点，一个是适用于字符串的检索，一个适用于字符串内容的修改，但两者之间是可以通过 toString()方法进行转换的；Vector

向量类和 Map 映射类同属于 Java 的集合类，前者就像是一个如意口袋，不管什么，不论多少，都可以装进去，后者简单来说就是一张键值对应的表格，二者在数据的处理上均很方便快捷。

5.7 习 题

（1）编程生成 10 个 1～100 之间的随机数，并统计每个数出现的概率。

（2）使用 HashMap 类保存由学号和学生姓名所组成的键-值对，比如"200709188"和"John Smith"，然后按学号的自然顺序将这些键-值对一一打印出来。

（3）编写一个程序，使用 Map 实现对学生成绩单的存储和查询，并将成绩排序存储到 TreeSet 中，求出平均成绩、最高分和最低分。

（4）编写一个程序，实现将十进制整数转换为二进制、八进制和十六进制形式。

（5）编写一个程序，在其中调用操作系统的注册表编辑器“regedit.exe”。

（6）使用 java.text.SimpleDateFormat 类将系统日期格式化为“2007 年 8 月 20 日”的形式输出。

（7）编写程序实现：定义一个 Float 类型的数组，随机往其中填充元素，并打印该数组内容。

第 6 章　异常处理

在程序设计中，所编写的程序往往存在各种各样被忽视的错误，这对于应用程序正确性、可行性等将造成巨大的威胁。因此，防错程序设计是软件设计中的重要组成内容，一个好的应用软件应事先考虑到各种可能出现的异常情况，并给出相应的解决方法，保证软件的正常使用。

Java 语言利用面向对象的异常处理机制来解决程序在运行过程中出现的各种异常，提高了 Java 程序的健壮性。

6.1　程序的错误与异常

在程序设计中存在两类错误：语法错误（编译错误）与运行时错误。异常是特殊的运行时错误，又称为例外。是指程序在运行过程中出现的不正常情况，异常将中断程序的正常执行。例如算术运算除 0 溢出、网络连接失败、非法参数及访问空对象引用等，都将引起程序发生异常，导致程序无法再正常运行。

例 6-1　testException.java

```
public class testException{
   public static void main(String[] args){
        int a=Integer.parseInt(args[0]);
        int b=Integer.parseInt(args[1]);
        System.out.println(a/b);
   }
}
```

例 6-1 程序的功能是，用户在命令行上运行该程序时，在命令行上给出 2 个数据，程序 main 方法从其形参 args 中获取字符串数据，再将字符串转换为整数，进行除法运算，并打印最终结果。程序在运行过程中可能产生异常。比如：

（1）命令行参数输入错误。用户如果在命令行输入非整数数据，则数据转换方法将发生异常。

（2）算术除 0 溢出。如果用户在命令行输入的第 2 个数据为 0，则除法运算代码将发生异常。

（3）数组下标越界出错。如果用户在命令行输入的数据数量不足，比如没有输入数据，或者只输入了一个数据，对数组元素的引用将引发异常。

图 6-1 展示了 4 次例 6-1 代码的运行，第 1 次运行，用户输入了正确的数据，程序得到正确的运行。后 3 次由于上述原因，都发生了异常，导致程序停止运行。当程序停止运行时，

Java 系统显示了出错的原因及位置，也显示了所发生的异常的种类。

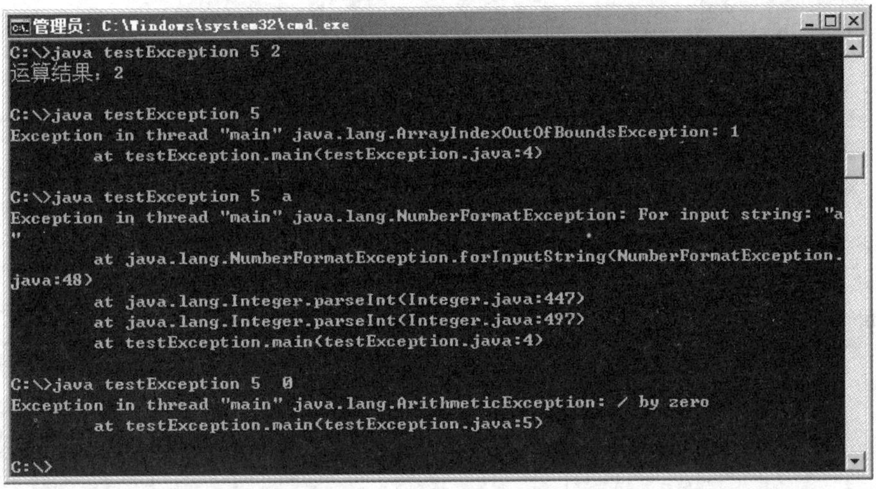

```
管理员: C:\Windows\system32\cmd.exe
C:\>java testException 5 2
运算结果: 2

C:\>java testException 5
Exception in thread "main" java.lang.ArrayIndexOutOfBoundsException: 1
        at testException.main(testException.java:4)

C:\>java testException 5  a
Exception in thread "main" java.lang.NumberFormatException: For input string: "a
"
        at java.lang.NumberFormatException.forInputString(NumberFormatException.
java:48)
        at java.lang.Integer.parseInt(Integer.java:447)
        at java.lang.Integer.parseInt(Integer.java:497)
        at testException.main(testException.java:4)

C:\>java testException 5  0
Exception in thread "main" java.lang.ArithmeticException: / by zero
        at testException.main(testException.java:5)

C:\>
```

图 6-1　程序运行的异常

异常与错误的区别：异常可以被程序处理，排除引发异常的原因后，程序可以再次运行，而错误不行，不能恢复程序的运行。

6.2　传统程序的异常处理

利用传统 C 语言编写的程序，程序员只能通过函数返回值来判断是否错误，全局变量 errorno 用来表示一个异常事件的类型。使用者必须查看开发文档来确定数值表示的含义。而为了获取错误的相关信息，程序员通常需要调用其他函数。并且，如果很多地方出现同一个异常，还需要在每个地方做相同的处理。这将增大维护程序正常运行的工作量及其使用的复杂度。

6.3　Java 的异常处理

Java 中的异常类是处理运行时错误的特殊类。每一个异常类都对应一种运行错误，该类中包含了错误的信息以及解决错误的方法等。其异常类层次如图 6-2 所示。

java.lang 包中提供了一个 throwable 类，它是所有错误与异常的父类。它的两个直接子类是 error 类和 exception 类，其中，error 类为系统保留，在程序中可以不作处理。而 exception 类及其子类代表 Java 程序运行过程中可能发生的各类异常，程序必须对此进行 try 捕获或 throws 异常声明。

throwable 类提供了很多关于异常信息的方法。其中常见的有：

（1）public String toString()：描述当前异常对象的信息。

（2）public String getMessage()：描述当前异常对象的字符串。

（3）public void printStackTrace()：无返回值。在标准输出上打印当前异常对象使用堆栈的痕迹，即程序运行过程中调用了哪些方法，使这个异常对象产生。

Java 程序设计中常见的系统定义的异常如表 6-1 所示。

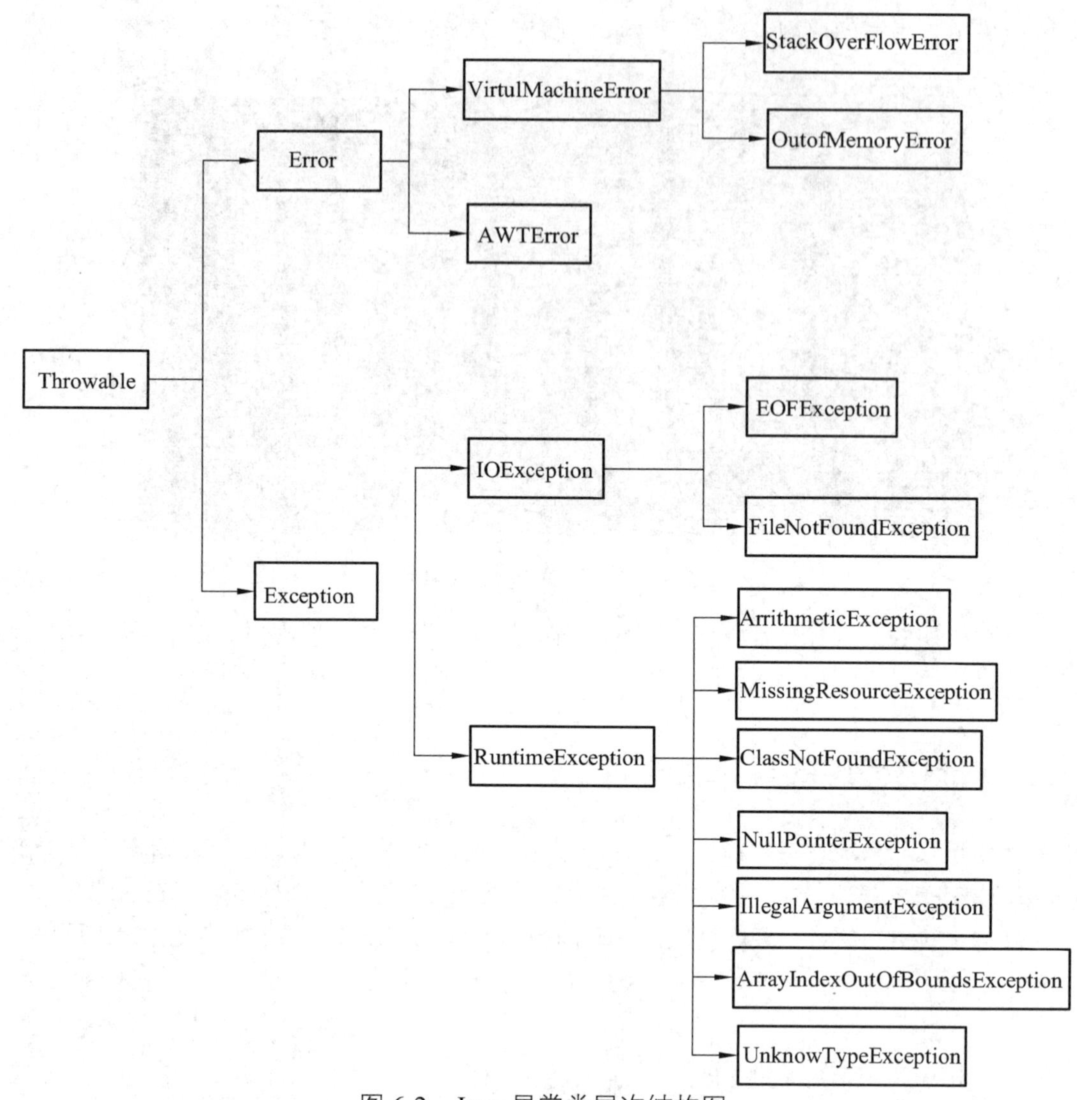

图 6-2　Java 异常类层次结构图

表 6-1　常见的系统异常类

系统定义的异常	系统运行错误
ClassNotFoundException	未找到欲使用的类
ArrayIndexOutOfBoundsException	数组越界
FileNotFoundException	未找到文件或目录
IOException	输入、输出错误
NullPointerException	引用空对象
ArithmeticException	算术错误
InterruptedException	线程因某些原因暂停时被打断
UnknownHostException	无法确定主机的 IP 地址
SecurityException	安全性错误
MalformedURLException	URL 格式错误

在 Java 程序运行过程中产生一个可识别的错误时，系统将创建一个相应的关于某异常类的对象，利用异常处理机制进行处理，确保程序的正常运行。

6.3.1 异常处理机制

Java 异常处理通过 5 个关键字 try、catch、throw、throws、finally 进行处理。基本过程是在 try 语句块中包含可能发生异常的代码，利用 catch 语句块捕获所产生的异常；也可以通过 throws 关键字在方法上声明可能抛出的异常，并在方法内部使用 throw 抛出异常对象。finally 语句会在方法执行 return 语句之前执行。语法格式如下：

```
try{
    //可能发生异常的代码
}catch(异常类型 1 异常变量名 1){
    //捕获一个异常并处理
}
…
catch(异常类型 N  异常变量名 N){
                //捕获另一个异常并处理
}
finally{
                //无论是否发生异常，都将执行的代码
}
```

try-catch-finally 异常捕获与处理语句块，遵循如下规则：

（1）必须在 try 语句块后伴随有 catch 或 finally 块。

（2）必须遵循块的顺序。

（3）catch 块与具体的异常类型相关。

（4）一个 try 语句块可能伴随多个 catch 语句块，运行时系统将所抛出的异常类型依次与 catch 语句块作比较，直至找到相匹配的语句并执行。

（5）可嵌套 try-catch-finally 结构。

（6）在此结构中，可重新向上层结构抛出异常。

（7）在 finally 语句块中通常进行资源的释放工作，如关闭打开的文件等。

6.3.2 声明异常

如果一个方法中出现异常但并没有去处理这种异常，而是由调用它的方法或方法栈来处理，这个过程称之为声明异常。在 Java 中，允许在方法头使用 throws 关键字声明某个方法可能抛出的异常。throws 可以声明多个异常，之间用逗号隔开。语法格式如下：

返回类型 方法名([参数列表]) throws Exception1,…, ExceptionN

注意：带有 throws 异常声明的方法不对声明的异常作处理，而是由调用该方法的代码进行异常处理。

例 6-2　testException.java

```
import java.lang.Exception;
public class testException {
    static void solve1() throws ArrayException {
        //定义方法并声明抛出 ArrayException 异常
        int[] a=new int[-3];  //创建数组
    }
    public static void main (String[] args) {
        try {
            solve1();                  //调用可能发生异常的方法
        }catch (ArrayException e){ //捕获处理异常
            System.out.println ("solve1()方法抛出的异常");
                        //打印异常信息
        }
    }
}
```

6.3.3　抛出异常

无论是自己编写的代码，还是 Java 开发环境包中的代码，亦或是 Java 运行时系统，在运行过程中如果出现了错误，将会创建一个与该错误相对应的异常对象，这个过程称之为抛出异常。根据异常类的不同，抛出异常的方法也不同。

判断一个方法可能出现异常的依据：

（1）方法中存在 throw 语句。

（2）调用了其他方法，且用 throws 声明抛出某种异常。

1. 系统自动抛出异常

系统定义的异常均可以由系统自动抛出。对于 Java 系统所定义的异常种类，Java 系统会自动检查异常的发生，并抛出相应的异常。

例 6-3　SystemException.java

```
public class SystemException
{
    public static void main(String[] args)
    {
        int x=7,y=0;
        System.out.println(x/y); //算术除 0 错误引发系统异常
    }
}
```

例 6-3 程序是算术除 0 错误而引发的 ArithmeticException 异常。这个类是系统预先定义好的，对应系统中可识别的错误，所以遇到此类异常时，将自动终止程序，并创建一个异常对象，即抛出异常，程序运行结果如图 6-3 所示。

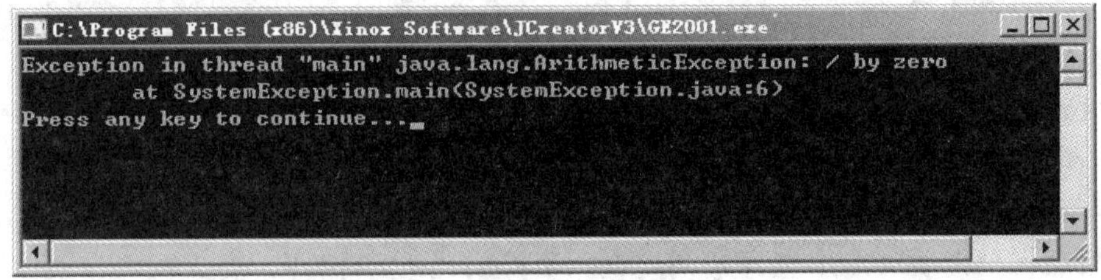

图 6-3　除 0 系统异常窗口

2. 语句抛出异常

如果不使用 try…catch 结构来捕获处理异常，那么可以在声明方法时，使用 throws 关键字声明该方法可能会抛出某种异常，这样一来，就要求程序要完成异常状态的检查，当发生异常状况时，并使用 throw 语句来抛出异常。语法格式如下：

```
修饰符 返回类型 方法名([参数列表]) throws 异常类名列表
{   …
throw 异常类对象
…
}
```

当方法抛出异常列表中的某一异常时，方法不会对这些类型及其子类型做异常处理，而是由调用该方法的代码来处理此异常。

例 6-4　SentenceException.java

```
public class SentenceException{
    public double fun(double a) throws IllegalArgumentException{
        if(a<0){
         IllegalArgumentException e=new IllegalArgumentException();
         throw e;
         }return Math.sqrt(a);
    }
    public static void main(String[] args){
        try{
            System.out.println(fun(-4));   //负数开平方引发异常
        }catch(IllegalArgumentException e ){//捕获处理异常
            System.out.println(e.toString ());
        }
     }
}
```

当一个方法引发异常时，此方法创建异常对象并交予运行时系统处理。异常对象中包含了异常类型及异常出现时的程序状态等异常信息，运行时系统由此查找处理异常的代码段并执行。

注意：使用 throws 关键字将异常抛给调用者之后，如果调用者依然没有处理，将依据调用栈的层次结构继续向上抛出，直至 main 方法为止。

throws 抛出异常的规则：

（1）如果是不可查异常，即 error、RuntimeException 或它们的子类，可以不使用 throws 关键字来声明，编译仍可通过。

（2）如果一个方法可能出现异常，要么用 try-catch 语句捕获，要么用 throws 语句声明抛出。否则会导致编译错误。

（3）仅当抛出了异常，该方法的调用者才必须处理或重新向上抛出异常。

6.3.4 异常捕获

在抛出异常之后，应该由特定的语句来接收这个被抛出的异常对象，这个过程称之为捕获异常。在程序执行过程中发生异常时，运行时系统将转为寻找合适的异常处理器（exception handler）。异常处理器是异常发生时依次存留在调用栈中的方法的集合。当异常处理器所能处理的异常类型与方法抛出的异常类型相符合时，则为合适的异常处理器。运行时系统从发生异常的地方开始，依次检查异常对象与 catch 语句块中的参数指定的异常类的对象或子类对象是否相匹配。

catch 语句语法格式如下：

```
catch (异常类型  异常变量名)
{
   //异常处理语句
}
```

对于运行时异常、错误及可查异常，Java 所要求的异常处理方式各有不同。

（1）由于运行时异常的不可查性，为了保证程序的正常运行，Java 规定，运行时异常由系统自动抛出。

（2）在程序运行中可能出现的 error，Java 允许该方法不作抛出声明。是因为大多数 error 异常属于不能允许发生的状况，也属于合理的应用程序不应该捕获的异常。

（3）Java 语言规定，对于所有的可查异常，其处理是要么捕获，要么声明抛出异常。

6.3.5 异常处理

Java 语言使用 try、catch、finally、throw、throws 语句来实现异常捕获与处理。

try 语句：用于捕获异常。其后可接 0 个或多个 catch 块。如果没有 catch 块，则必须跟一个 finally 块。

catch 语句：用于处理 try 捕获到的异常。

finally 语句：无论是否捕获或处理异常，此语句块中的内容都将执行。以下特殊情况例外：

（1）在 finally 语句块中产生异常。

（2）遇到 System.exit()。

（3）程序所在线程死亡。

（4）关闭 cpu。

throw 语句：用于抛出一个具体的异常对象。

throws 语句：声明该方法可能抛出的异常。

利用这些语句，Java 程序有多种不同开工的异常处理方法。

1. try-catch 语句

例 6-5　testException.java

```
public class testException{
        public static void main(String[] args){
            int [] a={-2,-1,0,1,2};
            try{
                    for(int i=0;i<=5;i++){
                    System.out.println("i="+x[i]);   //遍历数组元素
            }catch(ArrayIndexOutOfBoundsException e){
                    System.out.println("捕获异常");
             }
        }
}
```

例 6-5 代码在 try 语句中遍历数组元素时，可能出现数组下标越界错误。此时利用 catch 语句捕获异常并处理。

2. try-catch-finally 语句处理异常

例 6-6　testExcetion.java

```
public class testException{
   public static void main(String[] args){
     try{
         int y=3/0;
         System.out.println("是否执行");
   }catch(ArithmeticException e){
         System.out.println("算术异常"+e.toString());
   }finally{
        System.out.println("执行");
     }
   }
}
```

例 6-6 代码在 try 语句中发生算术除 0 错误时，catch 语句处理且返回之前，执行 finally

语句块中的打印操作。

3. 多异常的处理

try语句中可能会产生并抛出一个或多个异常，因此每个try语句必须伴随一个或多个catch语句块，利用其形式参数指明所能捕获的异常类型，异常变量名表示抛出异常对象的引用，运行系统把抛出的异常对象通过此参数传递给 catch 语句。

由于 catch（Exception e）可以捕获全部的异常，因此往往作为最后一个 catch 语句。如果把它放在前面，那么其后的 catch 语句块无效。使用多个 catch 语句块捕获异常时，应该按照 Exception 异常的范围从小到大依次书写。

例 6-7　testException.java

```
public class testException {
   public static void main(String[] args){
       int a=10;
       int[] b=[-2,-1,0,1,2];                //创建数组
       try{
          for(int i=0;i<6;i++){              //遍历数组元素
             System.out.println( "i=" +b[i]);
             int x=a/b[i];                          //除法运算
             System.out.println( "x=" +x);
          }
       } catch(ArrayIndexOutOfBoundsException e){
             System.out.println( "捕获数组下标越界异常" );
             System.out.println(e.getMessage());
        }catch(ArithmeticException e){
             System.out.println( "捕获 ArithmeticException 异常" );
             System.out.println(e.getMessage());
          }catch(Exception e){
                System.out.println( "捕获 Exception 异常" );
                System.out.println(e.getMessage());
            }
       System.out.println( "the programe is end" );
   }
}
```

例 6-7 代码在 for 循环中，首先遍历数组元素，可能出现数组下标越界异常，需捕获 ArrayIndexOutOfBoundsException 异常；紧接着涉及除法运算，除数可能为 0，因此需捕获 ArithmeticException 异常。在最后一个 catch 语句块中，用（Exception e）来捕获其他可能出现的异常。try-catch-finally 语句块的执行顺序如图 6-4 所示。

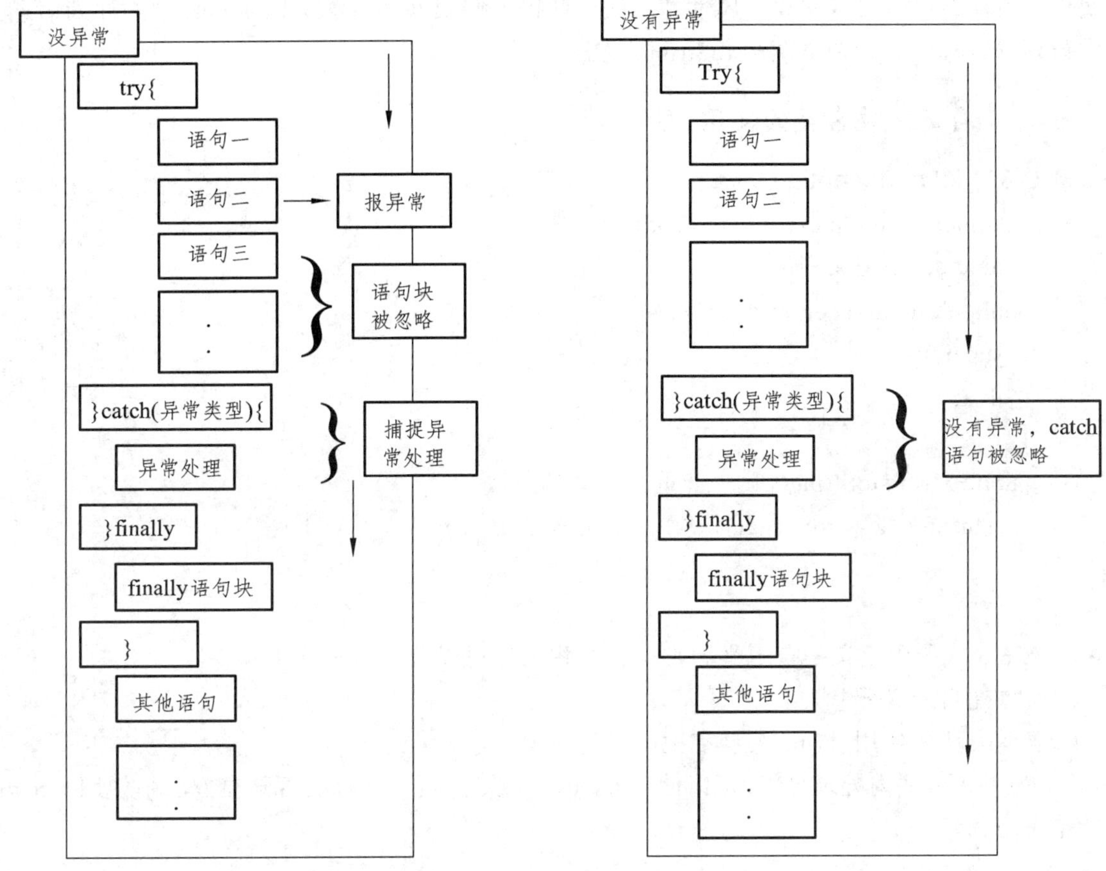

图 6-4　try、catch、finally 语句块的执行

（1）当 try 语句块中没有产生异常时，try 语句执行结束后，忽略 catch 语句块，执行 finally 语句块及其后的语句。

（2）当 try 语句捕获到异常，catch 语句块中没有与之相匹配的类型时，此异常将抛给 JVM 处理。此时只有 finally 语句块被执行，其后语句不会被执行。

（3）当 try 语句捕获到异常，catch 语句块中存在与之相匹配的类型时，程序停止执行发生异常语句后面的语句，且跳转到对应的 catch 语句块执行其代码。执行结束后，转而执行 finally 语句。

6.4　自定义异常类

当创建自己的类或编写程序时，可能会出现特殊的运行错误。此时，系统定义的异常已无法满足其需要，程序员可根据程序的特殊逻辑定义自己的异常类和异常对象，以处理自己的异常。

6.4.1　自定义异常类

自定义异常类一般是通过继承 Exception 类或其子类来实现，在自定义异常类中可重新定义属性及方法，也可重载父类的属性和方法，使得这些属性和方法可以表示异常的详细信息。通常包括异常标识、构造方法和 toString()方法。

6.4.2 自定义异常类的使用

例 6-8 defineException.java

```
class defineException extends Exception{
    double d;   //定义变量
    public defineException(double a){
        super();
        d=a;
    }
    public String toString(){        //重载父类的方法
        return(变量名.toString()+ "引发自定义异常");
    }
}
```

在例 6-8 代码中定义了自定义异常类，过程大体可以分为以下几个步骤。

（1）创建自定义异常类。

（2）在方法中使用 throw 关键字抛出异常对象。

（3)如果在方法内处理异常,可以使用 try-catch 语句捕获并处理;否则在方法中使用 throws 关键字声明异常。

6.5 习 题

（1）编写一个程序，从键盘读入 5 个整数存储在数组中，要求在程序中处理数组越界的异常。

（2）编写 Java Aplication，求解从命令行以参数形式读入两个数之积，若缺少操作数或运算符，则抛出自定义异常 OnlyOneException 与 NoOperationException 并退出程序。

（3）编写一个简单的计算器程序，能够计算两个变量进行四则运算的结果。在计算中及时捕获各种算术异常，保证在输入各种数字的时候程序才能够计算出结果。

（4）定义一个邮件地址异常类，当用户输入的邮件地址不合法时，抛出异常（其中邮件地址的合法格式为**** @****，也就是说必须是在@符号左右出现一个或多个其他字符的字符串）。

第 7 章　IO 流类与文件处理

7.1　Java 的输入与输出

输入输出（I/O）是程序与外界进行交互的操作。几乎所有程序都具有输入与输出功能，输入功能使程序从外界获取数据；输出功能把程序的运行结果等其他信息输出到外界。注意，输入/输出都是相对于程序来说的。

7.1.1　Java 输入与输出概述

Java 的输入与输出操作是基于流的概念实现的，这使得程序设计更为简单明了。流是对输入输出设备的抽象，设备包括文件、网络、内存等。流（Stream）是在计算机的输入/输出操作中流动的数据系列。根据数据的传输方向来说，流可分为输入流与输出流。流序列中的数据既可以是未经加工的原始二进制数据，也可以是特定格式的数据。

在 Java 中，将输入和输出的数据称为数据流（Data Stream）。数据流包括输入流（Input Stream）和输出流（Output Stream）。相对于程序而言，输出流是从程序向存储介质或数据通道写入数据，而输入流是程序从存储介质或数据通道中读取数据，一般来说流具有以下几点特性：

（1）先进先出，最先送入流的数据最先被送到流的另一端。

（2）顺序存取，只能一个接一个地往流中送入一串数据，读出时也将按顺序读取一串数据，不能随机访问中间的数据。

（3）只读或只写，流是单向的，每个流只能是输入流或输出流的一种，不能同时具备两个功能，在一个数据传输通道中，如果既要写入数据，又要读取数据，则要分别提供两个流。

7.2　IO 流类

在 Java 的输入/输出类库（java.io 包）中，各种不同性质的输入/输出都有与之相对应的流类。总体来说，Java API 提供了两套流来满足输入/输出的需要，一套是数据处理以字节为基本单位的面向字节的流；另一套是处理字符数据的面向字符的流。字节流（Byte Stream）每次读写 1 个字节（8 位二进制）数据，称为二进制字节流或位流。字符流每次读写 16 位二进制数，并将其作为一个字符来处理而不是二进制位。需要注意的是，为满足字符的国际化表示，Java 语言的字符编码采用的是 16 位的 Unicode 码。

为了方便对输入/输出流的处理，Java 语言提供了 java.io 包，该包中的每一个类都对应了一种特定的类，用于处理输入或输出流操作，在编写基于 IO 的程序时，需要导入 java.io 包。

java.io 包中有 5 个很重要的类，字符输入流类（Reader）、字符输出流类（Writer）、字节输入流类（InputStream）、字节输出流类（OutputStream）和文件流类（File）。关于其他与输入/输出相关的类都是在此 5 个类上的扩展。

为了方便一些频繁的设备交互，Java 语言系统定义了以下 3 个可以直接使用的流对象，如下：

System.in（标准输入）：InputStream 类型，通常代表键盘输入；

System.out（标准输出）：PrintStream 类型，通常写往显示器；

System.err（标准错误输出）：PrintStream 类型，通常写往显示器。

7.2.1 字符流类

字符输入流类（Reader）与字符输出流类（Writer）是所有字符输入或输出的父类，并且 Reader 和 Writer 类都是抽象类，支持 16 位的 Unicode 字符流的读和写。字符的输入流类全是 Reader 类的子类，如图 7-1 所示。

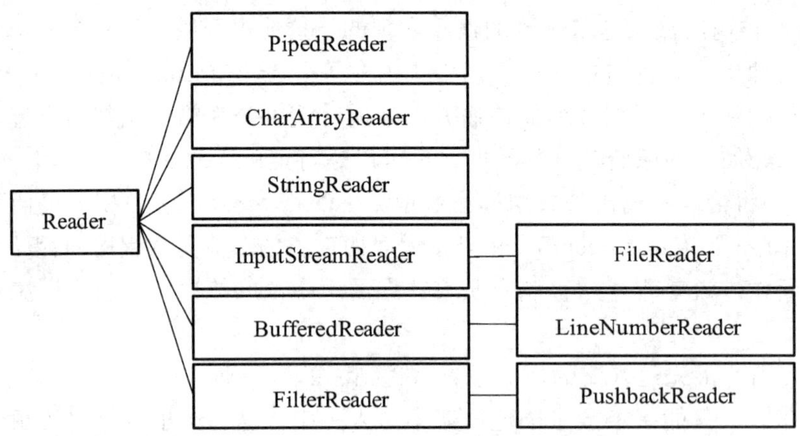

图 7-1 字符的输入流类的继承关系

1. 字符输入流类 Reader

Reader 的子类中有一个特殊的类是 InputStreamReader 类，可用此类将字节流输入转换成字符流输入，Reader 类的主要子类及说明如表 7-1 所示。

表 7-1 Reader 类的主要子类及说明

类名	功能描述
PipedReader	与另一输入管道相连，并读取写入的字符
CharArrayReader	用于转换字符数组中的数据
StringReader	通常用于转换字符串中的数据
InputStreamReader	将字节的输入流转换为字符的输入流
BufferedReader	为输入提供缓冲功能，提高效率

续表

类名	功能描述
FilterReader	过滤输入流
LineNumberReader	为输入数据附加行号
PushbackReader	返回一个字符并把此字节放回输入流
FileReader	文件作为输入源

例 7-1　ep7_1.java 读取文本文件的内容。

```
import java.io.*;
public class ep7_1{
public static void main(String args[]) throws IOException{
        char a[]=new char[100];
        FileReader b=new FileReader("text.txt");
        int number=b.read(a); //把数据读入到数组 a ，并返回字符数
        String str=new String(a,0,number);//把数组 a 转换成字符串
        System.out.println("读取字符个数："+number+",内容：\n");
        System.out.println(str);
    }
}
```

运行结果如下：

读取字符个数:13，内容：

Hello Java!!!

2. 字符输出流类 Writer

字符的输出流类全是 Writer 类的子类，如图 7-2 所示。

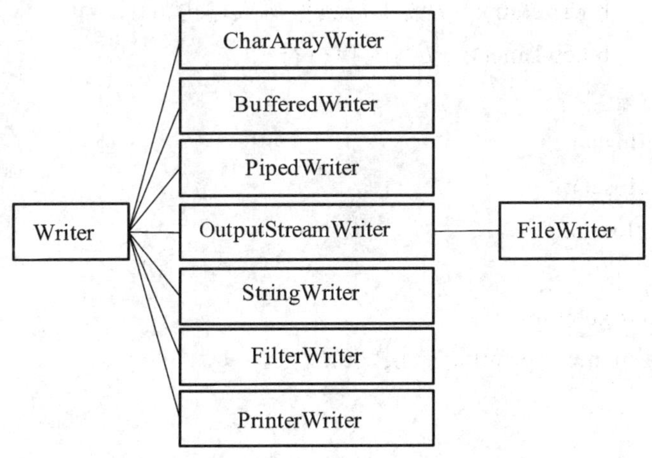

图 7-2　字符的输出流的继承关系

Writer 类中有一个特殊的类是 OutputStreamWriter 类，可用此类将字节流输出转成字符流

输出。Writer 类的主要子类及说明如表 7-2 所示。

表 7-2　Writer 类的主要子类及说明

类　名	功能描述
CharArrayWriter	用于转换字符数组中的数据
BufferedWriter	缓冲输出字符流，提高效率
PipedWriter	与另一输入管道相连，并写入字符
OutputStreamWriter	将字节的输出流转换为字符的输出流
FilterWriter	过滤输出流
StringWriter	用于转换字符数组中的数据
PrinterWriter	为输出流提供打印输出
FileWriter	文件作为输出源

例 7-2　ep7_2.java 文件复制。

```
import java.io.*;
class ep7_2{
    public static void main(String args[]){
        String str=new String();
        try{
            BufferedReader a=new
                BufferedReader(new FileReader("ep7_2a.txt"));
            BufferedWriter b=new
                BufferedWriter(new FileWriter("ep7_2b.txt"));
            while((str=in.readLine())!=NULL){
                System.out.println(str);
                b.write(str);   //读 1 行数据写入输出流
                b.newLine();   //写入换行符
            }
            b.flush();
            a.close();
            b.close();
        }
        catch(IOException e){
            System.out.println("错误"+e);
        }
    }
}
```

例 7-2 需要注意的是，调用 b 对象的 write( )方法时，不会自动写入回车，需要使用 newLine

( ) 方法在每行数据后加入回车。

7.2.2　字节流类

1. 字节输入流类 InputStream

字节流的传输单位为字节，每次读写 8 位二进制的数据，不但能够处理纯文本文件，而且能处理二进制文件的数据。InputStream 类是所有字节输入流的父类，OutputStream 类是所有字节输出流的父类。InputStream 类的子类及继承关系如图 7-3 所示。

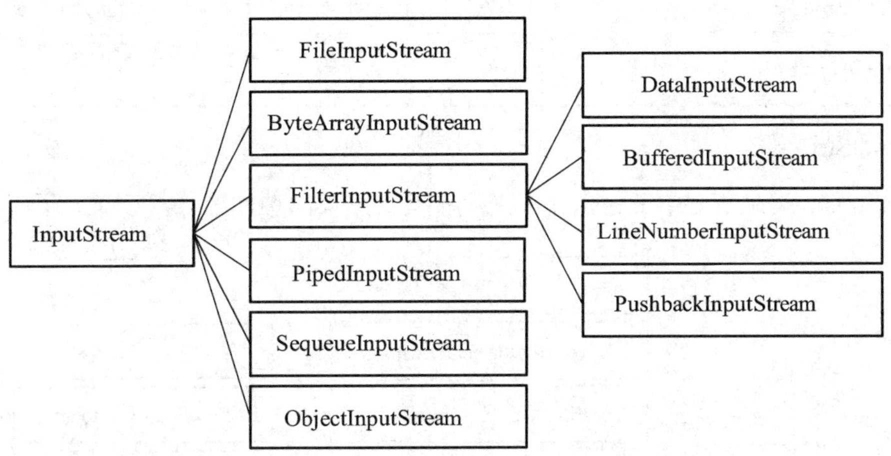

图 7-3　字节输入流的继承关系

InputStream 的主要子类及说明如表 7-3 所示。InputStream 类的常用方法如表 7-4 所示。

表 7-3　InputStream 类的主要子类及说明

类　名	功能描述
FileInputStream	从文件中读取的输入流
PipedInputStream	连接另一管道，并读取其数据
FilterInputStream	装饰另一输入流以提供对输入数据的附加功能
ByteArrayInputStream	从字节数组读取的输入流，通常用于转换字节数组中的数据
SequenceInputStream	将两个或多个输入流首尾连接，按顺序读取
ObjectInputStream	对象的输入流，可实现轻量级对象持久性
LineNumberInputStream	为文本文件输入流附加行号
DataInputStream	为其装饰的输入流提供数据转换的功能
BufferedInputStream	缓冲输入流，提高效率
PushbackInputStream	返回一个字节并把该字节放回输入流

表 7-4　InputStream 类的常用方法

方法名	功能描述
Public void close()	关闭输入流
Public void mark()	标记输入流的当前位置指针
Public void reset()	将位置指针返回到标记处
Public int read()	读一个字节
int read(byte b[])	读多个字节保存在字节数组中，并返回所读取的字节数
int read(byte b[], int off, int len)	从输入流中读取指定长度的字节到字节数组，从数组的 off 位置处开始存放，并返回所读取的字节数

2. OutputStream 类

OutputStream 类是所有字节输出流的子类，其类层次结构如图 7-4 所示。

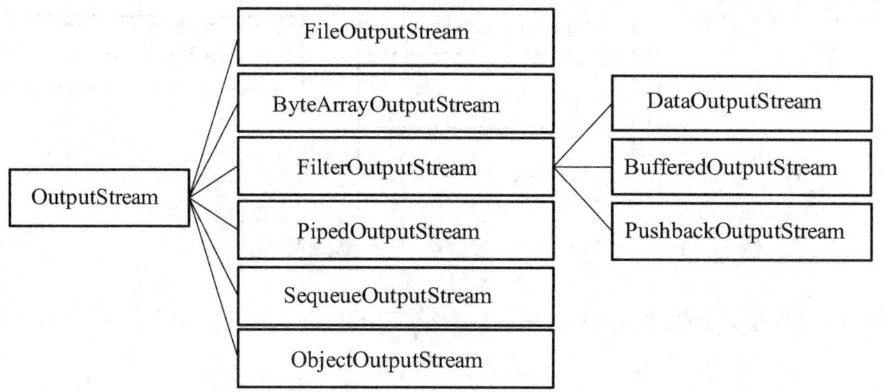

图 7-4　OutputStream 类的继承关系图

OutputStream 类的主要子类及说明如表 7-5 所示。

表 7-5　OutputStream 类的主要子类及说明

类　名	功能描述
FileOutputStream	写入文件的输出流
PipedOutputStream	用于实现管道流的输出处理
FilterOutputStream	过滤输出流重写 OutputStream 中的所有方法
ByteArrayOutputStream	写入字节数组的输出流
ObjectOutputStream	用于进行对象的写入
DataOutputStream	包含写 Java 标准数据类型方法的输出流
BufferedOutputStream	缓冲输出流，提高效率
PrintStream	包括 print()和 println()的输出流

OutputStream 类包含一套所有输出都需要的方法，具有基本的向输出流写入数据的功能。表 7-6 列出了其常用的方法及说明。

表 7-6　OutputStream 类的常用方法

方法名	功能描述
Public void close()	关闭输出流
Public void flush()	强制清空缓冲区并输出数据到外设
Public void write(int b)	将参数 b 的低位字节写入输出流
Public void write(byte b[])	将数组 b[]中的全部字节写入输出流
Public void write(byte b[], int off, int len)	将数组 b[]中第 off+1 个元素开始的 len 个数据写入输出流

InputStream 类和 OutputStream 类都是抽象类，所以在程序中创建的输入流对象一般是其某个子类的对象，通过调用其对象继承的 read()和 write()方法可实现对相对应的外设的输入输出操作。

7.3　file 类与文件操作

Java 语言中的 java.io.File 类是 java.lang.Object 的子类，在 java.io 包中提供了类似 Windows 资源管理器的一些功能，对文件和目录进行一些操作。每个 File 类的对象代表一个磁盘文件或目录，其对象属性中包括了文件或目录的相关信息。通过调用 File 类的各种方法，能够创建、删除、重命名文件、判断文件的读写权限以及是否存在等。

创建一个 File 类对象的构造方法如表 7-7 所示。

表 7-7　File 类对象的构造方法

构造方法	功能描述
public File(String path)	指定与 File 对象相关联的文件或目录名，path 指定文件路径及文件名
Public File (String path, String name)	Path 指定路径，以 name 为文件或目录名创建 File 对象
public File (File dir, String name)	利用现有的 File 对象 dir 的路径定义文件的路径，以 name 作为文件或目录名创建 File 对象

在使用 File 类的构造方法时，需要注意：

（1）path 参数指定的路径可以是绝对路径，也可以是相对路径，也可以是磁盘上的目录。

（2）由于不同平台使用的目录分隔符可能会不同，可以使用 System 类的一个静态属性 System.dirSep，来获取在不同平台下都可用的路径。

创建 File 类对象后，可以获取文件和相关目录的一些属性信息，并可对其进行管理和相应操作。表 7-8 列出了其常用的主要方法及说明。

表 7-8　File 类常用的主要方法及说明

方　法	功能描述
boolean canRead()	如果文件可读，返回为真，否则为假
boolean canWrite()	如果文件可写，返回为真，否则为假
boolean exists()	判断文件是否存在
boolean createNewFile()	若文件不存在，则创建指定名字的空文件，返回为真，若不存在返回为假
boolean isFile()	判断对象是否为有效文件
boolean isDirectory()	判断对象是否为有效目录
boolean equals(File f)	比较两个文件或目录是否相同
string getName()	返回文件名或目录名

例 7-3　ep7_3.java　创建文件和目录。

```
Import java.io.*;
public class ep7_3
{
public static void main(String[] args)
{
    File dira =new File(“e:\\File ep”);
    File dirb=new File(“e:\\File ep\\File1”);
    File dirc=new File(“e:\\File ep”,”File2”);
    File dird=new File(dir,”File3”);    //创建目录对象
    dira.mkdir();
    dirb.mkdirs();
    dirc.mkdirs();
    dird.mkdirs();  //创建目录
    File filea=new File(“e:\\File ep\\ep1.dat”);
    File fileb=new File(“e:\\File ep\\ep2.dat”);
    File filec=new File(dira”ep3.dat”);  //创建文件对象
try
{
    filea.createNewFile();
    fileb.createNewFile();
    filec.createNewFile(); //创建文件
}
Catch(IOException e)
{
    System.out.println(“创建文件异常”+e);}
  }
}
```

7.4 文件读写

前面章节介绍了文件的输入输出流，由于文件可分为文本文件和二进制文件，所以文件的读写有两种情形。面向字符文件的输入/输出流为 FileReader 与 FileWriter，面向字节文件的输入/输出流为 FileInputStream 与 FileOutputStream。当进行文件的读写时，首先要创建文件输入或输出流，然后才能用流对象读写文件。需要注意的是，必须要根据读写访问要求采用不同流打开文件。

7.4.1 字符文件读写

1. FileReader 类

FileReader 类是 Reader 的子类，功能是按字符读取文件中的数据。一个汉字在文件中占 2 个字节，如果使用字符流读取文件内容，就不会出现乱码的情况。

要创建 FileReader 类对象，有以下两种构造方法：

（1）FileReader(String name)，利用文件名 name 创建一个 FileReader 对象。

（2）FileReader(File file)，利用 File 对象创建 FileReader 对象。

FileReader 类常用的成员方法如下：

（1）int read()，读取一个字符，该方法返回一个整数（0 ~ 65 535），如果未读出字符则返回-1。

（2）int read(char b[])，读取 b.length 个字符到字符数组 b 中，返回实际读取的字符数目。当读到文件的末尾时，返回-1。

（3）int read(char b[], int off, int len)，读取 len 个字符并保存到数组 b 中，返回实际下读取的字符数目。当读到文件的末尾时，返回-1。参数 off 指定该方法从数组 b 中什么位置开始存放数据。

FileReader 按顺序地读文件，每次调用 read()方法时都按顺序地读取文件中的数据，直到文件的末尾或流被关闭。

2. FileWriter 类

FileWriter 类是 Writer 的子类，功能是按字符将数据写入到文件中。要创建 FileWriter 类的对象，需要使用以下两种构造方法：

（1）FileWriter(String name)，利用文件名 name 创建一个 FileWriter 类的对象。

（2）FileWriter(File file)，利用 File 对象创建 FileWriter 对象。

FileWriter 类常用的成员方法如下：

（1）public void write(char b[])，写 b.length 个字符到输出流。

（2）public void write(char b[], int off, int len)，从数组 b 中起始于偏移量 off 处写 len 个字符到输出流。

（3）void write(String str)，把字符串 str 中的全部字符写到输出流。

（4）void write(String str, int off, int len)，从字符串 str 中起始于偏移量 off 处写 len 个字符到输出流。

FileWriter 按顺序地写文件，每次调用 write()方法时都按顺序地向文件写入数据，直到文件被关闭。如果输出流要写入的文件已存在，则该文件中的数据内容会被刷新；如果要写入的文件不存在，则会新建一个文件。

例 7-4　ep7_4.java 字符写入文件，再读取显示

```
import java.io.*;
class ep7_4
{
public static void main(String args[])
   {
      File fi=new File( “hello.txt” );
      char a[]=” hello” .toCharArray();
      try{
            FileWriter b=new FileWriter(fi);
            b.write(a);
            b.write( “java!” );
            b.close();
            FileReader c=new FileReader(fi);
            Int n=0;
            while((n=c.read(a,0,5))!=-1)
            {
                  String str=new String(a,0,n);
                  System.out.println(str);
            }
            c.close();
      }
      catch(IOException e){
                  System.out.println(e);
            }
      }
}
```

7.4.2　字节文件读写

1. FileInputSream 类

FileInputStream 类是 InputStream 的子类，是按字节读取文件中的数据。要创建 FileInputStream 类对象，有以下两种构造方法：

（1）FileInputStream (String name)，利用文件名 name 创建一个 FileInputStream 对象。

（2）FileInputStream (File file)，利用 File 对象创建 FileInputStream 对象。

FileInputStream 类的方法如下：

（1）int read()，读取一个字节，该方法返回字节值（0 ~ 255），如果读取位置到达末尾则返回-1。

（2）int read(byte b[])，读取 b.length 个字节到字符数组 b 中，返回实际读取的字节数目。当读到文件的末尾时，返回-1。

（3）int read(byte b[], int off, int len)，读取 len 个字节并保存到数组 b 中，返回实际读取的字节数目。当读到文件的末尾时，返回-1。参数 off 指定该方法从数组 b 中什么位置开始存放数据。

FileInputStream 按顺序地读文件，每次调用 read()方法时都按顺序地读取文件中的数据，直到文件的末尾或流被关闭。

2. FileOutputStream 类

FileOutputStream 类是 Writer 的子类，是按字符将数据写入到文件中。要创建 FileWriter 类的对象，需要使用以下两种构造方法：

（1）FileOutputStream (String name)，利用文件名 name 创建一个 FileOutputStream 类的对象。

（2）FileOutputStream (File file)，利用 File 对象创建 FileOutputStream 对象。

FileOutputStream 类的方法如下：

（1）public void write(byte b[])，写 b.length 个字节到输出流。

（2）public void write(byte b[], int off, int len)，从数组 b 中起始于偏移量 off 处写 len 个字节到输出流。

按顺序地写文件，每次调用 write()方法时都按顺序地向文件写入数据，直到文件被关闭。如果输出流要写入的文件已存在，则该文件中的数据内容会被刷新；如果要写入的文件不存在，则会新建一个文件。

例 7-5　ep7_5.Java　数据写入文件，再读出显示。

```
import java.io.*;
class ep7_5
{
public static void main(String args[])
    {
    File fi=new File("hello.txt");
    byte a[]="hello".getBytes();
    try{
        FileOutputStream b=new FileOutputStream(fi);
        b.write(a);
        b.close();
        FileInputStream c=new FileInputStream(fi);
        int n=0;
        while((n=c.read(a,0,5))!=-1)
```

```
        {
            String str=new String(a,0,n);
            System.out.println(str);
        }
        c.close();
    }
    catch(IOException e)
        {
            System.out.println(e);
        }
    }
}
```

7.4.3 随机文件读写

Java.io 包包含了 RandomAccessFile 类，以提供对随机文件的创建和访问的功能。使用这个类，可对文件的任意位置进行数据的读写操作。使用该类的对象不但能够从文件读取数据，而且同时能够将数据写到文件。程序可以在随机文件中插入数据，并且不会破坏文件的其他数据；也可以更新或删除已存储的数据，而不用重写整个文件。

Object 类是 RandomAccessFile 类的直接父类，要创建 RandomAccessFile 的对象有以下两种方法，如表 7-8 所示。

表 7-8 RandomAccessFile 类的构造方法

构造方法	功能描述
public RandomAccessFile (String name, String mode)	指定随机文件流对象的文件名，mode 代表文件的访问模式
public RandomAccessFile (File file, String mode)	以 file 指定随机文件流对象的文件名，mode 代表文件访问模式

mode 代表所创建的随机读写文件的访问模式，取值包括以下几点：

（1）r：以只读方式打开文件。

（2）rw：以读写方式打开文件，使用此模式只用一个对象就能同时实现读写操作。

表 7-9 列出了 RandowAccessFile 类常用的方法及说明。

表 7-9 RandowAccessFile 的常用方法

方 法	功能描述
long length()	返回文件长度（以字节为单位）
void seek(long pos)	移动文件指针，pos 指定从文件开头的偏移字节数
int read()	从文件中读取一个字节，若读到文件末尾，返回-1
int writeBytes(String)	把指定字符串作为字节写到文件

例 7-6　ep7_6.java 文件尾部添加数据。

```
import java.io.*;
class ep7_6{
public static void main(String args[]) throws IOException{
      try{
      BufferedReader a=
      new BufferedReader(new InputStreamReader(System.in));
      String str=in.readLine();
      RandomAccessFile fi=
      new RandomAccessFile("ep7_6.txt","rw");
      fi.seek(fi.length());  //移动到文件结尾
      fi.writeBytes(str+"\n");
      fi.close();
      }
      catch(IOException e){}
}}
```

7.5　习　题

（1）使用 File 类列出某一个目录下创建日期晚于 2007-8-10 的文件。

（2）使用 File 类创建一个多层目录 d:\java\ch10\src。

（3）读取一个 Java 源程序，输出并统计其中所用的关键字。

（4）编写应用程序，使用文件输出流向文件中分别写入如下类型的数据：int、double 和字符串。

（5）编写应用程序，列出指定目录下的所有文件和目录名，然后将该目录下的所有文件后缀名为.txt 的文件过滤出来显示在屏幕上。

（6）写一程序，读入命令行第一个参数指定的文本文件，将其所有字符转换为大写后写入第二个参数指定的文件中。

第 8 章 图形界面设计

8.1 Java 图形界面概述

用户界面的设计质量直接影响到用户的体验，同时用户界面也是计算机与用户最好的交互接口，使用图形界面编程能提高用户体验，使用户更高效的使用计算机。因此，图形界面编程是软件开发的重要部分，Java API 提供了大量的图形界面开发支持类，这些类在 Java 中由 2 个包来完成，分别是 awt（Abstract Window ToolKit）和 swing。awt 是第一代 Java 图形界面编程技术，swing 是第二代 Java 图形编程技术。与 awt 相比较，swing 包采用纯 Java 语言编写，更加符合 Java 的跨平台性，而 awt 的图形函数与操作系统有关，不同的操作系统的图形库可能不同，所以不太符合 Java 的一次编写，处处运行的思想。由于 Java awt 包依靠本地实现功能，我们称 awt 为重量级控件，而 swing 为轻量级控件，Java 中的 swing 是基于 awt 类的，所以，并不是因为 awt 是第一代图形编程技术就应该淘汰，swing 只是扩展了 awt，并对 awt 包进行了优化，awt 与 swing 是相辅相成的，2 个包都用于图形界面编程。

使用 awt 类来编写图形用户界面，可以大大提高程序设计的开发效率，awt 包提供了大量的类来完成图形用户界面的设计，awt 的类库是图形界面设计的核心。例 8-1 展示了一个简单的图形用户界面程序的设计。

例 8-1　firstGUI.java　大小写字母的转换。

```
import java.awt.*;                          //导入 awt 类
import java.awt.event.*;                    //导入事件类
public class firstGUI extends Frame implements ActionListener{
  Label res;                                //添加一个标签
  TextField input;                          //添加一个文本框
  public firstGUI(){                        //构造方法
    super("大小写转换");                     //设置文本框名称
    res=new Label("                    ");  //结果用标签显示
    input=new TextField(16);                //输入框是一个文本框
    Button wen=new Button("大写");           //加入一个按钮
    Button xin=new Button("小写");
    setLayout(new FlowLayout());            //设置为流式布局
    add(input);                             //加入控件到面板
    add(wen);
    add(xin);
```

```
        add(res);
        wen.addActionListener(this);           //为按钮注册一个监听者
        xin.addActionListener(this);
        }
    public void actionPerformed(ActionEvent e){
      String wx=e.getActionCommand();          //取得用户选择的事件源
      String w=input.getText();                //取得用户的输入内容
      if(wx.equals("小写")){
      res.setText(w.toLowerCase());            //把输入内容转换成小写
      }
      if(wx.equals("大写")){
      res.setText(w.toUpperCase());            //把输入内容转换为大写
       }
         }
    public static void main(String[] args) {
        Frame n=new firstGUI();
        n.setSize(360,100);                    //设置窗口大小
        n.setVisible(true);                    //设置窗口是否可见

        }
    }
```

大小写转换

wenxin 大写 小写 WENXIN

图 8-1　例 8-1 的运行结果

说明：例 8-1 很好地展示了 Java 用户图形界面编程的大体结构：

第一步，设计图形界面的外观，也就是主窗体，本实例是由一个窗体实例和 4 个 GUI 部件组成的，窗体类是继承 Frame 类产生的。

第二步，GUI 部件如何布局，如何呈现给用户，本实例将窗口的布局策略设置为 FlowLayout 布局方式，即流式布局。4 个 GUI 部件是采用流式布局在窗口中自动安排位置及大小。

第三步，如何把 GUI 部件加入到容器中，本实例采用 add 方法将 4 个 GUI 部件加入窗口中。

第四步，为了实现与用户的交互，必须为按钮设计处理事件的方法，即用户按下一个按钮后，计算机怎么处理，在 Java 中，可以采用 addActionListener 方法为按钮注册一个事件监听者。事件监听者在事件发生时，负责对相关的事件进行处理，而具体的处理方法是在 actionPerformed 方法中实现，在 Java 中提供了一个 ActionListener 接口，可以采用实现这个

ActionListener 接口来提供事件处理方法。

例 8-1 中还采用了 getText 的方法，从文本框中直接得到用户的输入，采用 toUpperCase()把用户输入的字母转换为大写，toLowerCase()把用户的输入转换为小写，转化后的结果通过 setText 方法显示到标签上，该程序仅仅用于演示，有兴趣的读者可以试着完善和改进该程序。

8.2 窗口与容器

什么是容器？通常可以这样理解，Java 中的 GUI 容器和生活中的容器是差不多的，生活中我们可以向一个容器中放入各种各样的东西，那么在 GUI 编程中也是差不多，我们可以把各种 GUI 部件加入容器。例如，我们可以把一个按钮，一个标签，一个面板加入容器中。在 Java 语言中，万物皆对象，容器和其他 GUI 部件都是由 Java 语言提供的类所创建的对象。

图形用户界面的窗体就是一种 GUI 容器，窗口中可以放置很多其他 GUI 部件，例如一个按钮，一个标签等。窗体也是我们 GUI 编程的基础。

8.2.1 框架窗口

窗体是图形界面编程的基础，用户要操作的部件，或者其他的 GUI 部件都需要放置在窗口中才能显示。图形用户界面应用程序必须要有一个窗口，称之为顶层容器。在图形界面编程中，一般会用到如下的几种窗体。

第一种：Applet 窗口，这种窗体又称小应用程序，专用于嵌入到动态网页中的编程，当浏览器加载网页时，会自动加载 Applet 窗口。

第二种：Frame 框架窗体，这种窗口是标准的窗体框架结构，所生成的窗口自动就具有标题栏，有窗体最大化，最小化功能，以及关闭窗体功能，等其他的功能。

第三种：无边框的窗体，这是一种没有标题栏，没有周围框架支撑的空窗口。

例 8-2　MiniGUI.java

```
import java.awt.*;
public class MiniGUI extends Frame{
public static void main(String[] args) {
        Frame wx=new Frame("大小写转化");
            wx.setSize(360,100);
            wx.setVisible(true);
            }
}
```

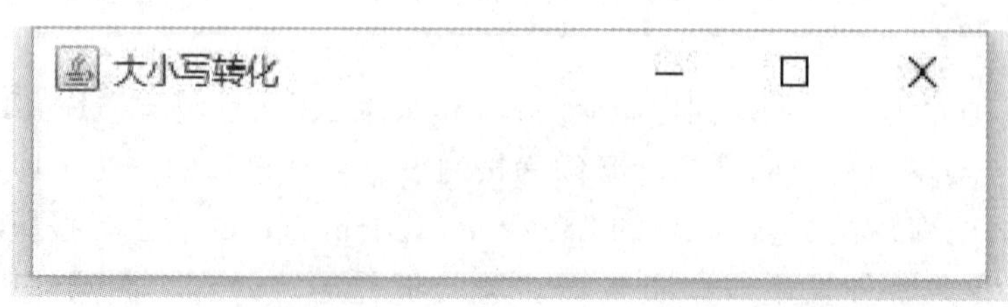

图 8-2　MiniGUI 窗体程序

8.2.2 面板容器

面板是另一种比较常见的容器，Panel 部件的功能可以让软件界面更加有层次，便于进行界面的分区布局。我们可以在面板上加入各种各样的部件，还可以在一个面板上加入面板，实现层次化界面布局。构建面板按照如下的步骤进行：

第一步：通过继承 Panel 类的子类，如果面板上要放置一些其他部件，可以在构造方法中创建这些部件。

第二步：声明 Panel 对象。

第三步：创建 Panel 对象。

第四步：将 Panel 对象加入容器。

Panel 类的构造方法如下：

panel( )，创建一个默认 Panel 对象。

Panel(LayoutManager layout)，创建 Panel 对象，并且指定布局策略。

向 Panel 容器中对象添加其他部件的方法：

add(GUI 部件)，添加 GUI 部件。

add(String，GUI 部件)，面板采用 GardLayout 布局时，字符串参数指定位置。

例 8-3　panel.java　panel 面板窗口

```
import java.awt.*;
import java.awt.event.*;
public class panel extends Panel implements ActionListener{
      Label w1=null;
      Label x1=null;
      Label w=null;
public panel(){                                          //无参构造
        Button w=new Button("hellow");
        w1=new Label("                  ");
         add(w);
         add(w1);
         w.addActionListener(this);
         }
public panel(String s){                          //有参构造
         Button q=new Button("你好");
         q.addActionListener(this);
         w=new Label(s);
         add(q);
         add(w);
      }
public void actionPerformed(ActionEvent e){
```

```
        if(e.getActionCommand().equals("hellow")){
            w1.setText("hellow");
        }
        else
        {
            w.setText("你好");
        }
        }
    public static void main(String args[]){
        Frame wx=new Frame("panel");
        Button button=new panel();              //构建一个面板
        panel wx1=new panel("wenxin");
        wx.setLayout(new BorderLayout());   //采用边缘布局
        wx.add("North", button);                    //按钮放在窗口上面
        wx.add("Center",wx1);                   //面板放在窗口中间
        wx.setSize(360,120);
        wx.setVisible(true);
    }
}
```

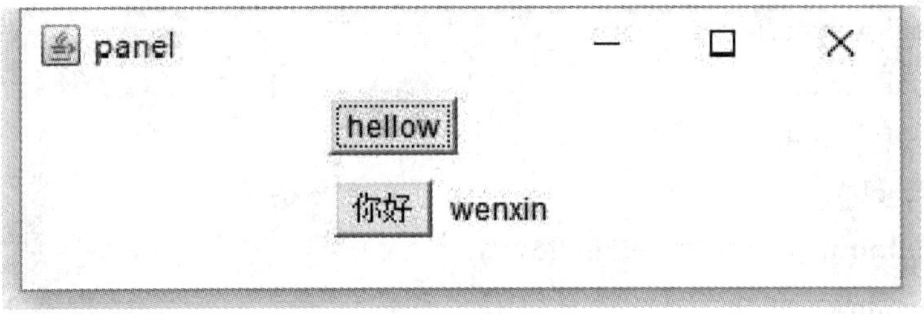

图 8-3 panel 面板的使用

说明：本实例使用了 getActionCommand()方法获取事件源，用来判断用户的操作，主窗口的布局策略使用了边缘布局方式，将一个按钮加入到窗口上方，然后加入一个面板到窗口中央。

8.3 布局管理器

Java 中使用布局管理器作为实现自动定位容器的部件，这也符合 Java 编写的思想即“一次编写，处处运行”，因为如果我们不使用布局管理器，那么所有控件的位置将要我们手动定位，这将要求我们了解每种设备的屏幕尺寸，属性，这对于编程人员来说，几乎是不可能的事情。而由布局管理器来自动管理容器中的部件的尺寸和位置，将极大地简化图形用户界面软件的编写难度。

Java.awt 包中定义了 4 种布局管理器，他们分别是：流式布局（FlowLayout）、边界布局（BorderLayout）、卡片布局（CardLayout）、网格布局（GridLayout）。流式布局是按 GUI 部件加入容器的顺序安排其位置。边界布局是则将容器分为东西南北中 5 个区域。卡片布局是将部件像卡片一样叠放，每次只显示一层。网格布局是把区域显示为行列矩阵的形式，整个容器被划分成一个个大小相等的格子，部件依次放入这些格子中显示。

8.3.1 流式布局

流式布局是将 GUI 部件按照加入容器的先后顺序，从左到右从上向下排列，如果一行不够，就转到下一行继续从左到右排列。

FlowLayout 类的构造方法有下面几种：

Public FlowLayout( )，一种默认的 FlowLayout 布局。GUI 部件在容器居中对齐，部件与部件之间的上下左右间距为 5 个像素。

Public FlowLayout(int alignment)，参数 alignment 规定了每个 GUI 部件的对齐方式，alignment 的取值可以为 FlowLayout.LEFT，FlowLayout.CENTER，FlowLayout.RIGHT。部件与部件之间的上下左右间距是 5 个像素，。

例 8-4　FlowLayoutTest.java

```
import java.awt.*;
public class  FlowLayoutTest  extends Frame{
   Button w=null;
   FlowLayoutTest (){
     super("FlowLayout");   //调用父类的构造设置窗口标题
     this.setLayout(new FlowLayout(FlowLayout.LEFT,10,10));
                              //设置布局格式为流式布局
     for(int i=1;i<=6;i++){
           this.add(new Button("按钮"+i));
     }
}
public static void main(String[] args) {
    Frame wx=new FlowLayoutTest ();
           wx.setSize(360,110);
           wx.setVisible(true);
   }
}
```

说明：从本例中可以看出来，FlowLayout 是按照部件加入容器的顺序来安排部件的位置，而且按钮的位置会随着窗口的大小改变而改变，窗口如果太小，部件不能一行上完全显示出来，将自动转到下一行显示。窗口如果够大，能够全部显示部件，部件的相对位置又会有所改变。窗口的大小对 FlowLayout 布局影响很大，但是使用 FlowLayout 布局时，并不会改变部件自身的大小，这点一定要注意。

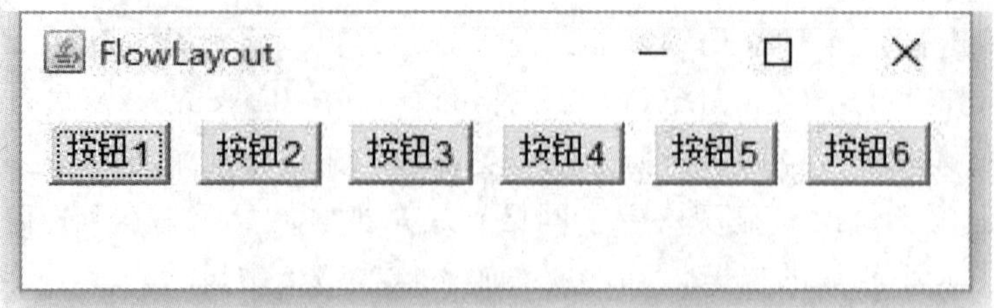

图 8-4　FlowLayoutTest 窗口

8.3.2　边界布局

边界布局是把容器内的空间简单划分为几个不同的空间，分别为东（east）、西（West）、南（South）、北（North）、中间（Center）五个区域。部件可选的加入某个区域，加入区域的部件将占满整个区域空间。当程序运行时，每个区域的尺寸大小由各区域的内容自动确定。

BorderLayout 类的构造方法如下：

public BorderLayout()，生成一个默认的 BorderLayoutd 布局策略对象，各区域默认情况下没有间隙。

public BorderLayout(int h，int v)，参数 h 和 v 用于设定每区域间的水平间距和垂直间距。

当容器的布局策略设置为 BoardLayout 布局方式时，部件加入容器的方法可以指定区域位置，如果加入时没有指定位置，则默认部件加入中央位置。

例 8-5　BorderLayoutTest.java

```
import java.awt.*;
public class BorderLayoutTest extends Frame{
    String[] wx={"North","East","South","West","Center"};
    public BorderLayoutTest (){
        super("BorderLayout");
        this.setLayout(new BorderLayout(10,10));
        for(int i=0;i<5;i++){
    this.add(wx[i],new Button(wx[i]));
        }
}
public static void main(String[] args) {
    Frame w=new BorderLayoutTest ();
        w.setSize(250,200);
        w.setVisible(true);
  }
}
```

例 8-5 程序运行后结果显示如图 8-5 所示，程序将窗口容器的布局方式设置为 BorderLayout 方式，间距 10 像素，然后将 5 个按钮部件分别加入窗口的“东西南北中”5 个区域。对于 BorderLayout 布局方式，如果某区域没有放置部件，那么程序运行时，将不显示该区域。

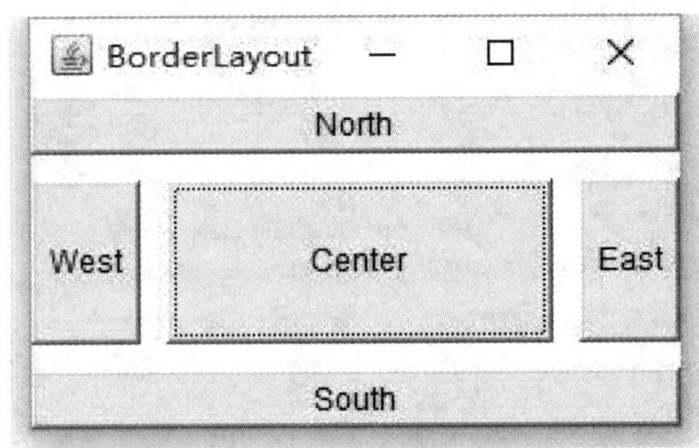

图 8-5　BorderLayoutTest 演示程序

8.3.3　卡片布局

卡片布局是将部件在容器中重叠放置，这样一个卡片布局的容器中就可以容纳多个部件，但是由于各个部件重叠在一起，一个时刻只能显示一个部件，就像卡片一样，每一次只能显示最上面的部件，而且这个部件会占满整个容器。卡片布局的构造方法如下：

public CardLayout()，铺满整个 GUI 容器，而且不会留边界。

public CardLayout(int hgap，int vgap)，在容器四周设置水平和垂直边界，部件放置在中央区域。

创建卡片布局的基本步骤：

第一步：创建 CardLayout 对象。

第二步：采用 setLayout 方法设置布局格式为 CardLayout 布局。

第三步：调用 add 方法将 GUI 部件加入容器。

如果要显示指定名称的卡片，可以使用 show(容器名，部件代号)的形式调用，也可以采用如下方法来顺序显示部件：

first(容器)：显示第一块卡片，例如 wxcard.first(w);

last(容器)：显示最后一张卡片，例如 wxcard.last(w);

next(容器)：显示下一张卡片，例如 wxcard.next(w);

previous(容器)：显示前一张卡片例如 wxcard.previous(w)。

例 8-6　CardLayoutTest.java 卡片布局演示程序

```
import java.awt.*;
import java.awt.event.*;
public class CardLayoutTest   extends Frame {
CardLayoutTest (){
    super("CardLayout");
    CardLayout wx=new CardLayout(10,10);
    this.setLayout(wx);
    ActionListener listener= new ActionListener(){
        //采用匿名类创建监听者
    public void actionPerformed(ActionEvent e){
```

```
                wx.next(card.this);
            }
        };
        for(int i=1;i<=6;i++){
            Button x=new Button("Button"+i);
            x.addActionListener(listener);
            this.add("Button"+i,x);
        }
    }
    public static void main(String[] args){
        Frame wx=new CardLayoutTest ();
        wx.setSize(250,150);
        wx.setVisible(true);
        }
    }
```

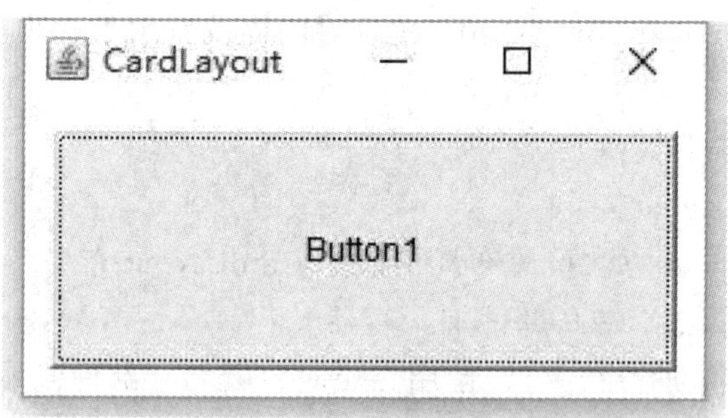

图 8-6　CardLayoutTest 卡片布局演示程序

说明：从该例子中可以看出创建卡片布局的基本步骤，即第一步，首先创建 CardLayout 对象，第二步调用 setLayout 方法设置为 CardLayout 布局，第三步调用 add 方法将 GUI 部件加入容器，本例子中创建了 6 个按钮，每个按钮都是把上次定义的监听对象作为下一次的处理对象，这样每次点击一个按钮，将会换到下一个按钮，每次都是如此循环，监听者类采用匿名类的方式实现，有关匿名类的介绍，读者可以参考本书关于匿名类的讲解，在本例中不再做详细探讨。

8.3.4　网格布局

网格布局是把容器分成若干行和若干列的网格，GUI 部件按照从左到右，从上到下的顺序依次加入到各个格，行列数由布局构造方式程序控制，还可以控制行列的间距。由于每个网格大小相同，所以放入的 GUI 部件也显示为一样的尺寸。

GridLayout 布局的构造方法有：

（1）GridLayout()，生成默认布局，只有一行。

（2）GridLayout(int row,int col)，指定整个区域的行列划分数。

（3）GridLayout(int r,int c,int h,int ve)，指定整个区域的行列划分数，同时设置部件的水平间隔和垂直间隔。

例 8-7　GridLayoutTest.java

```
import java.awt.*;
public class GridLayoutTest extends Frame{
   GridLayoutTest (){
      super("GridLayout ");
      this.setLayout(new GridLayout(3,3,10,10));
      for(int i=1;i<=9;i++){
         this.add(new Button("Button"+i));
   }
}
public static void main(String[] args) {
      Frame w=new GridLayoutTest ();
            w.setSize(300,150);
            w.setVisible(true);
   }
}
```

程序运行后结果显示如图 8-7 所示。

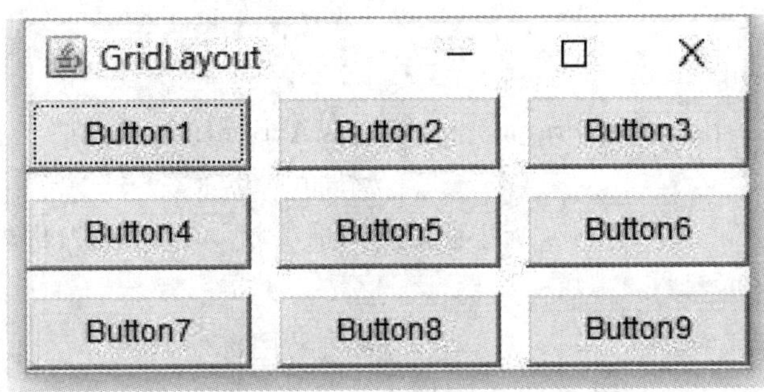

图 8-7　网格布局演示程序

当窗口设置为 GridLayout 网格布局时，窗口大小的变化，各个网格的行列相对位置基本不变，但网格中 GUI 部件的大小会随之改变。

8.4　事件模型

8.4.1　Java 的事件模型

Java 语言基于 awt 组件实现图形用户界面程序时，对于用户的操作是基于事件模型来处理的。事件是一种面向对象的概念，当部件 GUI 对象的属性或者是状态，由于用户的操作或是某种原因发生变化时，部件对象将向外面发出这种变化或者动作的相应通知，这就是事件。

一般来说，事件模型包含有如下的几种元素，他们分别是事件源、事件处理程序、事件注册、监听器。事件源是引发事件发生的来源。事件处理程序是当需要处理事件的方法代码。事件注册是使事件源与事件处理程序相关联的操作。监听器则实现对事件的监听，当事件后，引发事件处理程序的执行。

Java 中的事件往往由用户在软件界面上进行的某个操作引发，例如：鼠标的点击，键盘的输入操作都会引发一个事件。用户所操作的 GUI 部件对象称为事件源，用户对 GUI 部件对象进行某种操作，相应的就会产生某种事件。awt 组件所能识别的事件都封装在类中，不同的事件类型就有不同的事件类。当事件产生后，Java 系统会自动生成事件类的对象。例如：鼠标点击事件（MouseEvent），点击按钮事件（ActionEvent）等，事件对象中包含有事件发生时的详细信息，会被事件处理机制传递到事件处理方法中去，事件对象就是事件处理方法的形参。

8.4.2 事件与监听器

如果程序需要处理某种事件，那么就需要使用事件监听器对象，由事件监听器对象监测系统中所发生的事件，如果发生了所监测的事件，自动引发事件处理方法的执行。

创建事件监听器的步骤如下：

第一步：对事件进行抽象，同时对监听器对象进行抽象，编写监听器类代码。

第二步：实例化监听器对象。

第三步：在事件源对象上注册监听器对象，将事件源与事件处理方法相关联。

例 8-8　EventTest.java 事件与监听器

```
import java.awt.*;                                  //导入 awt 类
import java.awt.event.*;
public class EventTest extends Frame implements ActionListener{
Label res;                                    //添加一个标签
public EventTest (){                  //调用父类构造方法，设置窗口标题
     super("事件监听器");
     res=new Label("                              ");//结果用标签显示
     Button wen=new Button("显示"); //加入一个按钮
     setLayout(new FlowLayout());            //布局为流式布局
     add(wen);
     add(res);
     wen.addActionListener(this);         //为按钮注册一个监听者
     }
public void actionPerformed(ActionEvent e){
     String wx=e.getActionCommand();      //取得用户选择的事件
          res.setText("事件监听器");               //显示输出结果
     }
public static void main(String[] args) {
     Frame n=new EventTest ();
```

```
        n.setSize(360,100);            //设置窗口大小
        n.setVisible(true);            //设置窗口是否可见
    }
}
```

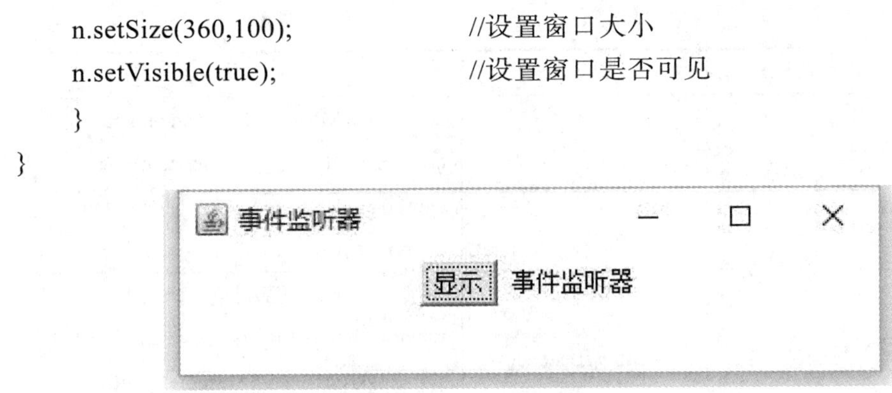

图 8-8　事件监听器

说明：例 8-8 介绍了设计事件监听机制的基本步骤，在窗口类构造方法中，用 addActionListener 方法为“显示”按钮注册一个事件监听者，具体的事件处理方法是 actionPerformed 方法。例 8-8 中由窗口类实现 ActionListener 接口，并编写 actionPerformed 方法来实现事件处理方法。窗口类中编写了 actionPerformed 方法，因此窗口类对象就充当了监听者对象的角色。当用户点下“显示”按钮时，即发生一个 ActionEvent 事件，Java 系统创建 ActionEvent 事件对象，监听者对象监测到该事件的发生，就自动调用 actionPerformed 方法，并将自动创建的 ActionEvent 事件对象通过形参发送给 actionPerformed 方法。actionPerformed 方法执行，完成“显示”按钮所需执行的具体工作，这里是设置标签对象的内容，显示在窗口上。

awt 组件支持的具体的事件类型及相应的处理方式如表 8-1 所示。

表 8-1　事件类及事件接口

事件类别	描述信息	接口名	方　法
ActionEvent	激活部件	ActionListener	actionPerformed(ActionEvent)
ItemEvent	选择了某些项目	ItemListener	itemStateChanged（ItemEvent）
MouseEvent	鼠标移动	MouseMotionListener	mouseDragged（MouseEvent） mouseMoved（MouseEvent）
	鼠标点击事件	MouseListener	mousePressed（MouseEvent） mouseRelease（MouseEvent） mouseEntered（MouseEvent） mouseExited（MouseEvent） mouseClicked（MouseEvent）
KeyEvent	键盘输入	KeyListener	keyPressed（KeyEvent） keyRelease（KeyEvent） keyTyped（KeyEvent）
FocusEvent	部件收到或失去焦点	FocusListener	focusGained（FocusEvent） focuLost（FocusEvent）
AdjustmenEvent	移动了滚动条等部件	AdjustmentListener	AdjustmentValueChanged（AdjustmentEvent）

续表

事件类别	描述信息	接口名	方　法
Componment Event	对象缩放显示隐藏等	ComponenListener	componentMoved（ComponentEvent） componentHidden（ComponentEvent） componentResized（ComponentEvent） ComponentShown（ComponentEvent）
windowEvent	窗口收到窗口级事件	windowListener	windowClosing（WindowEvent） windowClosed（windowEvent） WindowsActivated（windowEvent） Windowopened（windowEvent）
ContainerEvent	容器中增加删除了部件	ContainerListener	ComponentAdded（ContainerEvent） ComponentRemoved（ContainerEvent）
TextEvent	文本字段或者文本发生改变	TextListener	textValueChanged（textEvent）

8.5 部　件

awt 组件支持多种 GUI 部件，本小节简要介绍标签、按钮、检查框、列表框、菜单、对话框、表格部件，读者可以举一反三，掌握 GUI 部件的使用方法。

8.5.1 标签

标签在图形用户界面程序设计中，用于显示文本信息。标签一般不产生事件，其内容可以由编程人员通过代码设置，标签的主要构造方法如下：

（1）Label ()：构造一个空的标签，其中不包含任何内容。

（2）Label(String text)：构造一个包含字符串的标签，默认对齐方式是左对齐。

（3）Label(String text, int a)：构造一个包含字符串的标签，对齐方式由参数 a 指定。

在程序运行过程中，可使用标签类的 setText 方法来动态设置显示的文本内容。

例 8-9　LabelTest.java

```
import java.awt.*;//导入 awt 类
public class LabelTest extends Frame {
  Label res;//添加一个标签
  public LabelTest (){//调用父类构造方法
    super("标签");//设置文本框名称
    res=new Label("初始显示内容");//结果用标签显示
    res.setText( “我是一个标签” );
    add(res);
  }
  public static void main(String[] args) {
```

```
        Frame n=new LabelTest ();
        n.setSize(360,100);//设置窗口大小
        n.setVisible(true);//设置窗口是否可见
        }
}
```

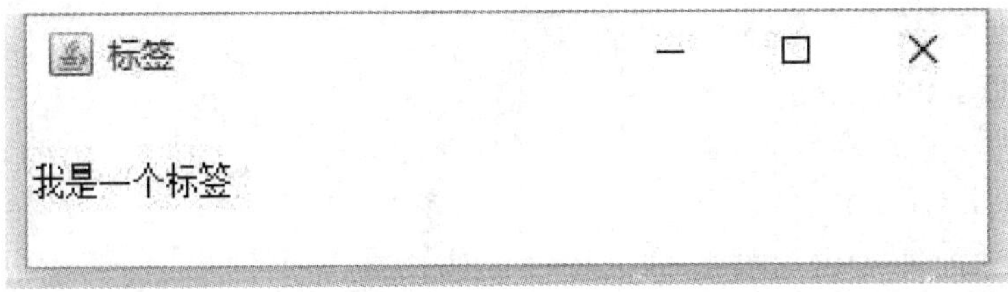

图 8-9　标签显示程序

8.5.2　文本框与文本域

文本框是图形用户界面中常用的用户数据输入部件，用户可通过键盘在文本框中输入数据，当然文本框也可用于显示文本信息。与标签不同的是，标签的显示文本只能由程序改变，而文本框是用户可编辑的。文本框的构造方法包括：

（1）TextField()：用于构造空的文本框

（2）TextField(int)：用于构造由整数参数来指定文本长度的文本框

（3）TextField(String)：用于构造指定内容的文本框

（4）TextField(String,int)：用于构造指定内容和文本长度的文本框

用户对文本框的操作可以引发两类事件，当用户完成文本框的输入，按下回车键后，文本框将引发 ActionEvent 事件。当用户修改文本框的内容时，将引发 TextEvent 事件。

文本框的成员方法比较多，最常用的是使用 setText 来修改文本框的内容，使用 getText 来获取用户在文本框中的输入数据。

文本框只能输入单行文字，而文本域则可以输入多行文字，其使用方法与文本框类似。文本域的构造方法包括：

（1）TextArea()：用于构造空的文本域

（2）TextArea(int,int)：用于构造由整数参数来指定文本长度和宽度的文本框

（3）TextArea(String)：用于构造指定内容的文本框

（4）TextArea(String,int,int)：用于构造指定内容、文本长度和宽度的文本框

例 8-10　TextTest.java　文本框文本域示例

```
//在文本框中输入文本,输入后按回车,将刚输入的文本追加到文本域中
import java.awt.*;
import java.awt.event.*;
public class    TextTest {
      private static TextField text1;
      private static TextArea text2;
      public static void main(String[] args) {
```

```
        Frame f=new Frame();
        f.setLayout(new FlowLayout());
        f.setBounds(300,300,400,400);
        text1=new TextField("",50);
        text1.setLocation(30,30);
        text2=new TextArea(5,50);
        text2.setLocation(30,50);
        f.add(text1);
        f.add(text2);
        //在文本框中的事件是:输入文本并回车
        text1.addActionListener(new ActionListener(){
            public void actionPerformed(ActionEvent e){
                if(!text1.getText().equals("")){
                    text2.append(text1.getText());
                    text2.append("\n");
                    text1.setText("");
                }
            }
        });
        f.setVisible(true);
    }
}
```

图 8-10　文本框文本域示例程序

8.5.3　按钮

按钮是 Java 中 GUI 设计中常用的部件，用户点击按钮，表示要执行某个动作。按钮在构造时，可传入字符串参数来创建 Button 对象，指定按钮上文字。

Button wx=new Button（“确定”）;

当用户点击按钮，将会产生 ActionEvent 事件，可以使用 ActionListener 接口来进行事件监听和处理事件。当图形界面上有多个按钮时，在 actionPerformed 方法中，可以调用

ActionEvent 对象的 getActionCommand 方法，获取用户所点击的按钮的文字，用于区别各个按钮。

例 8-11 ButtonTest.java 按钮示例

```
import java.awt.*;//导入 awt 类
import java.awt.event.*;
public class ButtonTest extends Frame implements ActionListener{
Label res;//添加一个标签
public ButtonTest (){//调用父类构造方法
        super("按钮");//设置文本框名称
        res=new Label("                    ");//结果用标签显示
        Button wen1=new Button("按钮 1");//加入一个按钮
        Button wen2=new Button("按钮 2");
        Button wen3=new Button("按钮 3");
        setLayout(new FlowLayout());//布局为流式布局
        add(wen1);
        add(wen2);
        add(wen3);
        add(res);
        wen1.addActionListener(this);//为按钮注册一个监听者
        wen2.addActionListener(this);
        wen3.addActionListener(this);
        }
    public void actionPerformed(ActionEvent e){
        String wx=e.getActionCommand();//取得用户选择的事件
        res.setText(wx);//显示输出结果
    }
    public static void main(String[] args) {
        Frame n=new ButtonTest ();
        n.setSize(360,100);//设置窗口大小
        n.setVisible(true);//设置窗口是否可见
        }
```

按钮设计如图 8-11 所示。

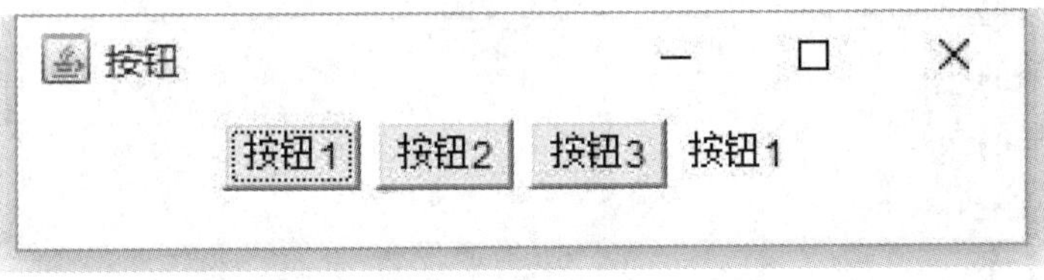

图 8-11 简单按钮设计

说明：该程序当用户点击一个按钮时，便会在标签上显示出用户选择的按钮的文字。代码使用 add 方法把按钮加入窗口容器中，如果用户点击按钮，产生 ActionEvent 事件，使用 ActionListener 接口来对 ActionEvent 事件进行监听和处理。在 actionPerformed 方法中调用 ActionEvent 的 getActionCommand 方法来获取到按钮的文字，再通过标签的 setText 方法，在窗口上显示该按钮文字。

8.5.4 检查框

检查框是在图形用户界面中，用于控制“开”“关”状态的部件，可以用程序控制“开”“关”状态，也可用户控制“开”“关”状态，检查框旁会显示一个标签，检查框的构造方法可以传入字符串参数来设置标签的文字。当用户改变“开”“关”状态后，检查框将引发 ItemEvent 事件，可以使用 ItemListener 来监听事件。程序可以使用 getState 方法获取当前“开”“关”状态，使用 getltemSelectable 方法获取对象引用，使用 setState 方法来设置“开”“关”状态。

如果要实现单选按钮功能，可以使用 checkboxGroup 类实现，创建 checkboxGroup 对象作为一组检查框对象的容器，这样这一组检查框就只能一个被选中。

例 8-12　CheckboxTest.java

```
import java.awt.*;
public class wen extends Frame {
    Label wx = new Label("您的专业：");
    CheckboxGroup wen = new CheckboxGroup();//实现单选功能
    Checkbox w1 = new Checkbox("计算机科学", wen, false);
    Checkbox w2 = new Checkbox("网络工程", wen, false);
    Checkbox w3 = new Checkbox("软件工程", wen, false);
    Checkbox w4 = new Checkbox("物联网", wen, true);
    Label wx2 = new Label("您精通的语言为：");
    Checkbox x1 = new Checkbox("C 语言");//复选功能
    Checkbox x2 = new Checkbox(" C++");
    Checkbox x3 = new Checkbox("Java");
    public wen(String s) {
        super(s);
        setLayout(new GridLayout(10, 1));
        add(wx);
        add(w1);
        add(w2);
        add(w3);
        add(w4);
        add(wx2);
        add(x1);
        add(x2);
```

```
            add(x3);
        }
    public static void main(String args[]) {
            wen q = new wen("复选框");
            q.setSize(400, 250);
            q.setLocation(200, 300);
            q.setVisible(true);
        }
}
```

Checkbox 示例如图 8-12 所示。

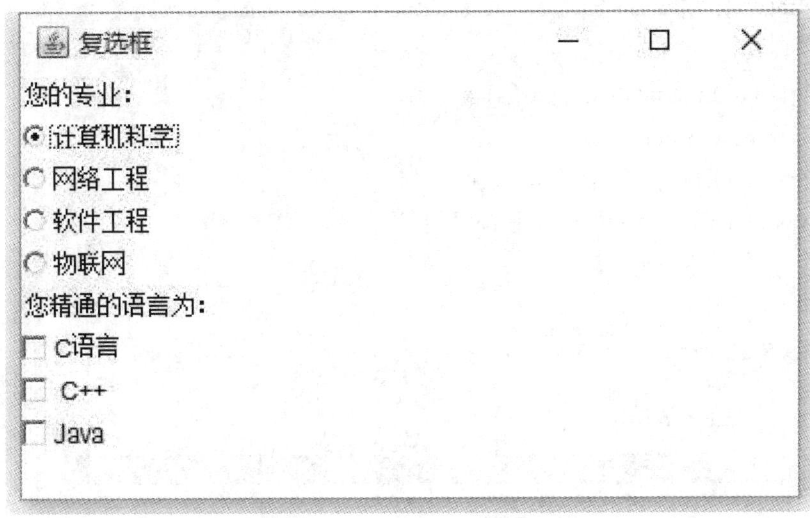

图 8-12　Checkbox 示例程序

8.5.5　列表框

列表框是另一类 GUI 部件，列表框显示一个供用户选择的列表，列表的内容由程序预告设置，如下代码展示了列表框的基本用法，首先创建列表框对象，再使用 add 方法向列表中加入条目。

```
List wx=new List(4,false);
    wx.add("c");
    wx.add("c++");
    wx.add("Java");
    wx.add("C#");
```

用户双击一个列表条目后，将引发 ActionEvent 事件，使用 ActionListener 接口监听和处理事件。单击一个列表条目后，将引发 ItemEvent 事件，使用 ItemListener 接口监听和处理事件。在事件处理代码中，使用 getSelectItems 方法获取用户选中项的字符串，使用 getSelectedIndex 方法获取用户选中项的序号。

例 8-13　ListTest.java　列表示例。

```
import java.awt.*;//导入 awt 类
public class test extends Frame {
    public test(){//调用父类构造方法
    super("列表框");//设置文本框名称
    List wx=new List(4,false);
    wx.add("c");
    wx.add("c++");
    wx.add("Java");
    wx.add("C#");
    this.add(wx);
    }
 public static void main(String[] args) {
    Frame n=new test();
    n.setSize(360,110);//设置窗口大小
    n.setVisible(true);//设置窗口是否可见
    }
}
```

列表框如图 8-13 所示。

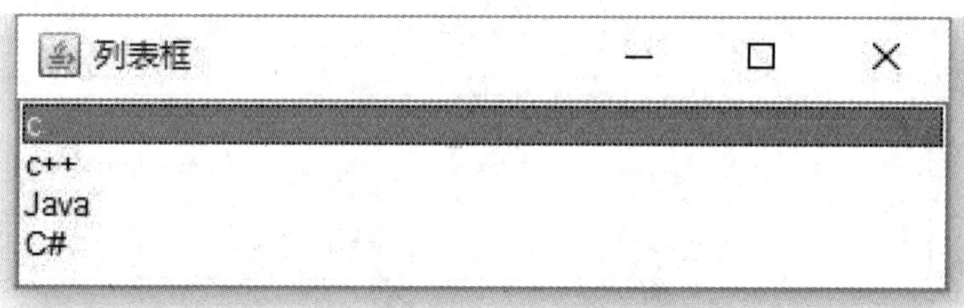

图 8-13　列表框

8.5.6　菜单

菜单是重要的图形用户界面部件，应用程序的菜单组件由 3 个层次组成，最底层是一个菜单条 MenuBar，菜单条下包括若干个菜单项 Menu，菜单项下再包括若干个菜单子项 MenuItem。使用窗口的 setMenuBar 方法设置菜单条 MenuBar 为容器的主菜单。

当用户点击菜单项时，将产生 ActionEvent 事件，在 actionPerformed 方法中，使用 getActionCommand 方法可获取所点击菜单项的文字。

例 8-14　MenuTest.java 菜单示例。

```
import java.awt.*;                                  //导入 awt 类
public class MenuTest extends Frame implements ActionListener{
  public void actionPerformed(ActionEvent e){
    String menutitle;
```

```
        menutitle=e.getActionCommand();
        System.out.println( "您选择的是" +menutitle+ "菜单项" );
    }
        public static void main(String[] args) {
        Frame n=new Frame("菜单程序");
        MenuBar wx=new MenuBar();
        n.setSize(360,200);                  //设置窗口大小
        n.setVisible(true);                  //设置窗口是否可见
        n.setMenuBar(wx);
        Menu wen1=new Menu("选项一");
        Menu wen2=new Menu("选项二");
        Menu wen3=new Menu("选项三");
        MenuItem w1 = new MenuItem("选项一");
        MenuItem w2 = new MenuItem("选项二");
            MenuItem w3 = new MenuItem("选项三");
        wen1.add(w1);
        wen1.add(w2);
        wen1.addSeparator();//加入一条分界线
        wen1.add(w3);
        wx.add(wen1);
        wx.add(wen2);
        wx.add(wen3);
        wen1.addActionListener(n);
        wen2.addActionListener(n);
        wen3.addActionListener(n);
        }
}
```

菜单示例如图 8-14 所示。

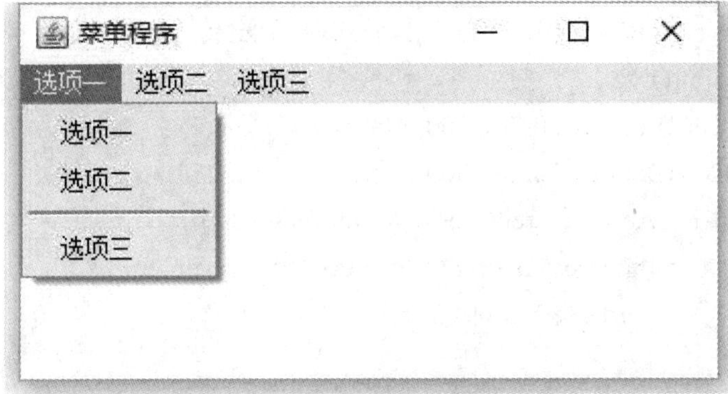

图 8-14　菜单示例

8.5.7 对话框

对话框类和 Frame 类本质都一样，都是 window 类的一个子类，但是对话框也有和 Frame 不同的地方。例如，对话框必须要依赖某个窗体或者某个部件，当其依赖的窗体或者部件消失后对话框也会消失，当其依赖的窗体或者部件出现后，对话框又会出现。对话框的创建过程和 Frame 类似，通过继承 Dialog 的一个子类来建立自定义对话框类。对话框的默认布局是 BorderLayout 布局方式。对话框做为一种顶层容器，也可以添加其他的 GUI 部件，实现与用户的交互。

对话框的常见方法包括：

（1）Dialog(Frame w，string s)：构建一个具有标题的对话框，最初对话框不可见，参数 w 是对话框的依托窗口，s 参数指定对话框的标题文字。

（2）Dialog(Frame w，String s，boolean x)：构建一个具有标题的对话框，最初对话框不可见，参数 w 是对话框的依托窗口，s 参数指定对话框的标题文字，x 参数指定对话框的工作模式，是否是模态对话框。模态对话框在显示时，用户必须回答，才能返回其他窗口。

（3）getTitle()：获取对话框的标题文字。

（4）setTitle(String w)：设置对话框的标题文字。

（5）setModal(Boolean b)：设置对话框的工作模式。

例 8-15　DialogTest.java　//对话框示例

```
import java.awt.BorderLayout;
import java.awt.Button;
import java.awt.Dialog;
import java.awt.Frame;
import java.awt.event.ActionEvent;
import java.awt.event.ActionListener;
public class DialogTest {
     Frame f = new Frame("测试");
     Dialog d1 = new Dialog(f, "模式对话框", true);
     Dialog d2 = new Dialog(f, "非模式对话框", false);
     Button b1 = new Button("打开模式对话框");
     Button b2 = new Button("打开非模式对话框");
public void init() {
          d1.setBounds(20, 30, 300, 400);
          d2.setBounds(20, 30, 300, 400);
          b1.addActionListener(new ActionListener() {
               public void actionPerformed(ActionEvent arg0) {
                    d1.setVisible(true);
               }
          });
```

```
            b2.addActionListener(new ActionListener() {
    public void actionPerformed(ActionEvent arg0) {
                    d2.setVisible(true);
                }
            });
            f.add(b1);
            f.add(b2, BorderLayout.SOUTH);
            f.pack();
            f.setVisible(true);
        }

        public static void main(String[] args) {
            new DialogTest().init();
        }

    }
```

对话框示例如图 8-15 所示。

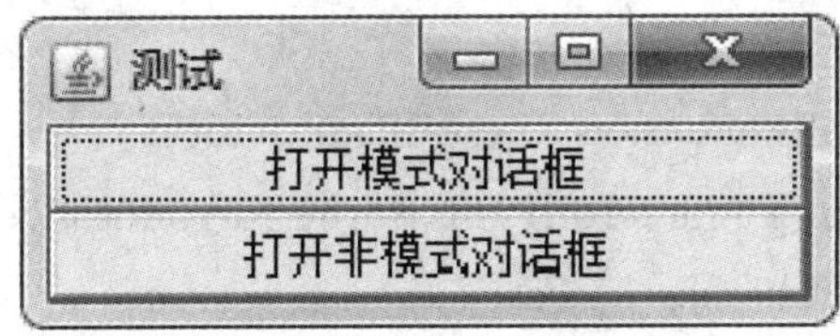

图 8-15　对话框示例

8.5.8　表格

在 Java 语言中，另一个图形组件包是 swing 包，swing 包的功能更加强大，其中的 JTable 类，可以将数据以表格的形式展现给用户。每一个表格都有行列两种属性，表格的每列代表数据的一种属性，例如，身高、体重等。表格的每一行则代表着一个实体，例如一个人。Jtable 的构造方法如下：

JTable（object[][] rowData，object[]columnnames）：构造一个 Jtable 来显示二维数组的值，其各列名字由 columnnames 参数确定，rowData 参数则决定了数据每行的数据内容。

例 8-16　TableTest.java　表格示例。

```
import javax.swing.*;
import javax.swing.table.*;
import java.awt.*;
import java.awt.event.*;
import java.util.*;
public class TableTest {
public TableTest (){
```

```
        JFrame f=new JFrame();
        Object[][] p={//加入对象到表格中
          {"小明",new Integer(66),new Integer(32)},
          {"小红",new Integer(82),new Integer(69)},
        };
        String[] n={"姓名","java","c++"};
        TableColumn column=null;
        JTable table=new JTable(p,n);
        table.setPreferredScrollableViewportSize(new Dimension(600,30));
        table.setAutoResizeMode(JTable.AUTO_RESIZE_SUBSEQUENT_COLUMNS);
        //利用 JTable 中的 getColumnModel()方法取得 TableColumnModel 对象;再利用 TableColumnModel 界面所定义的 getColumn()方法取 TableColumn 对象,利用此对象的 setPreferredWidth()方法就可以控制字段的宽度.
        for (int i=0;i<3;i++){
          column=table.getColumnModel().getColumn(i);
          if ((i%2)==0) column.setPreferredWidth(150);
          else column.setPreferredWidth(50);
        }
        JScrollPane scrollPane=new JScrollPane(table);
        f.getContentPane().add(scrollPane,BorderLayout.CENTER);
        f.setTitle("first Table");
        f.pack();
        f.setVisible(true);
    }
      public static void main(String[] args){
           new TableTest ();
    }
    }
```

表格示例如图 8-16 所示。

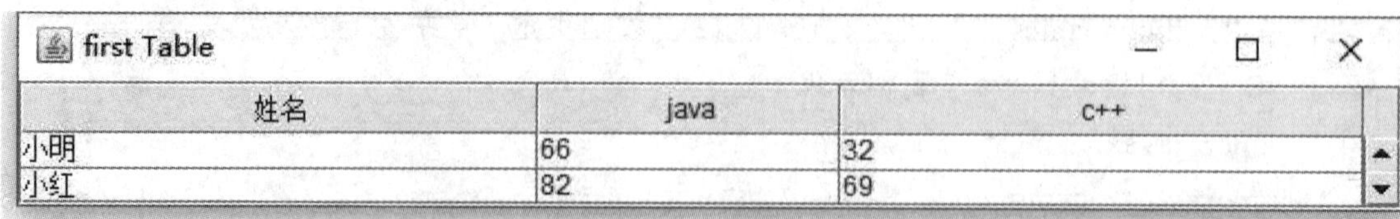

图 8-16　表格示例

8.6　综合实例

（1）基于 Java 语言提供的图形用户界面组件，实现一个简单的数据记录程序。

例 8-17　TableModelEvent_1.java

```
import java.awt.BorderLayout;
import java.awt.Container;
import java.awt.Point;
import java.awt.event.ActionEvent;
import java.awt.event.ActionListener;
import java.awt.event.InputEvent;
import java.awt.event.MouseAdapter;
import java.awt.event.MouseEvent;
import java.awt.event.WindowAdapter;
import java.awt.event.WindowEvent;
import java.util.Arrays;
import java.util.Vector;
import javax.swing.JButton;
import javax.swing.JFrame;
import javax.swing.JLabel;
import javax.swing.JOptionPane;
import javax.swing.JPanel;
import javax.swing.JScrollPane;
import javax.swing.JTable;
import javax.swing.JTextField;
import javax.swing.ListSelectionModel;
import javax.swing.event.TableModelEvent;
import javax.swing.event.TableModelListener;
import javax.swing.table.DefaultTableModel;
import javax.swing.table.JTableHeader;
import javax.swing.table.TableColumnModel;

/**
 * 表格模型事件示例
 */
public class TableModelEvent_1 extends JFrame {
    private static final long serialVersionUID = 100001L;
    public TableModelEvent_1() {
        // TODO Auto-generated constructor stub
        final Container container = getContentPane();
        Vector<String> tableColumnNames = new Vector<String>();
        tableColumnNames.add("A");
```

```
    tableColumnNames.add("B");
    Vector<Vector<String>> tableValues = new Vector<Vector<String>>();
    for (int i = 1; i < 5; i++) {
        Vector<String> vector = new Vector<String>();
        vector.add("A" + i);
        vector.add("B" + i);
        tableValues.add(vector);
    }
    final DefaultTableModel defaultTableModel = new DefaultTableModel (table
Values, tableColumnNames);
    final JTable table = new JTable(defaultTableModel);
    JScrollPane scrollPane = new JScrollPane();
    scrollPane.setViewportView(table);
    container.add(scrollPane, BorderLayout.CENTER);
    JPanel panel = new JPanel();
    container.add(panel, BorderLayout.SOUTH);
    JLabel labelA = new JLabel("A: ");
    final JTextField textFieldA = new JTextField(15);
    JLabel labelB = new JLabel("B: ");
    final JTextField textFieldB = new JTextField(15);
    JButton buttonAdd = new JButton("添加");
    JButton buttonDel = new JButton("删除");
    JButton buttonDeselected = new JButton("取消选择");
    panel.add(labelA);
    panel.add(textFieldA);
    panel.add(labelB);
    panel.add(textFieldB);
    panel.add(buttonAdd);
    panel.add(buttonDel);
    panel.add(buttonDeselected);
    buttonAdd.addActionListener(new ActionListener() {
        @Override
        public void actionPerformed(ActionEvent e) {
            // TODO Auto-generated method stub
            int[] selectedRows = table.getSelectedRows();
            // 默认情况容许多行选择
            Vector<String> rowData = new Vector<String>();
            rowData.add(textFieldA.getText());
```

```
                rowData.add(textFieldB.getText());
                if (selectedRows.length == 0) {
                    defaultTableModel.addRow(rowData);
                    textFieldA.setText(null);
                    textFieldB.setText(null);
                } else if (selectedRows.length == 1) {
            //System.out.println(selectedRows[0]);
                defaultTableModel.insertRow(selectedRows[0] + 1, rowData);
                    textFieldA.setText(null);
                    textFieldB.setText(null);
                } else {
                    JOptionPane.showMessageDialog(container, "Your operation is
forbidden", "Warning", JOptionPane.WARNING_MESSAGE);
                }
            }
        });
        buttonDel.addActionListener(new ActionListener() {
            @Override
            public void actionPerformed(ActionEvent e) {
                // TODO Auto-generated method stub
                int[]       selectedRows       =       table.getSelectedRows();
// 默认情况容许多行选择
                for (int i = 0; i < selectedRows.length; i++) {
            //System.out.println(selectedRows[i]);
              defaultTableModel.removeRow(selectedRows[i] - i);
                }
            }
        });
        buttonDeselected.addActionListener(new ActionListener() {       @Override
            public void actionPerformed(ActionEvent e) {
                // TODO Auto-generated method stub
                table.clearSelection();
            }
        });
        scrollPane.addMouseListener(new MouseAdapter() {
            @Override
            public void mouseClicked(MouseEvent e) {
        //System.out.println("here");
```

```
                        if (e.getClickCount() == 1
                                && e.getButton() == MouseEvent.BUTTON1) {
                            table.clearSelection();
                        }
                    }
                });
                addWindowFocusListener(new WindowAdapter() {
                    @Override
                    public void windowGainedFocus(WindowEvent e) {
                        // TODO Auto-generated method stub
                        textFieldA.requestFocus();
                    }
                });
                // row selection mode
        table.setSelectionMode(ListSelectionModel.MULTIPLE_INTERVAL_SELECTION);
        // column selection mode
        TableColumnModel tableColumnModel = table.getColumnModel();
        tableColumnModel.getSelectionModel().setSelectionMode(
        ListSelectionModel.MULTIPLE_INTERVAL_SELECTION);
        // allow the column selection (the row selection is allowed by default)
        table.setColumnSelectionAllowed(true);
                final JTableHeader tableHeader = table.getTableHeader();
                tableHeader.addMouseListener(new MouseAdapter() {
                    @Override
                    public void mouseClicked(MouseEvent e) {
                    if (e.getClickCount() == 1 && e.getButton() == MouseEvent. BUTTON1) {
                            // Point point = new Point(e.getX(), e.getY());
                        Point point = new Point(e.getPoint());
                        int columnNum = tableHeader.columnAtPoint(point);
                        // System.out.println(columnNum);
                      int[] selectedColumns = table.getSelectedColumns();
                       if (selectedColumns.length != 0) {
                  if (e.getModifiersEx() == (InputEvent.CTRL_DOWN_MASK)) {
                if (Arrays.binarySearch(selectedColumns, columnNum) >= 0) {table.remove
    ColumnSelectionInterval(columnNum, columnNum);
                } else {
    table.addColumnSelectionInterval(columnNum, columnNum);
                        }
```

```
            } else if (e.getModifiersEx() == (InputEvent.SHIFT_DOWN_MASK)) {
             // System.out.println("shift");
    table.setColumnSelectionInterval(    selectedColumns[0], columnNum);
                                    } else {
    table.setColumnSelectionInterval(columnNum,
                                                    columnNum);
                }
                } else {          // System.out.println("here2");
    table.setColumnSelectionInterval(columnNum, columnNum);
                        }
                        table.setRowSelectionInterval(0, table.getRowCount() - 1);
                    }
                }
            });
             defaultTableModel.addTableModelListener(new TableModelListener() {
                 @Override
                 public void tableChanged(TableModelEvent e) {
                     // TODO Auto-generated method stub
                     int type = e.getType();
                     int firstRow = e.getFirstRow();
                     int column = e.getColumn();
                     switch (type) {
                     case TableModelEvent.DELETE:
                         System.out.print("此次事件由 删除 行触发: ");
                         System.out.println("此次删除的是第 " + firstRow + " 行");
                         break;
                     case TableModelEvent.INSERT:
                         System.out.print("此次事件由 插入 行触发: ");
                         System.out.println("此次插入的是第 " + firstRow + " 行");
                         break;
                     case TableModelEvent.UPDATE:
                         System.out.print("此次事件由 更新 行触发: ");
                         System.out.println("此次更新的是第 " + firstRow + " 行第 " +
column + " 列");
                          break;
                     default:
                          System.out.println("此次事件由 其他原因 触发");
                      }
```

```
            }
        });
    }

    /**
     * @param args
     */
    public static void main(String[] args) {
        // TODO Auto-generated method stub
        TableModelEvent_1 frame = new TableModelEvent_1();
        frame.setTitle("表格模型事件示例");
        frame.pack(); //Realize the components.
//      frame.setBounds(100, 100, 600, 300);
//      textFieldA.requestFocus();
        frame.setDefaultCloseOperation(JFrame.EXIT_ON_CLOSE);
        frame.setVisible(true); //Display the window.
    }
}
```

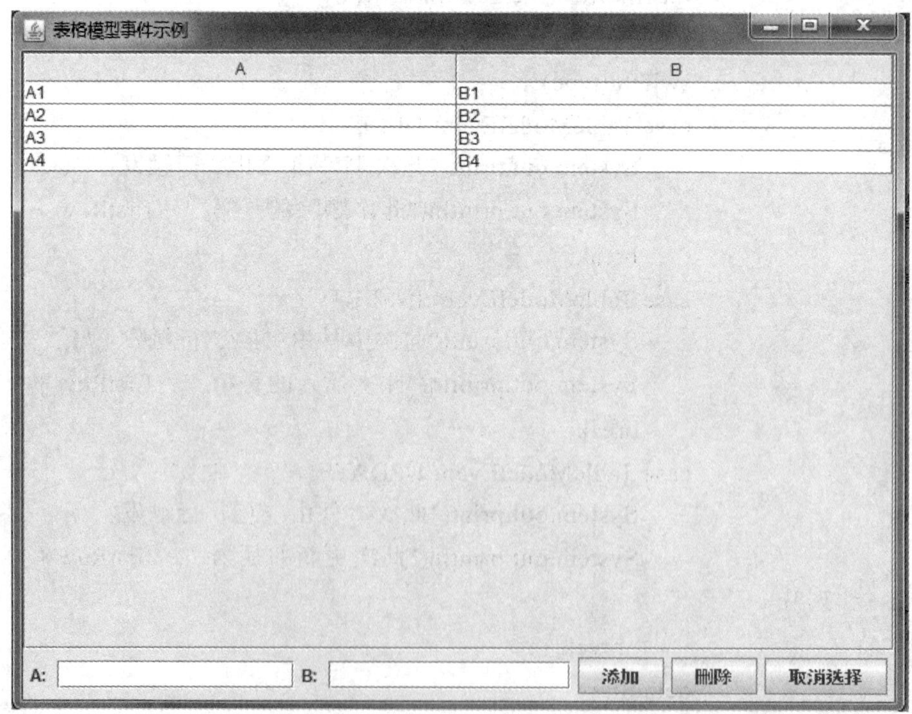

图 8-17　综合示例 1

（2）编写一个图形界面的计算器软件，实现加减乘除的基本功能。

例 8-18　JiSuanJi.java

```
import java.awt.BorderLayout;
import java.awt.GridLayout;
import java.awt.TextField;
import java.awt.event.ActionEvent;
import java.awt.event.ActionListener;
import javax.swing.JButton;
import javax.swing.JFrame;
import javax.swing.JPanel;
import java.awt.Color;
public class JiSuanJi {
  private JFrame frame;   //声明相关布局面板
  private JPanel panelwest;
  private JPanel panelcenter;
  private JPanel paneleast;
  private TextField tf;
  private JButton buttonzero; //声明按钮控件
  private JButton buttondot;
  private JButton buttonequal;
  private JButton buttonplus,buttonminus,buttonmultiple,
              buttondevision,buttonsin,buttontozero;
  private JButton buttonone,buttontwo,buttonthree,buttonfour,
  buttonfive,buttonsix,buttonseven,buttoneight,buttonnine;

  private ButtonListener listener;                //声明监听事件
  public static void main(String args[]){
    new JiSuanJi();
  }

  public JiSuanJi(){
    initView();                           //实例化相关对象
    setCenter();                          //布局添加控件及相关控件处理
    setWest();
    setEast();
    addListener();                        //设置监听
    setFrame();                           //对 frame 设置布局及显示处理
  }
```

```
class ButtonListener implements ActionListener{
   int biaozhi=0;                              //初始化相关变量
   double flag1=0,flag2=0,flag3=0;
   //@Override
   public void actionPerformed(ActionEvent e){
      //(1)通过 e.getSource，获取点击事件的按钮来源，作出相应处理
      if(e.getSource()==buttondot){
         tf.setText("0.");
      }
      if(e.getSource()==buttontozero){
         tf.setText("");
      }
      if(e.getSource()==buttonzero){
         tf.setText(tf.getText()+"0");
         flag1=Double.parseDouble(tf.getText());
      }
      else if(e.getSource()==buttonone){
         tf.setText(tf.getText()+"1");//文本框显示 1、2、3。。。
         flag1=Double.parseDouble(tf.getText());
      }
      else if(e.getSource()==buttontwo){
         tf.setText(tf.getText()+"2");
         flag1=Double.parseDouble(tf.getText());
      }
      else if(e.getSource()==buttonthree){
         tf.setText(tf.getText()+"3");
         flag1=Double.parseDouble(tf.getText());
      }
      else if(e.getSource()==buttonfour){
         tf.setText(tf.getText()+"4");
         flag1=Double.parseDouble(tf.getText());
      }
      else if(e.getSource()==buttonfive){
         tf.setText(tf.getText()+"5");
         flag1=Double.parseDouble(tf.getText());
      }
```

```
else if(e.getSource()==buttonsix){
   tf.setText(tf.getText()+"6");
   flag1=Double.parseDouble(tf.getText());
}
else if(e.getSource()==buttonseven){
   tf.setText(tf.getText()+"7");
   flag1=Double.parseDouble(tf.getText());
}
else if(e.getSource()==buttoneight){
   tf.setText(tf.getText()+"8");
   flag1=Double.parseDouble(tf.getText());
}
else if(e.getSource()==buttonnine){
   tf.setText(tf.getText()+"9");
   flag1=Double.parseDouble(tf.getText());
}
if(e.getSource()==buttonplus){
   tf.setText("");
   flag2=flag1;
   biaozhi=0;
}
if(e.getSource()==buttonminus){
   tf.setText("");
   flag2=flag1;
   biaozhi=1;
}
if(e.getSource()==buttonmultiple){
   tf.setText("");
   flag2=flag1;
   biaozhi=2;
}
if(e.getSource()==buttondevision){
   tf.setText("");
   flag2=flag1;
   biaozhi=3;
}
if(e.getSource()==buttonsin){
   flag3=Math.sin(flag1);
```

```
            tf.setText(flag3+"");
        }
        if(e.getSource()==buttonequal){
            if(biaozhi==0){
                flag3=flag2+flag1;
            }
            if(biaozhi==1){
                flag3=flag2-flag1;
            }
            if(biaozhi==2){
                flag3=flag2*flag1;
            }
            if(biaozhi==3){
                flag3=flag2/flag1;
            }
            tf.setText(flag3+"");
        }
    }
}

private void initView(){
    /**
     * 创建框架、小容器对象、按钮对象
     */
    tf = new TextField(30);//初始化界面宽度
    frame = new JFrame("简易计算机");
    panelcenter = new JPanel();
    panelwest = new JPanel();
    paneleast = new JPanel();
    listener = new ButtonListener(); //实例化监听对象
}

private void setCenter(){
    //(1)初始化控件显示值
    buttonone=new JButton("1");
    buttontwo=new JButton("2");
    buttonthree=new JButton("3");
    buttonfour=new JButton("4");
```

```
    buttonfive=new JButton("5");
    buttonsix=new JButton("6");
    buttonseven=new JButton("7");
    buttoneight=new JButton("8");
    buttonnine=new JButton("9");
    //(2)设置布局样式
    panelcenter.setLayout(new GridLayout(3,3));//根据内容多少来布局
    //(3)中央布局添加控件按钮
    panelcenter.add(buttonone);
    panelcenter.add(buttontwo);
    panelcenter.add(buttonthree);
    panelcenter.add(buttonfour);
    panelcenter.add(buttonfive);
    panelcenter.add(buttonsix);
    panelcenter.add(buttonseven);
    panelcenter.add(buttoneight);
    panelcenter.add(buttonnine);
}

private void setEast(){
    //(1)设置控件显示符号
    buttonplus=new JButton("+");
    buttonminus=new JButton("-");
    buttonmultiple=new JButton("*");
    buttondevision=new JButton("/");
    buttonsin=new JButton("sin");
    buttontozero=new JButton("清除");
    //(2)设置布局样式
    paneleast.setLayout(new GridLayout(3,2));
    //(3)右布局添加相应按钮控件
    paneleast.add(buttonplus);
    paneleast.add(buttonminus);
    paneleast.add(buttonmultiple);
    paneleast.add(buttondevision);
    paneleast.add(buttonsin);
    paneleast.add(buttontozero);
}
```

```
private void setWest(){
    //(1)初始化控件显示值
    buttonzero=new JButton("0");
    buttondot=new JButton(".");
    buttonequal = new JButton("=");
    //(2)对这三个按钮设置布局
    panelwest.setLayout(new GridLayout(3,1));
    //(3)左边布局添加按钮控件,将三个按钮添加入布局
    panelwest.add(buttonzero);
    panelwest.add(buttondot);
    panelwest.add(buttonequal);
}

private void addListener(){
    //(1)对 1 ~ 9 对应的按钮添加监听
    buttonone.addActionListener(listener);
    buttontwo.addActionListener(listener);
    buttonthree.addActionListener(listener);
    buttonfour.addActionListener(listener);
    buttonfive.addActionListener(listener);
    buttonsix.addActionListener(listener);
    buttonseven.addActionListener(listener);
    buttoneight.addActionListener(listener);
    buttonnine.addActionListener(listener);
    //(2)对运算符对应的按钮添加监听
    buttonplus.addActionListener(listener);
    buttonminus.addActionListener(listener);
    buttonmultiple.addActionListener(listener);
    buttondevision.addActionListener(listener);
    buttonsin.addActionListener(listener);
    buttontozero.addActionListener(listener);
    //(3)对其与的符号对应的按钮监听
    buttonzero.addActionListener(listener);
    buttondot.addActionListener(listener);
    buttonequal.addActionListener(listener);
}

private void setFrame(){
```

```
        frame.setLayout(new BorderLayout());
        //将准备的不同方位的内容加入大框架
        frame.add(paneleast,"East");
        frame.add(tf,BorderLayout.NORTH);
        frame.add(panelwest,BorderLayout.WEST);
        frame.add(panelcenter,BorderLayout.CENTER);
        //设置颜色
        tf.setBackground(Color.green);
        frame.pack();
        //将框架展开
        frame.setLocation(500,500);
        //程序框架在屏幕的位置
        frame.setDefaultCloseOperation(JFrame.EXIT_ON_CLOSE);
        //退出进程，不加此句，关闭页面但程序进程仍在后台运行
        frame.setVisible(true);
        //图形界面默认都是不可见的，setVisible 是把图形界面设置为可见
    }
}
```

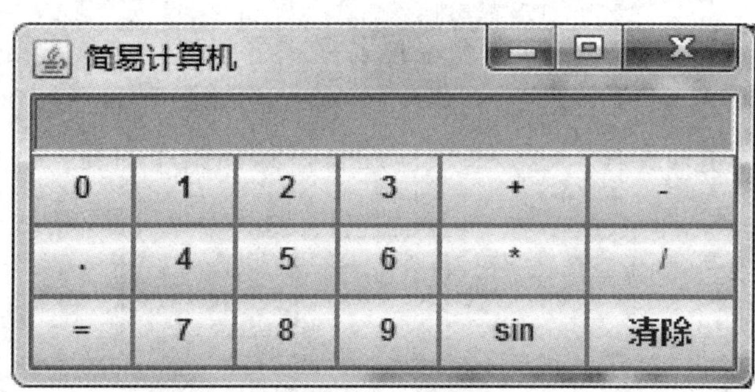

图 8-18　计算器示例

8.7　习　题

（1）编程包含一个单选按钮组和一个普通按钮的窗口，单选按钮组中包含三个单选，文本说明分别为“普通”、“黑体”和“斜体”。选择文本标签为“普通”的单选按钮时，普通按钮中的文字为普通字体，选择文本标签为“黑体”的单选按钮时，普通按钮中文字的字体为黑体，选择文本标签为“斜体”的单选按钮时，普通按钮中文字的字体为斜体。

（2）编程包含一个列表和一个按钮的窗口，列表中有 10、14、18 三个选项。选择 10 时，按钮中文字的字号为 10，选择 14 时，按钮中文字的字号为 14，选择 18 时，按钮中文字的字号为 18。

第 9 章　数据库编程

9.1　JDBC 的概述

JDBC 是 Java 数据库连接（Java Data Base Connectivity）的简称，也是一种用 Java 语言实现的数据库接口技术。在 Java 程序中，采用 JDBC 技术来连接访问数据库。JDBC 是 Java 程序访问数据库的一套标准，它向开发者提供了统一的操作数据库的功能，使 Java 应用程序可以用统一的方式来使用数据库。

由于 JDBC 在内部屏蔽了多种数据库在使用上的不同，这样可以使 Java 编写的程序不会依赖某一种具体的数据库。无论在哪种平台上运行，要访问哪种数据库，Java 程序都只需要编写一遍程序，就可以使其在任何数据库平台上执行，仅仅只需更改数据库连接字符串即可。

9.2　JDBC 数据连接

JDBC 数据连接，就是让 Java 应用程序和数据库之间建立连接。Java 应用程序可通过调用 JDBC API 所提供的类和接口方法，利用标准的 SQL 语句对当前连接的数据库进行查询、插入、删除、更新等一系列操作，进而实现应用程序和数据库的交互信息。

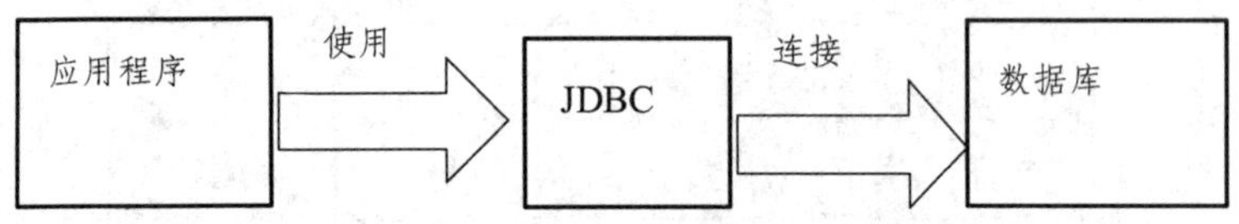

图 9-1　使用 JDBC 操作数据库

Java.sql 包中包含了能连接到数据库的类，其中提供的主要类有：

DriverManager 类：JDBC 的管理器，负责管理 JDBC 的驱动程序，用于处理驱动程序的调入；

Driver 接口：每个驱动程序都要提供实现 Drive 接口的类，通常只有 DriverManager 类使用；

Connection 接口：负责维护 Java 程序与待定数据库的连接，提供创建语句以及管理连接及其属性的方法；

Statement 接口：将 SQL 命令传递给数据库，用于 SQL 语句的执行并返回数据库执行结果。

Resultset 接口：处理执行 SQL 语句产生的查询结果表。

其中 DriverManager 类和 Driver 接口主要用于完成 JDBC 与数据库的成功连接。调用 DriverManager.getConnection 是 JDBC 与数据库建立连接的最常用方法。其中 Drivermanger. getConnection(String url,String user，String password)是利用指定的数据库 URL、用户名、用户

密码与其建立一个连接，进而使 DriverManager 从注册的 JDBC 驱动程序中选择出 URL 所代表的数据库的驱动程序进行连接。

JDBC URL 是提供识别数据库的途径的字符串。URL 由<协议>：<子协议>：<子名>三部分组成。JDBC URL 中，协议总是 jdbc，子协议由数据库连通机制的名字决定，子名则是数据库确定。

如：打开一个位于 URL“jdbc：odbc：mydatasource”的数据库的连接

mydatasource 是数据源的名称，用户标识符为"user"，口令为"password"

```
String url=” jdbc：odbc：mydatasource”；//指定 url
Connection   con=DriverManager.getConnection(url, "user"，"password")；//建立和数据库
                                                                    的连接
```

通过调用 DriverManager.registerDriver 可以对新加载的 Driver 类进行自我注册。但通常情况下，用户不会直接调用 DriverManager.registerDriver 来对 Driver 类进行注册，而是在加载驱动程序时由驱动程序自动调用。加载 Driver 类，可通过调用 Class.forName 的方法自动在 DriverManager 中对 Driver 类进行注册。

如：注册 MySQL 的 JDBC Driver

```
String driver =” com.mysql.jdbc.Driver”；//指定驱动程序
Class c1=Class.forName(driver)；//安装数据库驱动程序
```

例 9-1　SetConnect.java 与数据库建立连接

```
package jdbc;//导入 Eclipse Java Neon 软件编程所需的包名
import java.sql.Connection；//导入数据库编程所需的类
import java.sql.DriverManager;
public class SetConnect{
    public static void main(String[] args) {
        Connection conn = null;
        try {
            // 加载数据库驱动类
            Class.forName("com.mysql.jdbc.Driver").newInstance();
            //数据库连接 URL，//localhost:3306/liumin 是数据源名称
            String url ="jdbc:mysql://localhost:3306/liumin";
            // 数据库用户名
            String user = "root";
            // 数据库密码
            String password = "666666";
            // 根据数据库参数取得一个数据库连接
            conn = DriverManager.getConnection(url, user, password);
            System.out.println("数据库连接成功");
        } catch (Exception ex) {
            System.out.println("连接错误"+ex.getMessage());
```

```
                ex.printStackTrace();
            }
        }
    }
```

程序运行结果：

数据库连接成功

9.3 数据库的操作

数据库的操作主要通过 Connection 接口、Statement 接口和 DatabaseMetalData 接口来实现。其中 Connection 接口和 Statement 接口负责对数据库进行管理，给数据库发送和执行 SQL 语句，并返回执行结果。DatabaseMetalData 接口能够获取大量所连接的数据库的元信息。

Connection 接口负责维护 Java 程序和数据库的连接，执行 SQL 语句，返回执行结果。Connection 接口由驱动程序实现，接口实现后，就可以像类一样用来定义对象。在 Java 编写中，用户可以直接定义 Connection 接口。

如：Connection conn = null;

conn = DriverManager.getConnection(url, user, password);

Connection 接口的常用成员方法有：

Statement creatStatement（ ）：创建 Statement 对象，给数据库发送 SQL 语句

DatabaseMetalData getMetaData()：获取大量所连接的数据库的元信息

Statement 接口负责将 SQL 命令传递给数据库，并返回执行结果。Statement 由 Connection 接口的成员方法 createStatement 所创建。Statement 对象用于发送简单的 SQL 语句。如：Statement stat = conn.createStatement();

Statement 接口的常用方法有：

ResultSet executeQuery( )：对数据库执行查询操作，并返回一个结果集为 ResultSet 的对象。

boolean execute(String sql)：执行可以返回多个结果集的 SQL 语句。

Boolean executeUpdate(String sql)：对数据库执行插入、更新、删除操作。

这三种成员方法也是 Statement 接口提供的三种执行 SQL 语句的方法。

DatabaseMetalData 接口能够获取大量所连接的数据库的元信息。

DatabaseMetalData 接口的常用方法有：

String gedatabaseProductName()：返回数据库名称。

String getDriveName()：返回驱动程序名称。

String getURL()：返回连接的数据库。

String getUserName()：返回数据库的登录用户名。

9.3.1 SQL 语句

SQL 结构化查询语言是访问关系数据库的标准语言。功能不仅仅只是查询，而且能够完成数据查询、数据操纵、数据定义和数据控制等功能的一种语言。SQL 语句具有综合统一、

高度非过程化、面向集合的操作方式、用同一种语法结构提供多种使用方法、语言简单等特点。

SQL 语句的数据查询功能通过 SELECT 语句实现，包括单表查询、连接查询、嵌套查询、集合查询等。

SQL 语句的数据操纵功能包括 INSERT 语句完成的数据插入、UPDATE 语句完成的数据删除、UPDATE 语句完成的数据更改等。

SQL 语句的数据定义功能包括模式（SCHEMA）定义、表（TABLE）定义、视图（VIEW）定义等，操作方式有创建（CREATE）、删除（DROP）、修改（ALTER）。其中不提供修改模式定义和修改视图定义的操作。

模式定义的 SQL 语句为：

CREATE SCHEMA 模式名 AUTHORIZATION 用户名

基本表定义的 SQL 语句为：

CREATE TABLE 表名（列名 1 数据类型，列名 2 数据类型.......）

如：创建一个名为 student 的基本表。

```
create table student(sno int(20),sname char(10),sex char(10),sage int(10));
```

9.3.2 数据查询

JDBC 和指定的数据库建立连接后，就可以查询数据库中的信息。首先要应用 Statement 声明一个 SQL 语句对象，而后让已建立的连接对象调用 createStatement()方法创建声明的 SQL 语句对象。创建 SQL 对象成功后，就可以用该对象调用相应的方法实现对数据库中的表进行查询和修改。若查询成功，则会将结果存放在一个由 ResultSet 声明的对象中。

SQL 提供了 SELECT 语句完成对数据的查询，SELECT 的一般语法格式是:

SELECT [ALL|DISTINCT]<目标列表达式><，目标列表达式>...

FROM<表名或视图名> [,<表名或视图名>...]

[WHERE<条件表达式>]

注：SELECT * FORM 表名，表示查询表的全部列

如：try

```
        {String SQL="SELECT *FROM liumin";
         Statement sql=con.createStatement();
         ResultSet rs=sql.executeQuery(SQL);}
      Catch（SQLException e）{ }
```

在数据库中建立一个名为 student 的表，如图 9-2 所示。

```
create table student(sno int(20),sname char(10),sex char(10),sage int(10));
```

	sno	sname	sex	sage
▶	141010301	李勇	男	20
	141010302	刘晨	男	19
	141010303	王敏	女	19
	141010304	张林	男	18

图 9-2 student 表结构

例 9-2　SelectTest.java 查询数据库。

```
package jdbc;
import java.sql.*;
public class SelectTest {
public static void main(String[] args) {
   String url ="jdbc:mysql://localhost:3306/liumin";
   String SQL="SELECT *FROM liumin";//定义 SQL 语句为查询来自表 liumin 的所有
数据
      try{
           Class.forName("com.mysql.jdbc.Driver");//加载数据库驱动类
      }
      catch(Exception e){
           System.out.println("连接错误"+e.getMessage());
           }
        try{
                Connection con =
                DriverManager.getConnection(url,"root","666666");
          //与数据库建立连接
                Statement sql=con.createStatement();
           //声明一个 SQL 语句对象 sql
                ResultSet rs=sql.executeQuery(SQL);
                while(rs.next()){
                 int w1=rs.getInt("id");
                 String w2=rs.getString("name1");
                 String w3=rs.getString("sex");
                 int w4=rs.getInt("phone");
                 System.out.println(w1+","+w2+","+w3+","+w4);
           }
       }catch(SQLException w){
            System.out.println(w.getMessage());
       }
      }
  }
```

程序成功运行结果如图 9-3 所示，由运行结果可知，完成了对数据库中的信息进行查询的功能。

```
141010301,李勇,男,20
141010302,刘晨,男,19
141010303,王敏,女,19
141010304,张林,男,18
```

图 9-3　查询数据库结果

9.3.3　数据插入

SQL 提供了 INSERT 语句来完成对数据的插入。

INSERT 的一般的语法格式是:

INSERT INTO 表名 VALUES (属性列 1,属性列 2...)

如：将一个新的学生元组（学号 sno 为 141010305，姓名 sname 为唐丽瑶，性别 sex 为女，年龄 sage 为 18 岁）插入到 student 表中。

```
INSERT
INTO student (sno,sname,sex,sage)
VALUES(141010305,'唐丽瑶','女',18);
```

例 9-3　InsertTest.java 向表中插入数据

```
package jdbc;
import java.sql.*;
public class InsertTest {
	public static void main(String[] args) {
		Connection conn = null;
		Statement stat = null;
		try {
		// 加载数据库驱动类
		Class.forName("com.mysql.jdbc.Driver").newInstance();
		// 数据库连接 URL
		String url ="jdbc:mysql://localhost:3306/liumin";
		// 数据库用户名
		String user = "root";
		// 数据库密码
		String password = "666666";
		// 根据数据库参数取得一个数据库连接
		conn = DriverManager.getConnection(url, user, password);
		stat = conn.createStatement();
		String SQL = "insert into student(sno,sname,sex,sage)
		values (141010305,'唐丽瑶','女',18)";
		//定义收 SQL 语句为插入新记录的语法
		if (stat.executeUpdate(SQL) == 1)
```

```
                    System.out.print("数据插入操作成功！ ");
            else
                    System.out.print("数据插入操作失败！ ");
            if (stat != null) {
                    stat.close();
                }
            if (conn != null) {
                    conn.close();
                }
            } catch (Exception ex) {
                ex.printStackTrace();
            }
            try{
                Connection con =
DriverManager.getConnection("jdbc:mysql://localhost:3306/liumin","root","666666");
            Statement sql=con.createStatement();
        //调用 createStatement（ ）创建 SQL 语句对象 sql，
            ResultSet rs=sql.executeQuery("SELECT*FROM student");
        //ResultSet 接口处理执行 SQL 语句产生的查询结果
                while(rs.next()){
                    int w1=rs.getInt("sno");
                    String w2=rs.getString("sname");
                    String w3=rs.getString("sex");
                    int w4=rs.getInt("sage");
                    System.out.println(w1+","+w2+","+w3+","+w4);
                }
            }catch(SQLException w){
                System.out.println(w.getMessage());
            }
        }
    }
```

程序成功运行结果如图 9-4 所示，由运行结果可知，已成功将一个新的学生元组（学号 sno 为 141010305，姓名 sname 为唐丽瑶，性别 sex 为女，年龄 sage 为 18 岁）插入到 student 表中。

```
数据插入操作成功！141010301，李男，男，20
141010302，刘晨，男，19
141010303，王敏，女，19
141010304，张林，男，18
141010305，唐丽瑶，女，18
```

图 9-4　插入数据库

9.3.4 数据删除

SQL 提供了 DELETE 语句完成对数据的删除。

DELETE 的一般的语法格式是：

UPDATE FROM 表名 WHERE 条件;

如：将学生名为李勇的学生记录删除。

delete from student WHERE sname='李勇

例 9-4 DeleteTest.java 删除数据。

```
package jdbc;
import java.sql.*;
public class DeleteTest {
      public static void main(String[] args) {
            Connection conn = null;
            Statement stat = null;
            try {
                  // 加载数据库驱动类
      Class.forName("com.mysql.jdbc.Driver").newInstance();
                  // 数据库连接 URL
                  String url ="jdbc:mysql://localhost:3306/liumin";
                  // 数据库用户名
                  String user = "root";
                  // 数据库密码
                  String password = "666666";
                  // 根据数据库参数取得一个数据库连接
            conn = DriverManager.getConnection(url, user, password);
                  stat = conn.createStatement();
            String sql = "delete from student WHERE sname='李勇'";
            //定义 SQL 语句为删除学生名为李勇的学生记录的语法
                  if (stat.executeUpdate(sql) == 1)
                        System.out.print("数据删除操作成功！");
                  else
                        System.out.print("数据删除操作失败！");
                  if (stat != null) {
                        stat.close();
                  }
                  if (conn != null) {
                        conn.close();
                  }
```

```
            } catch (Exception ex) {
                ex.printStackTrace();
            }
            try{
                Connection con =
    DriverManager.getConnection("jdbc:mysql://localhost:3306/liumin","root","666666");
                 Statement wx=con.createStatement();
            ResultSet rs=wx.executeQuery("SELECT*FROM student");
                 while(rs.next()){
                     int w1=rs.getInt("sno");
                     String w2=rs.getString("sname");
                     String w3=rs.getString("sex");
                     int w4=rs.getInt("sage");
                     System.out.println(w1+","+w2+","+w3+","+w4);
                 }
             }catch(SQLException w){
                 System.out.println(w.getMessage());
             }
        }
    }
```

程序成功运行结果如图 9-5 所示，由运行结果可知，已成功将学生名为李勇的学生记录删除。

数据删除操作成功！141010302，刘晨，男，19
141010303，王敏，女，19
141010304，张林，男，18
141010305，唐丽瑶，女，18

图 9-5　数据删除

9.3.5　数据更改

SQL 提供了 UPDATE 语句完成对数据的更改。

UPDATE 的一般的语法格式是：

UPDATE　表名　SET　列名=表达式，列名=表达式...WHERE　条件

如：将学生王敏的年龄改为 20 岁。

```
update student
set sage='20'
where sname='王敏'
```

例 9-5　UpdateTest.java 更改数据。

```
package jdbc;
```

```
import java.sql.Connection;
public class UpdateTest {
    public static void main(String[] args) {
        Connection conn = null;
        Statement stat = null;
        try {
            // 加载数据库驱动类
    Class.forName("com.mysql.jdbc.Driver").newInstance();
            // 数据库连接 URL
            String url ="jdbc:mysql://localhost:3306/liumin";
            // 数据库用户名
            String user = "root";
            // 数据库密码
            String password = "666666";
            // 根据数据库参数取得一个数据库连接
        conn = DriverManager.getConnection(url, user, password);
            stat = conn.createStatement();
            String sql = "update student set sage='20' where sname='王敏'";//定义收
SQL 语句为更改学生记录的语法
            if (stat.executeUpdate(sql) == 1)
                System.out.print("数据更改操作成功！ ");
            else
                System.out.print("数据更改操作失败！ ");
            if (stat != null) {
                stat.close();
            }
            if (conn != null) {
                conn.close();
            }
        } catch (Exception ex) {
            ex.printStackTrace();
        }
        try{
            Connection con =
  DriverManager.getConnection("jdbc:mysql://localhost:3306/liumin","root","666666");
            Statement wx=con.createStatement();
        ResultSet rs=wx.executeQuery("SELECT*FROM student");
             while(rs.next()){
```

```
                int w1=rs.getInt("sno");
                String w2=rs.getString("sname");
                String w3=rs.getString("sex");
                int w4=rs.getInt("sage");
                System.out.println(w1+","+w2+","+w3+","+w4);
            }
        }catch(SQLException w){
            System.out.println(w.getMessage());
        }
    }
}
```

程序成功运行结果如图 9-6 所示，由运行结果可知，已成功将学生王敏的年龄改为了 20 岁。

```
数据更改操作成功！141010302，刘晨，男，19
141010303，王敏，女，20
141010304，张林，男，18
141010305，唐丽瑶，女，18
```

图 9-6　数据更改

9.4　习　题

（1）请简述在 Java 中基于 JDBC 方式访问数据库的操作过程。

（2）请简述 JDBC 中各类的名称作用。

（3）有以下结构数据库表 SensorData，请编写程序实现：

① 插入数据时间=“2017-9-30”，数值=35.4，编号=0125。

② 删除 2017 年的数据。

③ 查询显示 2016 年 12 月的数据。

表 SensorData 如下表。

时间	数据值	编号
2016-6-15	25.4	0124
2017-4-3	35.1	0123
2015-1-1	25.1	0122
2014-1-2	36.4	0121

第 10 章　多线程

随着人们对计算机处理能力的需求不断提高，硬件的性能也不断提高，于是 CPU 从单核发展到多核，硬件的性能要得到更好地利用，还必须要有软件的支持。于是就引入了多线程的概念。单线程的 Java 程序从编写源文件到执行结束的过程，如图 10-1、图 10-2 所示。

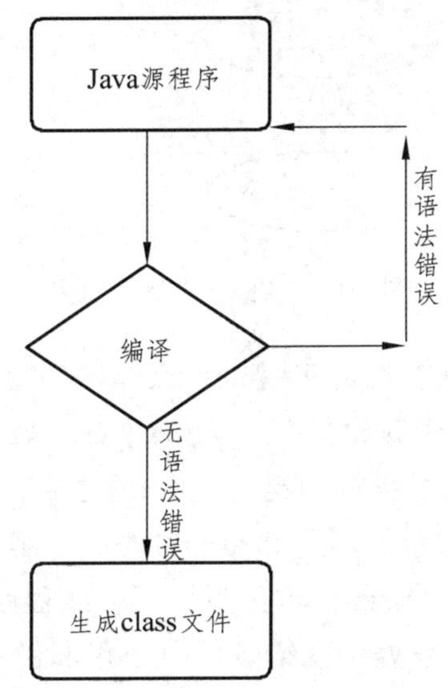

图 10-1　Java 程序的编译过程

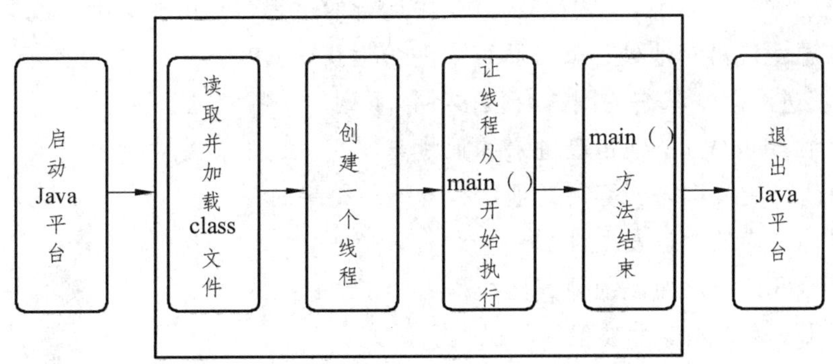

图 10-2　Java 程序的执行过程

10.1　线程的状态

线程是进程中某个单一顺序的控制流，是操作系统能够进行 CPU 调度的最小单位，线程是进程中的实际程序运行单位。在 Java 语言中，线程可能处于五种状态之一，它们分别为：

新建状态、就绪状态、运行状态、阻塞状态、消亡状态。也就是说，线程从被创建到消亡，始终处于这五个状态之中，下面就具体介绍一下这五种状态及其之间的转换。线程五种状态的转换示意图如图 10-3 所示。

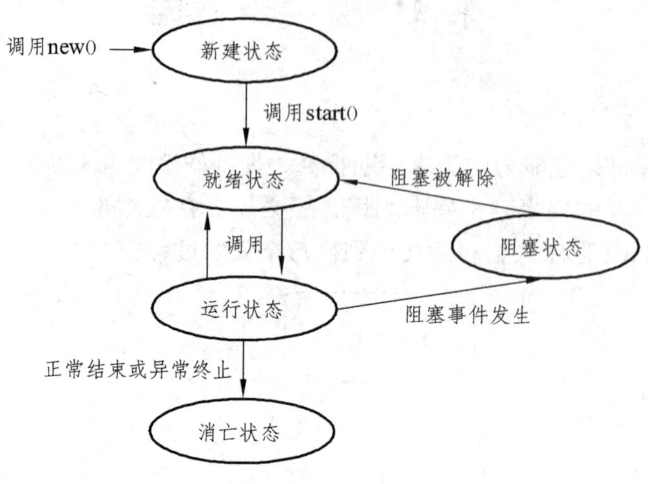

图 10-3　线程的状态迁移

（1）新建状态(New)：新建状态是指使用 new 操作符创建了一个线程，程序还没有开始运行线程中的代码，此时线程就处于新建状态。例如：new Thread(t)。

（2）就绪状态(Runnable)：当线程被创建后，并不能立刻自发的运行，要使线程运行起来，还必须调用线程的 start()方法来启动线程。start()方法的作用就是分配线程运行环境的系统资源，并调度线程运行 run()方法，当 start()方法返回后，线程就处于就绪状态。

（3）运行状态(Running)：线程处于就绪队列中，并未获得 CPU 资源，当线程获得 CPU 资源后才开始执行 run()方法中的代码。此时线程就处于运行状态。

（4）阻塞状态(Blocked)：当线程在 CPU 中运行的过程时，可能会因其他原因而迫使该线程让出 CPU 资源，使得其他处于就绪队列中的线程获得 CPU 资源而进入运行状态。

通常使线程进入阻塞状态的因素有很多，以下列出一些常见的因素：

① 线程调用 sleep()方法使自己进入休眠状态。

② 当正在运行的线程需要等待其他线程的运行结果时。

③ 线程需要等待某个触发条件。

④ 线程试图得到锁，而该锁被其他线程占用了。

⑤ 线程调用一个在 I/O 上被阻塞的操作。

（5）消亡状态(Dead)：当线程正常执行完或者因其他原因而异常终止时该线程就处于消亡状态。

运行状态到就绪状态之间的转换在特定条件下是可以相互转化的，比如在线程运行时，其所分配的时间片耗尽了，该线程就会从运行状态转为就绪状态。还有一种情况就是在线程运行过程中调用了 yield()方法，此时线程主动放弃本次执行，让出 CPU 资源。此时，线程进入就绪状态，随时可能再次得到 CPU 资源开始继续执行。

阻塞状态到就绪状态之间的转换是单向的，在阻塞的线程被解除阻塞后，就会进入就绪状态，等待被调度执行。比如在线程调用了 sleep()方法后，进入阻塞状态，当线程睡眠时间超出 sleep()方法中所设定的时间，线程就会苏醒，也就是解除阻塞，进入就绪状态，等待被调度执行。

10.2 线程的建立

要实现线程，首先需要创建线程对象，在 Java 中可以使用两种方法来创建线程。他们分别是：① 继承 Thread 类，重写 Thread 类的 run()方法；② 实现 Runnable 接口，实例化 Thread 类。下面就分别讨论这两种创建线程的方法。

10.2.1 Thread 类

Thread 类是 Java 中实现多线程的类，Thread 类中的 run()方法实现了线程的执行代码，通过继承 Thread 类并重写 run()方法可以实现一个线程。调用线程对象的 start()方法后，系统创建线程并启动线程进入调度，当系统将线程置于运行状态后，JVM 会自动调用 run()方法来执行线程。Thread 类是在 Java.lang 包中实现的，该包是默认载入的，所以不需要导入。

例 10-1 ThreadTest1.java 通过继承 Thread 类实现多线程。

```
class ThreadTest1 extends Thread{              //继承 Thread 类
    public void run(){                         //重写 run 方法
    for(int i = 0;    i < 100;    i++)
    System.out.println(Thread.currentThread().getName()+""+i);
    }
}
//main
public class ThreadTest1{
    public static void main(String args[]){
    ThreadTest1 t1 = new ThreadTest1 ();              //new 一个新线程
    ThreadTest1 t2 = new ThreadTest1 ();
    t1.start();                                //调用 start 方法启动线程
    t2.start();
    for(int j = 0; j < 100; j++)               //主线程部分
    System.out.println("Main------>"+j);
    }
}
```

程序执行结果:

```
Main------>0
Main------>1
Main------>2
```

Thread-10

Thread-00

Thread-11

Main------>3

Thread-12

Thread-01

Thread-13

Main------>4

……

从例 10-1 程序执行结果可见，代码通过继承 Thread 类实现了多线程。倒数第 5 行为什么不用 t1.run()，而要使用 t1.start()，二者的执行路径如图 10-4 所示。这里需要注意的是 run()是方法调用，在主方法中相当于一个子句，只有当执行完了才会执行下面的后续语句，而 start()是启动线程。

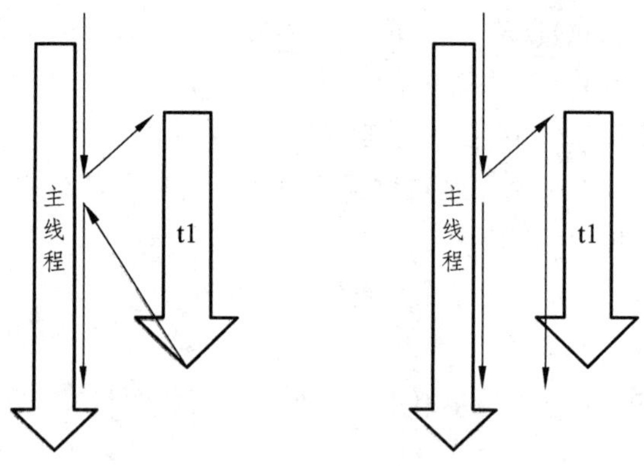

（a）使用 tl.run()只有一条路径　　（b）使用 tl.start()有两条路径

图 10-4　run 方法与 start 方法比较

图中描述的是：当使用 t1.run()时，相当于一个方法调用，此时，只有当 t1 的任务执行完后返回，才能继续向下执行。此过程，只有一个线程即主线程在执行。如果使用 t1.start()，那么执行该句时就会产生另一条路径。同时主线程继续向下执行，新开启的线程则自动执行 run()方法。

10.2.2　Runnable 接口

前一小节介绍了通过继承 Thread 类来实现一个线程，这一小节将介绍通过 Runnable 接口实现线程。其基本步骤为：定义 Runnable 接口实现类，并重写该接口的 run()方法。然后创建 Runnable 所实现类的实例，并将其作为 new Thread()创建线程对象的参数。

例 10-2　ThreadTest2.java　　通过实现 Runnable 接口实现多线程。

```
Class Runnable1 implements Runnable{        //定义 Runnable 接口实现类
    public void run(){                        //重写 run()方法
        for(int i=0;i<100;i++)
```

```
        //输出当前线程的名字及当前执行到的点
        System.out.println(Thread.currentThread().getName()+" -→" +i);
    }
    }
    public class ThreadTest2{
    public static void main(String args[]){
        Runnable1 tt1=new Runnable1();//创建 runnable 所实现类的实例
        Thread t1=new Thread(tt1," new Thread1" );//创建 Thread 类对象 t1
        Thread t2=new Thread(tt1," New Thread2" );//创建 Thread 类对象 t2
        t1.start();                                   //调用 start()方法启动线程
        t2.start();
        for(int j=0; j<100; j++)
        System.out.println( "Main----→" +j);        //主线程输出
    }
    }
```

运行结果如下:

```
Main----→0
Main----→1
Main----→2
New Thread2        0
new Thread1        0
New Thread2        1
Main----→3
New Thread2        2
new Thread1        1
New Thread2        3
Main----→4
New Thread2        4
new Thread1        2
New Thread2        5
Main----→5
……
```

例 10-2 是通过实现 Runnable 接口来实现线程的。由程序运行结果可见，三个线程在并行执行。需要注意的是，可以使用同一个 Runnable 所实现类的实例创建多个线程对象。由于实现接口的灵活性，所以常常使用 Runnable 接口来实现线程。

10.2.1 小节和 10.2.2 小节分别介绍了基于 Thread 类和基于实现 Runnabe 接口来设计多线程程序的方法，将两种方法做了简单对比。

实现 Runnable 接口的方式设计多线程程序时，线程类只是实现了 Runnable 接口，还可以继承其他类。此时，多个线程可以共享同一个 target 对象，所以非常适合多个相同线程来处理同一份资源的情况，从而可以将代码和数据分开，更能体现面向对象的思想。缺点是编程稍微复杂，比如要访问当前线程，则必须使用 Thread.currentThread()方法。

继承 Thread 类方式创建多线程时，程序编写简单，若需要访问当前线程，可直接使用 this 即可获得当前线程，而不需要用 Thread.currentThread()方法。缺点是线程类已经继承了 Thread 类，所以不能再继承其他父类。

10.3 多线程程序的编写

10.2 节中，使用两种方式实现了多线程程序的设计，在多线程程序中，由于存在多个线程受系统的调度，各个线程的执行顺序是无法预测的，因此在多线程程序中，各个线程的运行控制，以及各个线程之间的同步是重要的工作，本节简要介绍多线程程序的线程运行控制及线程同步控制。

10.3.1 暂停与恢复线程

在 Java 语言中，线程对象可使用一些方法来控制线程的运行状态，如表 10-1 所示，列出了用于控制线程的一些基本控制方法。

表 10-1 线程控制方法

方法名	方法功能说明
getPriority()	获得线程的优先级数值。
isAlive() setPriority()	判断线程是否还存活着，即线程是否终止。 设置线程的优先级数值。
Thread.sleep()	将当前线程睡眠指定毫秒数。
join()	调用某线程的该方法，将当前线程与该线程“合并”即等待该线程结束，再恢复当前线程的运行。
yield()	让出 CPU，当前线程进入就绪队列等待调度。
wait()	当前线程进入对象的 wait pool。
notify()/notifyall()	唤醒对象的 wait pool 中的一个/所有等待线程。
isAlive()	判断线程是否还存活着，即线程是否终止。

现将常用的几种线程方法介绍如下：

yield()方法：线程可以通过执行它实现主动放弃 CPU 资源，从运行状态转入就绪状态，等待下一次被调度执行。

suspend()与 resume()与 stop()方法：它们通常成对的使用，suspend()方法能够使线程进入无限等待状态，直到其他线程向它发送 resume()消息让其进入可执行状态。由于 suspend()方法不会释放线程所占用的资源，若使用该方法将某个线程挂起，则可能会使其他等待资源的线程死锁，使用它们有可能造成严重的系统错误和异常，所以在 JDK1.2 之后，就放弃了使用这种方法。

sleep()方法：常用的 sleep()方法带一个参数，该参数指定线程睡眠的毫秒数。若使用带两个参数的 sleep()方法，则另一个参数指定毫微秒数，通常线程不需要控制到那个级别。当线程调用 sleep()方法后，线程进入阻塞状态，当睡眠时间结束，线程就进入就绪状态，等待被调度的继续执行。

例 10-3 展示了控制线程暂停与恢复的方法，代码中通过使用 sleep()方法，让线程休眠指定的时间段，从而实现线程的暂停。代码的具体功能是：让用户进行加法运算测验，程序先随机生成两个 0 ~ 100 的整数，将这两个整数输出到控制台上，而后程序会给用户 5 秒钟的思考时间，最后程序输出运算结果。

例 10-3　Testsleep.java

```
public class Testsleep {
    public static void main(String[] args) {
        // 生成一个 0 ~ 100 的随机数
        int a = (int) (100  * Math.random());
    // 生成另一个 0 ~ 100 的随机数
    int b = (int) (100  * Math.random());
    System.out.println("请在 5 秒钟内计算出下面两个整数的和：" + a + "+" + b);
    try {
        Thread.sleep(5000); // （1）让线程挂起 5 秒钟
        } catch (InterruptedException e) {
          // sleep()方法可能抛出 InterruptedException 异常
          System.out.println("对不起，程序运行出错，错误信息为：" + e.getMessage());
          return; // 程序出错，不再向下执行
        }
        int result = a+b;
        System.out.println(a + "+" + b + "的运算结果是" + result);
    }
}
```

程序运行结果：

请在 5 秒钟内计算出下面两个整数的和：49+72

49+72 的运算结果是 121

在例 10-3 代码中，程序首先生成了两个随机数，然后主线程休眠 5 s，等待用户进行计算，若在这五秒钟内睡眠被打断，则会抛出异常，并进行异常处理。当 5 s 休眠正常结束时，线程就恢复过来继续向下执行，输出结果，由于该例子中只有一个线程，即 main 方法，所以 main 方法执行完毕，整个应用程序也就执行结束了。

例 10-4 则展示了两个线程的情况，如果程序中有多个线程，它们的控制方式是类似的，只是相对复杂一点。例 10-4 的具体功能是：程序在 main 主方法中创建新线程，并启动新线程。然后主线程休眠 10 s 时间，然后恢复运行，并结束。在主线程休眠期间，新线程得到执行，新线程打印当前时间，然后休眠 1 s，恢复后再打印当前时间，再休眠，反复这两步操作。

例 10-4　Testsleep1.java

```
import java.util.*;
public class Testsleep1 {
   public static void main(String args[]){
     MyThread thread = new MyThread();   //创建一个新线程
         thread.start();                         //启动新线程
         try{
              Thread.sleep(10000);               //主线程睡眠 10 s
         }catch(InterruptedException e){
              System.out.println("对不起，程序运行出错，错误信息："
                   + e.getMessage());
         }
         thread.interrupt();                     //打断线程
      }
   }
class MyThread extends Thread{
   public void run(){
     while(true){
     System.out.println("Current time is ===>"+new Date());//输出系统当前时间
     try{
         sleep(1000);                                  //休眠 1 s
     }catch(InterruptedException e){
         return;                       //当该线程异常，结束线程。
     }
     }
   }
}
```

程序执行结果：

```
Current time is ===>Sun Jul 31 17:40:10 CST 2016
Current time is ===>Sun Jul 31 17:40:11 CST 2016
Current time is ===>Sun Jul 31 17:40:12 CST 2016
Current time is ===>Sun Jul 31 17:40:13 CST 2016
Current time is ===>Sun Jul 31 17:40:14 CST 2016
Current time is ===>Sun Jul 31 17:40:15 CST 2016
Current time is ===>Sun Jul 31 17:40:16 CST 2016
Current time is ===>Sun Jul 31 17:40:17 CST 2016
Current time is ===>Sun Jul 31 17:40:18 CST 2016
Current time is ===>Sun Jul 31 17:40:19 CST 2016
```

Press any key to continue...

例 10-4 程序在主线程代码中创建了一个新线程并开启它，此时主线程睡眠 10 s，新线程不受影响而继续执行。分析结果可知，每隔 1 s 打印一次系统当前时间，当时间过去 10 s（打印了 10 次时间），主线程休眠结束，新线程捕获到异常，执行异常处理程序，即终止当前线程。

当然，让线程暂停和恢复的方法有很多，例如 suspend()/resume()这一套方法，但由于它容易引起严重的异常，所以在 JDK1.2 之后，就摒弃了它；也可以使用 wait()/(notify()/notifyall() ）这一套方法，需要说明的是，wait()/（notify()/notifyall()）这套方法还有更重要的作用，在此就不多做说明了，有兴趣的读者可以查阅 API 说明。

10.3.2 同步线程

Java 允许多线程并发控制，当多个线程同时操作一个可共享的资源变量时（如数据的增删改查），将会导致数据不准确，相互之间产生冲突，为了避免这种错误的发生。Java 语言中可以使用同步锁机制来避免共享资源访问冲突。当一个线程获取共享资源的访问权后，在该线程没有完成操作之前，资源的访问权不会被其他线程获取，当线程完成共享资源的访问，释放访问权后，其他线程才能获取共享资源的访问权，这样就保证了共享资源访问的独占访问。

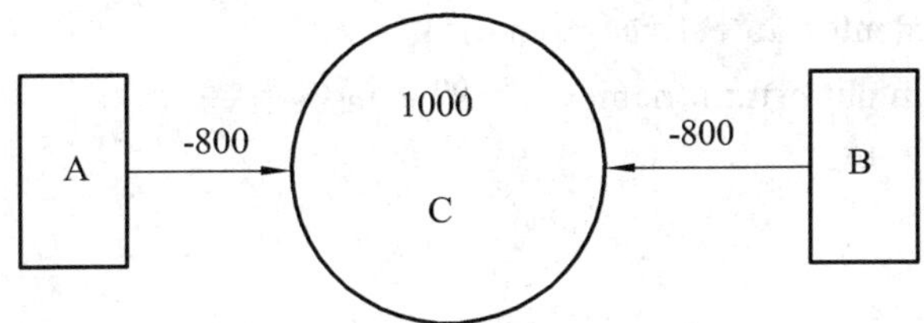

图 10-5　线程共享资源

图 10-5 展示了两个线程 A 和 B，共享一个资源 C 的情况。若 A 和 B 都向 C 发出请求，让 C 的值减少 800，若两个请求不在同一时刻发生，则不会对结果造成影响，但如果两个请求发生在同一时刻，那么结果可能是错误的。同步锁的机制很好地解决了这一问题，即在 A 访问 C 的时候，给 C 加锁，使得在 A 访问 C 的时候，B 只能等待 A 访问结束，当 A 访问结束，释放锁，B 才能访问 C。例 10-5 和例 10-6 展示同步锁机制的应用。

1. 不使用同步锁机制

例 10-5　TestSrc1.java

```
public class TestSrc1 implements Runnable{
    Source src =   new Source();
    public static void main(String args[]){
        Testsleep test=new Testsleep();
        Thread A=new Thread(test);
        Thread B=new Thread(test);
        A.setName("A");
        B.setName("B");
```

```
        A.start();
        B.start();
    }

    public void run(){
        src.add(Thread.currentThread().getName());
    }
}

class Source{
    private static int C=1000;
    public void add(String name){
        C-=800;
        try{
            Thread.sleep(1000);
        }catch(InterruptedException e){}
        System.out.println(name+":当前 C 的值是"+C);
    }
}
```

程序运行结果:

B:当前 C 的值是-600

A:当前 C 的值是-600

Press any key to continue...

2. 使用同步加锁机制

例 10-6　TestSrc2.java

```
public class TestSrc2 implements Runnable{
    Source src =   new Source();
    public static void main(String args[]){
        Testsleep test=new Testsleep();
        Thread A=new Thread(test);
        Thread B=new Thread(test);
        A.setName("A");
        B.setName("B");
        A.start();
        B.start();
    }
```

```
        public void run(){
            src.add(Thread.currentThread().getName());
        }
    }

    class Source{
        private static int C=1000;
        public void add(String name){
            synchronized(this){//同步锁
                C-=800;
                try{
                Thread.sleep(1000);
                }catch(InterruptedException e){}
                System.out.println(name+":当前 C 的值是"+C);
            }
        }
    }
```

程序运行结果:

A:当前 C 的值是 200

B:当前 C 的值是-600

Press any key to continue...

对比例 10-5 和例 10-6 两个程序的运行结果可见，当不给共享资源对象加锁时，两个线程 A 和 B 在一定时间段内，都能对共享资源对象 C 进行访操作，此时将不能保证唯一性和准确性，从而造成结果不准确。当使用同步锁机制时，在同一时间段内，共享资源对象 C 只能被一个线程访问，从而保证了准确性和唯一性。

使用同步锁机制也可能引起一些新的问题，图 10-6 展示了死锁问题。

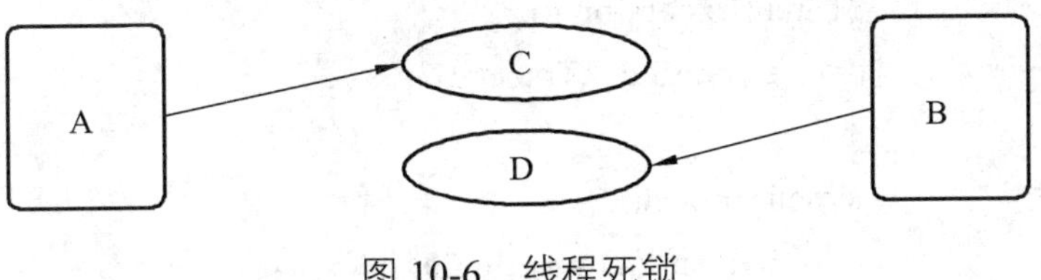

图 10-6　线程死锁

A 线程要同时获得共享资源对象 C 和共享资源对象 D 的锁才能执行，否则就只能等待；B 也要获得共享资源对象 C 和共享资源对象 D 的锁才能执行，否则也只能等待。在图 10-6 中，线程 A 获得了共享资源对象 C 的锁，还要获得共享资源对象 D 的锁，但线程 B 已经获得了共享资源对象 D 的锁，因此线程 A 只能等待。线程 B 获得了共享资源对象 D 的锁，还要获得共享资源对象 C 的锁，但线程 A 已经获得了共享资源对象 C 的锁，因此线程 B 也只能等待。这样，线程 A 和 B 都处于等待状态，都在等待对方释放同步锁，因此出现死锁现象，两个线程都无法执行。

死锁现象是指两个或两个以上的进程在执行过程中，由于竞争资源或者由于彼此通信而造成的一种阻塞的现象，若无外力作用，它们都将无法推进下去。此时称系统处于死锁状态或系统产生了死锁，这些永远在互相等待的线程称为死锁线程。例 10-7 展示了死锁现象的模拟。

例 10-7 MyThread.java

```
public class MyThread implements Runnable{
    public int flag=1;                    //状态标志
    static Object C=new Object(),D=new Object()    ;          //创建两个资源 C 和 D
    public void run(){
        System.out.println("flag="+flag);
        if(flag==1){                      //线程 A 执行此部分
            synchronized(C){
                try{
                    Thread.sleep(500);
                }catch(Exception e){
                    e.printStackTrace();              //异常处理
                }
                synchronized(D){
                    System.out.println("1");
                }
            }
        }
        if(flag==0){                      //线程 B 执行此部分
            synchronized(D){
                try{
                    Thread.sleep(500);
                }catch(Exception e){
                    e.printStackTrace();
                }
                synchronized(C){
                    System.out.println("0");
                }
            }
        }
    }

    public static void main(String args[]){
```

```
            MyThread A=new MyThread();
            MyThread B=new MyThread();
            A.flag=1;
            B.flag=0;
            Thread t1=new Thread(A);
            Thread t2=new Thread(B);
            t1.start();
            t2.start();
        }
    }
```

程序运行结果:

Flag=1

Flag=0

例 10-7 程序，首先创建两个线程 A 和 B，使得 A 先锁住 C，B 锁住 D，然后 A 去请求 D 的锁，因为 D 已被 B 锁住，所以 A 只能等待 B 释放锁；而此时 B 也向 C 请求锁，因 A 已经锁住 C，所以 B 只能等待 A 释放锁，这样相互等待就形成了图 10-6 所示的死锁现象。

3. 生产者消费者问题

生产者消费者问题，是线程同步的另一个经典问题。生产者线程负责生产产品。消费者线程负责消费产品。生产者线程生产出一个产品后，只能当消费者线程消费了该产品，才能生产下一个产品。而消费者线程只能当生产者线程生产出一个产品后，才能消费。例 10-8 代码展示了生产者消费者问题的实现。

例 10-8　ProCos.java

```
    public class ProCos{
        public static void main(String args[]){
            SyncStack ss=new SyncStack();
            Producer p=new Producer(ss);
            Consumer c=new Consumer(ss);
            new Thread(p).start();
            new Thread(c).start();
        }
    }
    //产品类
    class Produce{
        int id;                 //产品 id
        Produce(int id){
            this.id=id;
        }
```

```
        public String toString(){
        return "pd:"+id;
    }
}
//产品栈，用于存放产品几控制产品的流量
class SyncStack{
    int index=0;
    Produce[] arr=new Produce[5];          //产品容量
    public synchronized void push(Produce pd){      //入栈控制
        while(index==arr.length){
            try{
                this.wait();                        //等待
            }catch(InterruptedException e){   //异常处理
                e.printStackTrace();
            }
        }
        this.notify();                          //唤醒线程
        arr[index]=pd;
        index++;
    }
    public synchronized   Produce pop(){         //出栈控制
        while(index==0){
            try{
                this.wait();
            }catch(InterruptedException e){
                e.printStackTrace();
            }
        }
        this.notify();
        index--;
        return arr[index];
    }
}

class Producer implements Runnable{
    SyncStack ss=null;
    Producer(SyncStack ss){
        this.ss=ss;
```

```
        }

        public void run(){
            for(int i=0;i<10;i++){
                Produce pd=new Produce(i);
                ss.push(pd);
                System.out.println("生产了:"+pd);
                try{
                    Thread.sleep((int)Math.random());//随机睡眠时长
                }catch(InterruptedException e){
                    e.printStackTrace();
                }
            }
        }
    }

    class Consumer implements Runnable{                    //消费者类
        SyncStack ss=null;
        Consumer(SyncStack ss){
            this.ss=ss;
        }

        public void run(){
            for(int i=0;i<10;i++){
                Produce pd=ss.pop();
                System.out.println(pd);
                System.out.println("消费了:"+pd);
                try{
                    Thread.sleep((int)Math.random());
                }catch(InterruptedException e){
                    e.printStackTrace();
                }
            }
        }
    }
```

程序运行结果:

生产了:pd:2

pd:2

生产了:pd:3
消费了:pd:2
生产了:pd:4
pd:4
生产了:pd:5
消费了:pd:4
生产了:pd:6
pd:6
生产了:pd:7
消费了:pd:6
生产了:pd:8
pd:8
生产了:pd:9
消费了:pd:8
pd:9
消费了:pd:9
pd:7
消费了:pd:7
pd:5
消费了:pd:5
pd:3
消费了:pd:3

例 10-8 程序中模拟实现了生产消费者问题，先模拟出栈来存放产品，然后一个生产者生产产品，一个消费者消费产品，程序中的具体操作也就是改变栈索引 index 的值。当栈满时，生产者停止生产而进入等待状态。当栈空时，消费者停止从栈中取出产品而进入等待状态。当生产条件满足时，便使用 notify()方法来唤醒生产者线程。当消费条件满足时，便使用 notify()方法来唤醒消费者。通过循环模拟了 10 次生产和消费过程。

10.4 习 题

（1）请简述 Java 语言中的线程状态转换过程。

（2）请分别使用继承 Thread 类和实现 Runnable 接口的多线程技术，用 50 个线程，来生成 10 000 个（1～1 000）间的随机整数，并打印到屏幕。

第 11 章　WEB 技术应用

11.1　WEB 应用概述

Java 语言设计基于网络的应用程序，有两种模式，分别是 C/S（client/server）架构、B/S（brower/server）架构。C/S 是客户端/服务器端程序架构，C/S 架构中，设置有一个中心服务器，通过网络与客户端连接，在客户端电脑上需要安装专门设计的客户端软件，这种架构能够充分地发挥客户端的处理效率，使得客户端的响应速度比较快。但是这种模式架构客户端软件的维护和升级成本较高，当软件需要更新维护时，每一台客户端电脑都要进行更新维护。C/S 架构的客户端软件，要针对不同的 CPU 及不同的操作系统，单独设计，整个架构的灵活性较差。

B/S 就是浏览器端/服务器端应用程序，B/S 架构中，设置有一个中心服务器，客户端则无需安装专用客户端软件，客户端软件借助浏览器运行，只要客户端安装了浏览器（如 IE 等浏览器）就能与服务器通信。B/S 模式架构的一大优点是平台无关性，无论是哪种 CPU，哪种操作系统，只要有网络浏览器，就可以运行客户端程序，访问服务器数据。这种架构具有客户端零维护的特点，系统设计、维护及升级的成本较低。

Java 语言通过设计 Web 应用程序来实现 B/S 架构，WEB 应用程序是在服务器上运行的程序，客户端通过浏览器访问并运行 WEB 应用程序。Web 应用程序开发技术是目前软件开发的三大方向之一，这三大方向主要是桌面应用程序（QQ，微信），Web 应用程序（京东，天猫），嵌入式应用程序（安卓，iphone 的手机应用程序）。其中 Web 应用程序是最具有前景的一门开发技术。为什么这么说，因为 Web 应用程序基于 B/S 模式架构，这种架构不同于 C/S 模式架构只能适用于局域网，它还能够很好地应用在广域网上，所以在以后必将受到越来越多的企业家青睐。加之 Web 应用程序的真正核心任务是对数据库进行处理，管理信息系统（Management Information System，简称 MIS）就是 B/S 架构最典型的应用。MIS 没有局限性，既可以应用于局域网，在广域网上也有普遍的应用。基于网络的管理信息系统以其成本低廉、维护简便、覆盖范围广、功能易实现等诸多特性，得到越来越多的应用。云计算技术在如今也成为一个研究重心，按需分配资源的云计算本质使 Web 应用程序能够融入到各种不同规模的业务中。

11.2　WEB 的开发环境

使用 Java 语言开发 Web 应用程序，首先要安装 Java 开发工具 JDK，并在系统上配置环境变量；安装服务器 Tomcat，并置虚拟目录；安装软件开发工具 Eclipse，并安装 MyEclipse

插件。

11.2.1　下载并安装 JDK

JDK（Java 2 Software Development Kit，Java 软件开发环境工具）为程序提供了编译、调试、运行等功能。JRE（java runtime environment，Java 运行时环境）中包含了运行 Java 程序不可缺少的 Java 类库。如果只安装 JRE 不安装 JDK，那么就不能对源代码进行编译，要报错，只能运行已经编译好的字节码文件，即后缀名为.class 的文件；在安装了 JDK 之后，就可以对源代码文件进行编译，生成并运行可执行字节码文件即后缀名为.class 的文件，最后运行得出程序结果。JDK 中一般都包含了 JRE，所以只需要下载 JDK 安装即可。

JDK 的下载及安装在第 1 章已经做了详细的介绍，可根据服务器的操作系统版本选择合适的 JDK 版本。

11.2.2　Tomcat 服务器的安装与启动

WEB 应用程序，需要 WEB 服务器的支持，然后才能被客户端浏览器访问和运行。在进行 Java WEB 应用程序开发时，常常选择 Tomcat 服务器软件，它是著名的 Apache Jakarta 的开源项目，该服务器支持 HTML 标准网页，还支持 JSP/Servlet 容器，用于 Java 的 WEB 应用程序开发。本节详细介绍 Tomcat 服务器的下载安装，并介绍如何配置环境变量和虚拟目录，最后测试 Tomcat 服务器是否安装成功。

1. Tomcat 服务器的下载

在浏览器中打开 Apache 的官方网站：http://www.apache.org，图 11-1 所示是 Apache 官网首页的一部分。

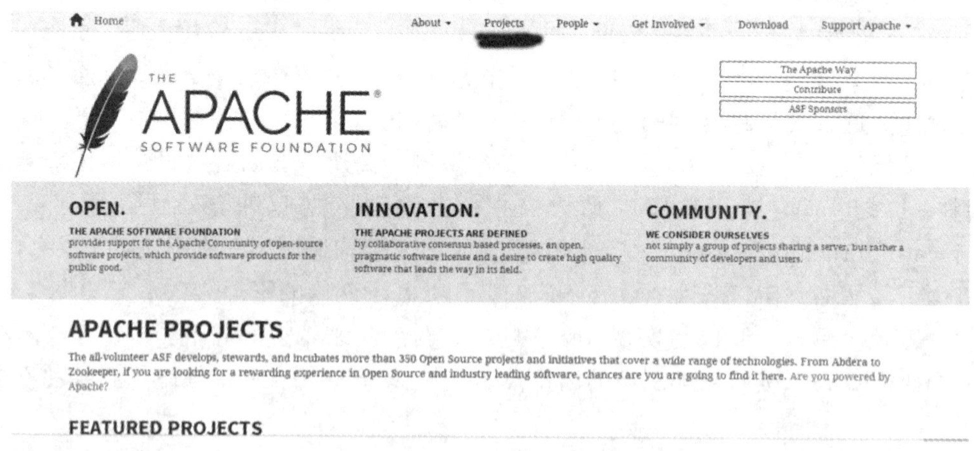

图 11-1　Apache 官方网站

点击首页上方的红色标记处“project”，在里面找到“Tomcat”链接，单击进入 Tomcat 链接首页，如图 11-2 所示。在页面左边的“Download”链接中选择最新版本的 Tomcat，单击进入下载界面。

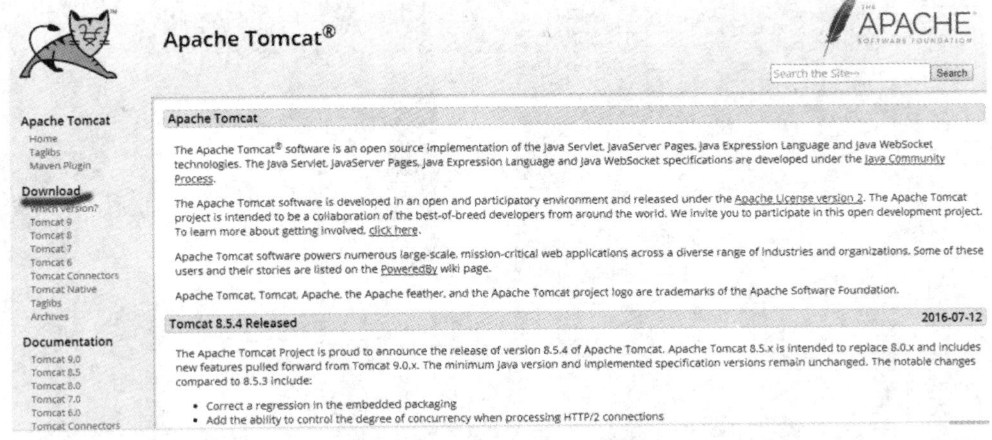

图 11-2　Tomcat 服务器软件下载页面

在图 11-2 的底层，是 Tomcat 服务器的下载链接，如图 11-3 所示，其中“Binary Distributions”下的文件都是编译好了的二进制文件，其中的“Core”是 Tomcat 的核心，“Deployer”是 Tomcat 的部署文件。在 Windows 操作系统下，可以下载“Core”下的.zip 格式的 windows 下的压缩文件，然后解压即可。“Source Code Distributions”里面包含的文件是 Tomcat 的源代码，可以下载研究。

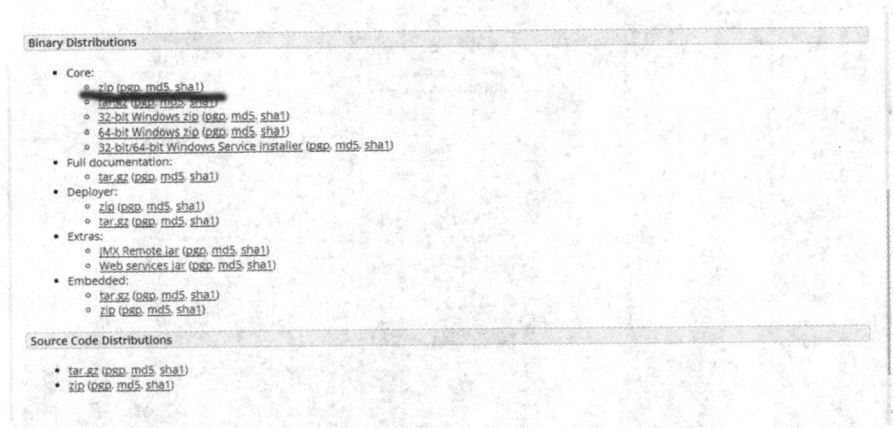

图 11-3　Tomcat 服务器软件下载链接

2. Tomcat 服务器的安装

在 Windows 平台上，下载的 apache-Tomcat-9.0.0.M9.zip 文件，可以直接解压运行。解压目录如图 11-4 所示，打开解压目录下的“bin”文件夹，存放着 Tomcat 的运行代码，包括启动 Tomcat 命令文件（startup.bat）和停止 Tomcat 命令文件（shutdown.bat）。双击命令文件“startup.bat”，即可启动 Tomcat 服务器，Tomcat 服务器是在命令行下运行的，运行界面如图 11-5 所示。运行界面的最末行，如出现类似“Server startup in 6485ms”的文字，表明服务器启动成功，数字表明启动所花费时间。如果在启动过程中出现错误，则可能是 JDK 的环境变量配置有问题。

图 11-4 Tomcat 服务器解压目录

```
Tomcat
p.HostConfig.deployDirectory Deployment of web application directory D:\apache-t
omcat-9.0.0.M9\webapps\examples has finished in 2,141 ms
18-Aug-2016 18:02:04.885 INFO [localhost-startStop-1] org.apache.catalina.startu
p.HostConfig.deployDirectory Deploying web application directory D:\apache-tomca
t-9.0.0.M9\webapps\host-manager
18-Aug-2016 18:02:05.000 INFO [localhost-startStop-1] org.apache.catalina.startu
p.HostConfig.deployDirectory Deployment of web application directory D:\apache-t
omcat-9.0.0.M9\webapps\host-manager has finished in 114 ms
18-Aug-2016 18:02:05.000 INFO [localhost-startStop-1] org.apache.catalina.startu
p.HostConfig.deployDirectory Deploying web application directory D:\apache-tomca
t-9.0.0.M9\webapps\manager
18-Aug-2016 18:02:05.080 INFO [localhost-startStop-1] org.apache.catalina.startu
p.HostConfig.deployDirectory Deployment of web application directory D:\apache-t
omcat-9.0.0.M9\webapps\manager has finished in 80 ms
18-Aug-2016 18:02:05.080 INFO [localhost-startStop-1] org.apache.catalina.startu
p.HostConfig.deployDirectory Deploying web application directory D:\apache-tomca
t-9.0.0.M9\webapps\ROOT
18-Aug-2016 18:02:05.164 INFO [localhost-startStop-1] org.apache.catalina.startu
p.HostConfig.deployDirectory Deployment of web application directory D:\apache-t
omcat-9.0.0.M9\webapps\ROOT has finished in 84 ms
18-Aug-2016 18:02:05.170 INFO [main] org.apache.coyote.AbstractProtocol.start St
arting ProtocolHandler [ajp-nio-8009]
18-Aug-2016 18:02:05.193 INFO [main] org.apache.catalina.startup.Catalina.start
Server startup in 6485 ms
```

图 11-5 Tomcat 服务器运行提示信息

图 11-6 Tomcat 服务器运行错误信息

如果 JDK 未安装或是环境设置不正确，Tomcat 服务器启动失败，图 11-6 显示了 Tomcat 服务器运行错误信息。

3. Tomcat 的测试

启动 Tomcat 服务器后，进行 Tomcat 服务器测试。打开浏览器，在地址栏内输入“http://localhost:8080”，或“http://127.0.0.1:8080”，如果打开页面如图 11-7 所示，则说明 Tomcat 服务器成功运行。

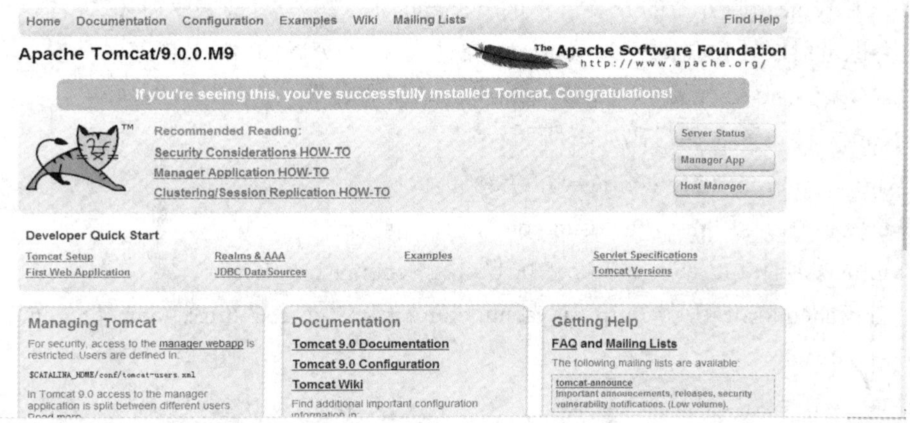

图 11-7　Tomcat 服务器的主页

Tomcat 服务器启动 WEB 网页服务的默认端口号是 8080，如果其他服务占用了该端口号，在测试 Tomcat 服务器时会出现错误，这种情况下，可以打开安装目录中的 conf 文件夹下的主配置文件 server.xml 来更改端口号，用记事本打开该文件，找到图 11-8 所示部分。

```
<Connector executor="tomcatThreadPool"
           port="8080" protocol="HTTP/1.1"
           connectionTimeout="20000"
           redirectPort="8443" />
```

图 11-8　WEB 服务端口号设置

将设置 port=“8080”更改为未被占用的端口号，然后保存文件，重新启动 Tomcat，并在浏览器中输入新的端口号进行测试即可。

4. 配置 Tomcat 的虚拟目录

Tomcat 服务器的目录结构如表 11-1 所示。

表 11-1　Tomcat 服务器的目录结构及功能说明

目　录	功能说明
/bin	存放各种平台下用于启动和停止 Tomcat 的命令文件
/conf	存放 Tomcat 服务器的各种配置文件
/lib	存放 Tomcat 服务器所需的各种 JAR 文件
/logs	存放 Tomcat 的日志文件
/temp	Tomcat 运行时用来存放临时文件
/webapps	发布 Web 应用程序时，默认为将 Web 应用的文件发布在此目录中
/work	Tomcat 把由 JSP 生成的 Servlet 放在此目录下

虚拟目录就是以映射的方式把磁盘目录与 URL 中的目录相关联，磁盘目录中保存 WEB 应用程序的资源，比如网页、图片、JSP 等文件，而相关联的虚拟 URL 目录，则用于在客户端浏览器地址中访问 WEB 应用程序。

配置虚拟目录的步骤如下：

（1）在 Tomcat 服务器的安装目录的/webapps 目录下创建新文件夹，命名为“WEB-INF”，该文件夹也可以放在磁盘的任意位置，该文件夹中存放 WEB 应用程序的所有文件。假设该文件夹是“D:\apache-tomcat-9.0.0.M9\webapps\WEB-INF”。再在“WEB-INF”文件夹中创建一个 web.xml 文件，该文件代码如下所示：

```
<?xml version="1.0" encoding="ISO-8859-1"?>
<web-app xmlns="http://java.sun.com/xml/ns/javaee"
  xmlns:xsi="http://www.w3.org/2001/XMLSchema-instance"
   xsi:schemaLocation="http://java.sun.com/xml/ns/javaee  http://java.sun.com/xml/ns/javaee/web-app_3_0.xsd"
  version="3.0">
  </web-app>D:\apache-tomcat-9.0.0.M9\webapps
```

（2）在 Tomcat 服务器安装目录的 conf 子目录中，找到 server.xml 文件并打开，在文件最末端找到“</Host>”属性，在其上一行添加代码：

```
<Context path=” /test” docbase=” D:\apache-tomcat-9.0.0.M9\webapps” />
```

（3）在完成上述两步后，先运行“shutdown.bat”，再运行“startup.bat”，重启 Tomcat 服务器，使其重新加载 server.xml 文件，此时虚拟目录就可以使用了。

11.2.3 MyEclipse 的下载与安装

Java 应用程序的常用开发工具是 Eclipse 软件，该软件主要用于 Java 桌面应用程序的开发。如果要开发 Java Web 应用程序，需要安装 MyEclipse 插件。该插件简化了 Java WEB 应用程序的开发。下面就介绍一下 MyEclipse 插件的下载和安装配置。

1. MyEclipse 的下载

在浏览器中打开 My Eclipse 的官方网站：“http://www.myeclipseide.com/”。如图 11-9 为网站主页，点击右下角按钮，即可下载 My Eclipse 插件。

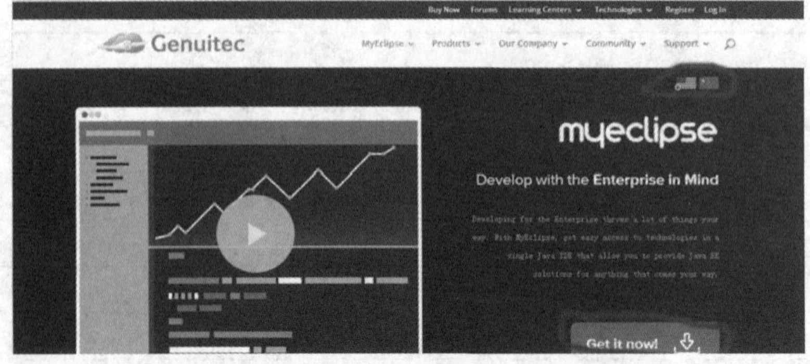

图 11-9　MyEclipse 插件的下载

下载好 MyEclipse 安装包后，解压缩，再找到应用程序文件“MyEclipse.exe”,双击进入安装向导界面。在 Windows 平台上，该插件与一般的应用程序安装一样，根据安装向导提示安装即可。

11.3 JSP 技术

JSP（Java Server Page 简称 JSP），是 Java 语言在 WEB 应用程序开发中一种应用，它是一种基于服务器端的脚本语言，通过在传统的 HTML 中插入一些 JSP 脚本代码构成 JSP 页面，客户端通过浏览器来访问 JSP 页面，从而实现基于 B/S 架构的 WEB 应用程序。JSP 从被推出至今，逐渐发展为 Web 开发应用的一项重要技术。在这小节中对 JSP 做一个简要的介绍，解释 JSP 的运行原理和 JSP 的发展前景。

11.3.1 JSP 简介

JSP 页面是由 HTML 页面和嵌入其中的 Java 代码构成，其本质就是把 Java 代码嵌套在 HTML 中。当客户端通过浏览器向服务器发出页面请求时，服务器端就会通过 JSP 容器对嵌入到 HTML 页面中的 Java 代码进行编译执行，根据运行结果生成对应的新的 HTML 代码，再传输到在客户端的浏览器中，显示页面内容。

JSP 脚本语言具有以下特点：

（1）具备 Java 语言的优点。JSP 脚本是将 Java 代码嵌入到 HTML 页面中，自然就具备了 Java 语言的优点。比如是一种简单的面向对象语言；能够跨平台与解释执行；是一种健壮和安全的语言；支持多线程；具有动态性等特点。

（2）实现程序功能代码与界面显示分离。使用 JSP 技术来开发 WEB 应用程序时，常使用 HTML 语言来设计和格式化静态页面的内容，完成界面显示工作；而使用 JSP 标签和或脚本来实现程序功能代码，完成运行逻辑操作。更进一步，程序开发人员可以将代码全部放到 JavaBean（用 Java 语言开发的软件组件，可在分布式环境中移动）组件中，或者把代码交给 Servlet 等其他业务控制层来处理，使所有的 Java 代码在服务器端运行，从而实现代码与视图层分离。这样 JSP 页面就只需要负责软件界面的显示。

JSP 技术使得 Web 开发人员的分工更加明确，负责前台显示页面设计的开发人员，在修改界面后不会影响后台的功能程序代码，而后台功能程序的开发人员在修改程序控制逻辑的同时，也不会影响前台界面的显示。

（3）组件重用。JSP 中可以使用 JavaBean 编写常用的功能业务组件，在 JSP 页面可以重复使用这个 JavaBean，JavaBean 也可以应用到其他 Java 应用程序中，包括桌面应用程序。开发人员之间可以共享或者是交换组件，从而有效地提高了 WEB 应用程序的开发效率，加速了开发进程。

（4）预编译。预编译指客户端第一次通过浏览器访问 JSP 页面时，服务器将对 JSP 页面代码进行编译并保存字节码文件，当客户端再次访问该 JSP 页面时，无需再次编译，直接执行保存的编译好的代码。这种方式在一定程度上节约了服务器的 CPU 资源，并且可能大大提升客户端的访问速度。

11.3.2 JSP的运行原理

JSP页面是将Java代码嵌入到HTML页面中形成的，在此，根据JSP页面的执行过程，对其运行原理做一个简要分析。

（1）当客户端通过浏览器，向服务器发出请求，要访问某个 JSP 页面。服务器首先检查该页面的请求次数。如果该页面是第一次被调用，则由Tomcat服务器中的JSP引擎，先将JSP页面转译成一个基于Servlet的Java源代码文件。然后，Web容器（Servlet引擎）将产生的源代码进行编译，形成一个字节码文件（.class文件），并执行jspInit（）初始化方法。如果该页面不是第一次被请求，则直接进入下一步。

（2）访问字节码文件，将.class 文件加载到内存中，执行 jspService（）方法以处理用户请求。对应到JSP页面，即执行JSP表达式“<%”和“%>”之间的内容。

（3）服务器把执行结果，嵌入到HTML页面中，生成新的HTML页面，再发送回客户端。

（4）客户端浏览器显示收到的HTML页面。

JSP页面的执行过程如图11-10所示。

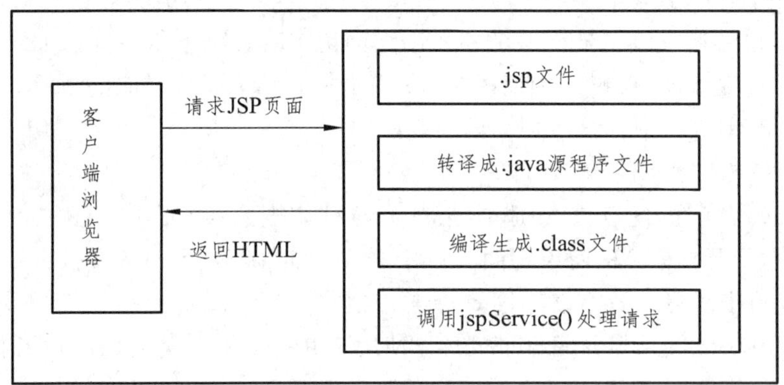

图11-10 JSP页面的执行过程

在实际工作中，经常出现多个用户同时请求访问同一个页面的情况，为了提高用户的响应速度，Tomcat服务器会为每个客户请求启动一个线程，也就是我们所说的多线程方式执行。各个线程由服务器统一管理，提高了CPU的利用率，保证了每个线程都能在一定时间内执行字节码文件。从而提高了客户端访问的效率。多线程执行方式如图11-11所示。

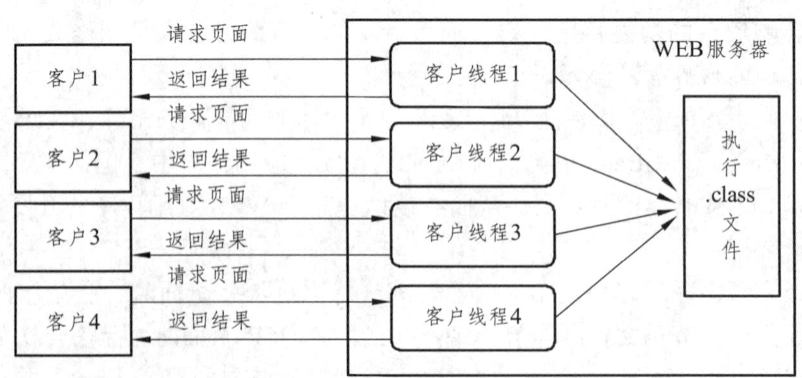

图11-11 多线程的WEB服务器执行方式

11.4 Servlet 的基本原理

在分析 JSP 的运行原理的过程中，WEB 服务器要将 .jsp 页面转换成 Servlet 的 Java 源文件，再进行编译运行。由此可见，JSP 和 Servlet 有着密切的关系。可以说 JSP 是在 Java Servlet 的基础上发展出来的。

11.4.1 Servlet 简介

Servlet 是在服务器上运行的一个 Java 程序，其实质是：一个 Servlet 就是一个 Java 类，用于处理用户的请求。Servlet 类不同于其他 Java 类的地方，在于它只能运行在服务器端，客户端可以通过“请求—响应”编程模型，来访问这个驻留在服务器内存里的 Servlet 程序，Servlet 有自己的运行生命周期。Servlet 的开发也是 Web 应用程序开发的重要部分，Servlet 具有稳定可靠、可移植性强、健壮、便于功能扩充的特点。Servlet 与 HTTP 协议有着密切的联系，能够快捷方便的处理基于 HTTP 协议的客户端浏览器请求。

11.4.2 Servlet 的运行原理

要支持 Servlet 的编程，需要 WEB 服务器支持 Servlet 容器，Servlet 容器是 Servlet 运行的支持环境。Tomcat 服务器，即支持 JSP 动态页面编程，也支持 Servlet 编程。其他一些 WEB 服务器也支持 Servlet 编程，如 Resin、Weblogic、WebSphere 等。

Servlet 容器的功能是双向的，一方面将客户端浏览器发来的页面请求传递给 Servlet，另一方面将 Servlet 运行的结果返回给客户端浏览器。Servlet 容器的执行具体过程如下所述：

当 Servlet 容器收到客户端浏览器发来的请求后，首先判断该 Servlet 是否是首次被访问，如果是，则编译 Servlet，执行 Servlet 中的 init()方法，完成必要的初始化工作。每个 Servlet 只会被初始化一次。然后再执行 Servlet 的 Service()方法。如果 Servlet 不是首次访问，则直接执行 Servlet 的 Service()方法。

同 JSP 页面请求一样，也可能存在多个客户端同时请求一个 Servlet 服务的情况，此时，Tomcat 服务器也是利用多线程方法来解决这个问题。Tomcat 服务器为每个客户端启动一个线程，这些线程也统一由 Servlet 容器负责运行和销毁，从而提高 Servlet 的运行效率。

11.4.3 servlet 的生命周期

Servlet 的生命周期，就是一个 Servlet 服务从启动到结束的完整过程。Servlet 的生命周期，主要由以下几个阶段组成：

（1）Servlet 的初始化。当 Servlet 第一次被客户端请求时，Servlet 引擎编译该 Servlet，然后创建 Servlet 对象，调用 Servlet 对象的 init()方法，完成 Servlet 对象的初始化。如果不是第一次请求，则直接进入 Servlet 的执行阶段。

（2）Servlet 的执行。Servlet 引擎调用 Servlet 对象的 Service()方法，响应用户的请求，为客户提供服务。

（3）Servlet 的销毁。Servlet 对象一经创建，完成初始化后，就会一直存在于内存中。当服务器被关闭时，才进行 Servlet 对象的销毁，Servlet 引擎自动调用 Servlet 对象的 destory()

方法实现对象的销毁工作。

11.4.4 Servlet 的配置

WEB 服务器要支持由 Servlet 来完成用户请求，需要正确配置 Servlet。Servlet 的配置需要对 web.xml 文件进行修改，其配置的实质是实现 Servlet 代码与 URL 链接之间的关联。本小节通过一个实际例子来说明 Servlet 的配置及测试。

1. Servlet 类代码的实现

例 11-1 实现了一个 FirstServlet 类，其功能是在客户端浏览器上输出“Hello!大家好!”字符串。

例 11-1　FirstServlet.java

```
package com.jy.sample.servlet;

import java.io.IOException;
import java.io.PrintWriter;
import javax.servlet.ServletException;
import javax.servlet.http.HttpServlet;
import javax.servlet.http.HttpServletRequest;
import javax.servlet.http.HttpServletResponse;

/**
 * HelloWorld Servlet.
 * @author JY
 */
public class FirstServlet extends HttpServlet {
    /** serialVersionUID. */
    private static final long serialVersionUID = 6160L;

    /**
     * 处理 Get 请求.
     * @param req Request
     * @param resp Response
     * @throws ServletException Servlet 异常
     * @throws IOException IO 异常
     */
    @Override
    protected void doGet(HttpServletRequest req,
            HttpServletResponse resp)
```

```
        throws ServletException, IOException {
            // 设定内容类型为 HTML 网页 UTF-8 编码
            resp.setContentType("text/html;charset=UTF-8");
            // 输出页面
            PrintWriter out = resp.getWriter();
            out.println("<html><head>");
            out.println("<title>First Servlet Hello</title>");
            out.println("</head><body>");
            out.println("Hello!大家好!");
            out.println("</body></html>");
            out.close();
        }
    }
```

例 11-1 首先导入 javax.servlet.*和 javax.servlet.http.*。其中，javax.servlet.* 存放与 HTTP 协议无关的一般性 Servlet 类；javax.servlet.http.* 增加了与 HTTP 协议有关的功能。

所有 Servlet 都必须实现 javax.servlet.Servlet 接口，但是通常都会从 javax.servlet.GenericServlet 或 javax.servlet.http.HttpServlet 择一来实现。如果写的 Servlet 代码和 HTTP 协议无关，那么必须继承 GenericServlet 类；若有关，就必须继承 HttpServlet 类。例 11-1 代码中继承的是 HttpServlet 类。

javax.servlet.* 里面的 ServletRequest 和 ServletResponse 接口提供存取一般的请求和响应；而 javax.servlet.http.* 里面的 HttpServletRequest 和 HttpServletResponse 接口，则提供 HTTP 请求及响应的存取服务。例 11-1 代码用到的是 HttpServletRequest 和 HttpServletResponse。

例 11-1 代码中，利用 HttpServletResponse 接口的 setContentType()方法来设定内容类型，我们要显示为 HTML 网页类型，因此，内容类型设为"text/html"，这是 HTML 网页的标准 MIME 类型值。之后，用 getWriter()方法返回 PrintWriter 类型的 out 对象，它与 PrintStream 类似，但是它能够对 Java 的 Unicode 字符进行编码转换。最后，利用 out 对象把"Hello!大家好!"的字符串显示在网页上。

2. web.xml 配置文件

Servlet 的运行，依赖于 web.xml 文件，web.xml 文件在我们 Web 应用程序的 WEB-INF 文件夹内。如图 11-12 为 FirstServlet 的相关配置内容。

```
<servlet>
    <servlet-name>FirstServlet</servlet-name>
    <servlet-class>com.ntc.sample.servlet.FirstServlet</servlet-class>
</servlet>
<servlet-mapping>
    <servlet-name>FirstServlet</servlet-name>
    <url-pattern>/FirstServlet</url-pattern>
</servlet-mapping>
```

图 11-12 Servlet 的 web.xml 配置

在 web.xml 中，配置一个 Servlet 需要配置两个标签，一个是<servlet>，另一个是<servlet-mapping>。

<servlet>标签的功能是设置 Servlet 的名字，以及要调用的 Java 类的名字，还有 Servlet 初始化时传入的参数。FirstServlet 的名字是“FirstServlet”，调用的 Java 类是“com.jy.sample.servlet.FirstServlet”,就是例 11-1 代码中的 package 加上类名。FirstServlet 是一个简单的 Servlet，不需要传递初始化参数给 Servlet，所以没有配置初始化参数。

<servlet-mapping>标签的功能是设置 Servlet 的名字，以及设置 URL 连接的名字。这里的 Servlet 名字必须和上面的<servlet>标签中的<servlet-name>的值一致。而 URL 连接的名字是“/FirstServlet”，这样，FirstServlet 在客户端浏览器地址栏中的请求地址就是“http://WEB 网站地址或域名：端口号/FirstServlet”。

当客户端浏览器向 WEB 服务器发出的请求，与<url-pattern>字段中设定的值一致时，Servlet 引擎就会通过<servlet-name>找到对应 Servlet 类来运行。对于 FirstServlet，当页面的链接（a 标签或 form 设定的 action）是“/FirstServlet”时，Servlet 引擎就会通过 Servlet 的名字“FirstServlet”来找到对应的 Servlet 类“com.jy.sample.servlet.FirstServlet”来运行。

完成以上设置后，可以对 FirstServlet 进行测试，如图 11-13 所示。

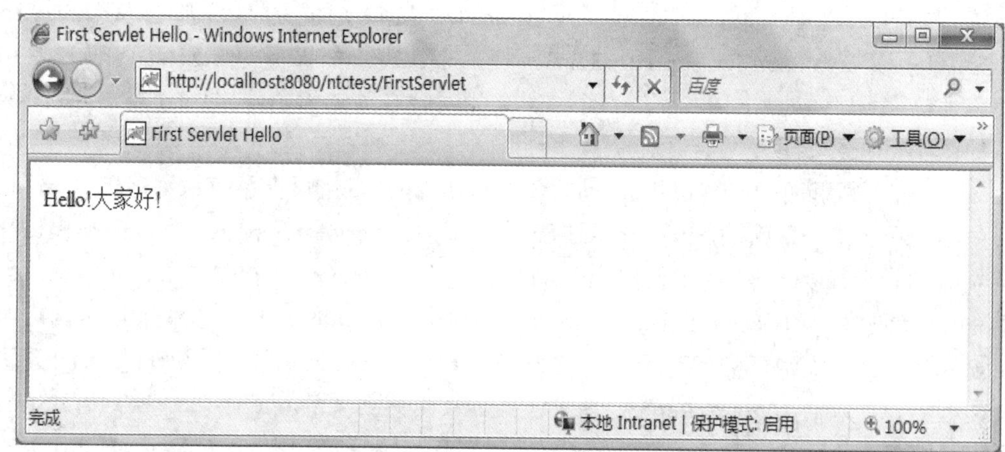

图 11-13　FirstServlet 运行结果

11.5　JSP 页面与 Servlet

11.3 节详细介绍了 WEB 服务器对 JSP 页面的处理过程,整个过程要经历 JSP 页面的转译、编译、运行等几个步骤。例 11-2 的 JSP 代码 counter.jsp 的处理过程，说明 JSP 页面与 Servlet 有密切的关系。counter.jsp 定义了一个 int 类型的变量 count，并对其赋初值 0，然后对其进行自加运算，count 的内容变为 1，然后在网页上显示变量 count 的值。

例 11-2　counter.jsp

```
<%@ page language=” java” contentType=” text/html; charset=UTF-8”
    pageEncoding=” UTF-8” %>
<html>
```

```
<head>
<meta http-equiv=" Content-Type" content=" text/html; charset=UTF-8" >
<title>Insert tite here</title>
</head>
<body>
<%
    int count=0;
    count++;
%>
Count:<%=count%>
<br>
</body>
</html>
```

例 11-2 的 JSP 页面，经过转译阶段，将会得到 counter_jsp.java 文件，从该文件中的 counter_jsp 类的定义可以看到，它继承自 HttpJspBase 类，如图 11-14 所示。

```
public final class counter_jsp extends org.apache.jasper.runtime.HttpJspBase
    implements org.apache.jasper.runtime.JspSourceDependent {
```

图 11-14　counter_jsp 的类定义

而 HttpJspBase 则继承自 HttpServlet 类。如图 11-15 所示。

```
public abstract class org.apache.jasper.runtime.HttpJspBase extends javax.servlet.http.HttpServlet implements ja
```

图 11-15　HttpJspBase 的类定义

由图 11-15 可见，JSP 就是 Servlet。在这个 Servlet 类中的_jspService()方法中，可以看到，JSP 页面中的 HTML 语言部分，是使用 out.write()语句来输出的，图 11-16 展示了自动生成的_jspService()方法的部分内容。

```
  out.write("\r\n");
  out.write("<html>\r\n");
  out.write("<head>\r\n");
  out.write("<meta http-equiv=\"Content-Type\" content=\"text/html; charset=UTF-8\">\r\n");
  out.write("<title>Insert title here</title>\r\n");
  out.write("</head>\r\n");
  out.write("<body>\r\n");

int count = 0;
count++;

  out.write("\r\n");
  out.write("Count: ");
  out.print(count);
  out.write("\r\n");
  out.write("<br>\r\n");
  out.write("</body>\r\n");
  out.write("</html>");
```

图 11-16　_jspService()方法的部分内容

当 WEB 服务器收到客户请求的时候，服务器返回的页面如图 11-17 所示，页面的 HTML 源代码如图 11-18 所示。

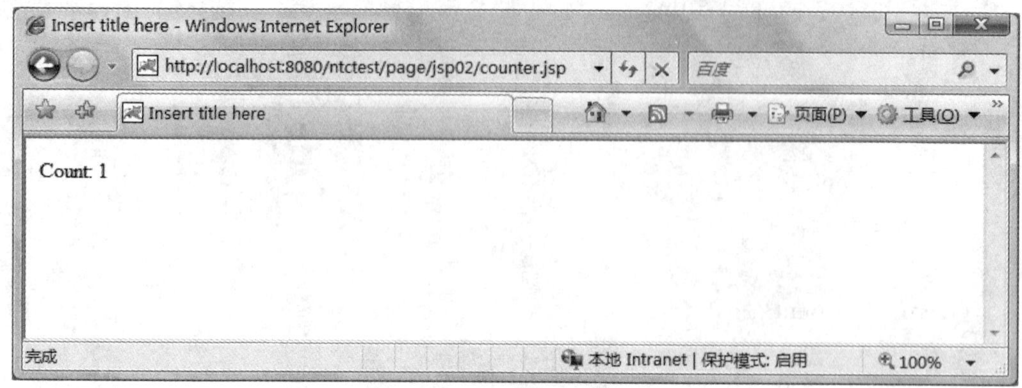

图 11-17　counter.jsp 页面的显示

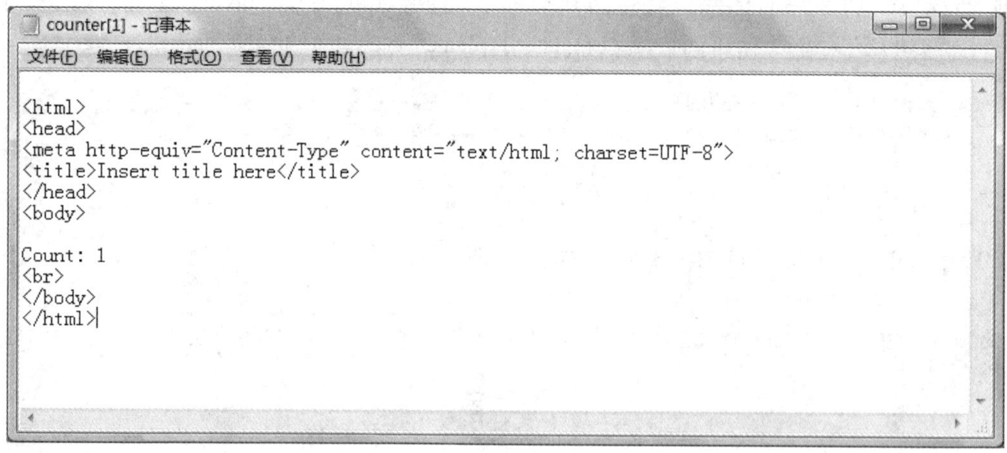


```
<html>
<head>
<meta http-equiv="Content-Type" content="text/html; charset=UTF-8">
<title>Insert title here</title>
</head>
<body>

Count: 1
<br>
</body>
</html>
```

图 11-18　服务器返回的 HTML 代码

将图 11-18 所示的 HTML 代码与原始的例 11-2 代码做个比较，可以看到，原始 JSP 页面中的 Java 代码已经被其运行结果所替换。

11.6　习　题

（1）请简述 WEB 服务器的工作原理。

（2）请简述 JSP 页面的处理过程。

（3）请简述 Servlet 的配置方法和处理过程。

（4）请简述 JSP 与 Servlet 的关联。

第 12 章　综合应用实例

12.1　记事本软件

例 12-1 的代码，展示了一个基于 Java 的记事本软件的设计。该程序具有简单的菜单功能，能够完成文本数据的编辑、粘贴等功能，能够将文本数据存盘保存。

例 12-1　EditorFrame.java

```
import java.lang.*;
import java.awt.*;
import java.io.*;
import java.awt.datatransfer.*;
import java.awt.event.*;
public class EditorFrame extends Frame implements ActionListener
{
    TextArea textArea = new TextArea(); //编辑文本区
    MenuBar menuBar = new MenuBar();  //菜单栏

    /*  “文件”下拉菜单的新建，保存，另存，和退出等选项  */
    Menu fileMenu = new Menu("File");  //文件菜单
    MenuItem newItem = new MenuItem("New");
    MenuItem openItem = new MenuItem("Open");
    MenuItem saveItem = new MenuItem("Save");
    MenuItem saveAsItem = new MenuItem("Save As");
    MenuItem exitItem = new MenuItem("Exit");

    /*  编辑菜单，以及全选，复制，剪切，粘贴等选项  */
    Menu editMenu = new Menu("Edit");
    MenuItem selectItem = new MenuItem("Select All");
    MenuItem copyItem = new MenuItem("Copy");
    MenuItem cutItem = new MenuItem("Cut");
    MenuItem pasteItem = new MenuItem("Paste");

    String fileName = "NoName";  //设置默认的文件名
```

```
Toolkit toolKit = Toolkit.getDefaultToolkit();
Clipboard clipBoard = toolKit.getSystemClipboard(); //剪切板对象
/* 打开文件对话框和保存文件对话框 */

private FileDialog openFileDialog = new
FileDialog(this, "Open File", FileDialog.LOAD);
private FileDialog saveAsFileDialog = new
FileDialog(this,"Sava File As", FileDialog.SAVE);
public EditorFrame(){
        setTitle("NotePad");
        setFont(new Font("Times New Roman", Font.PLAIN,12));
        setBackground(Color.white);
        setSize(500,500);
        // 在窗口中添加菜单栏
        fileMenu.add(newItem);
        fileMenu.add(openItem);
        fileMenu.addSeparator();
        fileMenu.add(saveItem);
        fileMenu.add(saveAsItem);
        fileMenu.addSeparator();
        fileMenu.add(exitItem);
        editMenu.add(selectItem);
        editMenu.addSeparator();
        editMenu.add(copyItem);
        editMenu.add(cutItem);
        editMenu.add(pasteItem);
        menuBar.add(fileMenu);
        menuBar.add(editMenu);
        setMenuBar(menuBar);
        add(textArea);
        addWindowListener(new WindowAdapter(){
        // 指定窗口的退出方式
       public void windowClosing(WindowEvent e){
                        System.exit(0);
                }
        } );
        // 注册各个菜单项的事件监听器
        newItem.addActionListener(this);
```

```
            openItem.addActionListener(this);
            saveItem.addActionListener(this);
            exitItem.addActionListener(this);
            selectItem.addActionListener(this);
            copyItem.addActionListener(this);
            cutItem.addActionListener(this);
            pasteItem.addActionListener(this);
        }
        public void actionPerformed(ActionEvent e){
            Object eventSource = e.getSource();
            //利用事件源判断被点击的菜单项
            if(eventSource == newItem){
                    textArea.setText(""); //新建时请空文本区
            }else if(eventSource == openItem){
                  //显示打开文件的对话框
                    openFileDialog.show();
                  fileName=openFileDialog.getDirectory()+
                        openFileDialog.getFile();
                    if(fileName != null)
                            readFile(fileName);
            }else if(eventSource == saveItem){
                    if(fileName != null)
                            writeFile(fileName);
            }else if(eventSource == saveAsItem){
                    //显示保存文件的对话框
                    saveAsFileDialog.show();
                    fileName = saveAsFileDialog.getDirectory()+saveAsFile
Dialog. getFile();
                    if(fileName != null)
                            writeFile(fileName);
            }else if(eventSource == selectItem){
                    textArea.selectAll(); //全选
            }else if(eventSource == copyItem){
          String text = textArea.getSelectedText(); //复制
          selection = new StringSelection(text);
          clipBoard.setContents(selection, null);
            }else if(eventSource == cutItem){
         String text = textArea.getSelectedText();
```

```
            StringSelection selection = new StringSelection(text);
                clipBoard.setContents(selection, null);
                //剪切时用空串代替被选字符。
        textArea.replaceRange("",textArea.getSelectionStart(),textArea.getSelectionEnd());

                    }else if(eventSource == pasteItem){
                            Transferable contents = clipBoard.getContents(this);
                            if(contents==null) return;
                            String text;
                            text = "";
                            try{

text=(String)contents.getTransferData(DataFlavor.stringFlavor);
                            }catch(Exception exception){

                            }

textArea.replaceRange(text,textArea.getSelectionStart(),textArea.getSelectionEnd());
                    }else if(eventSource == exitItem){
                            System.exit(0);
                    }
            }
            public void readFile(String fileName){
                    //读文件
                    try{
                            File file = new File(fileName);
                            FileReader readIn = new FileReader(file);
                            int size = (int)file.length();
                            int charsRead = 0;
                            char[] content = new char[size];
                            while(readIn.ready())
                            charsRead+= readIn.read(content, charsRead, size-charsRead);
                            readIn.close();
                            textArea.setText(new String(content,0,charsRead));
                    }catch(IOException e){
                            System.out.println("Error opening File");
                    }
            }
```

```
        public  void  writeFile(String  fileName){
                //写文件
                try{
                        File  file  =  new  File(fileName);
                        FileWriter  writeOut  =  new  FileWriter(file);
                        writeOut.write(textArea.getText());
                        writeOut.close();
                }catch(IOException  e){
                        System.out.println("Error  writing  file");
                }
        }
            public  static  void  main(String[]  args){
                Frame  frame1  =  new  EditorFrame();
                //  让窗口居中显示
                Dimension screenSize = Toolkit.getDefaultToolkit(). getScreenSize();
                Dimension  frame1Size  =  frame1.getSize();
                if(frame1Size.height  >  screenSize.height){
                        frame1Size.height=  screenSize.height;
                }
                if(frame1Size.width  >  screenSize.width){
                        frame1Size.width  =  screenSize.width;
                }
    frame1.setLocation((screenSize.width - frame1Size.width)/2,(screenSize.height-frame1 Size.height)/2);
                //=======================================
                frame1.show();
        }
    }
```

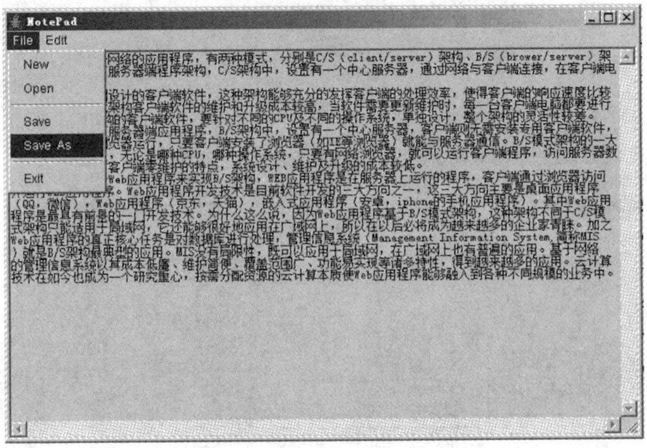

图 12-1　记事本软件界面

12.2 学生成绩管理系统

本节介绍一个基于 Java 的学生成绩管理系统的设计，该程序基于 MDB 数据库，使用 awt 包实现图形用户界面设计，具有系统登陆、课程管理、学生成绩的录入、查询、修改或删除和刷新等功能，是一个相对完整的 Java 应用程序。

1. 数据库结构

图 12-2 所示为学生成绩管理系统的数据库结构设计，共包括 6 个数据库，分别是 C、Databank、Datastr、Java、Math、System。使用 Access 数据库，数据库文件名“ScoreSystem.mdb”。

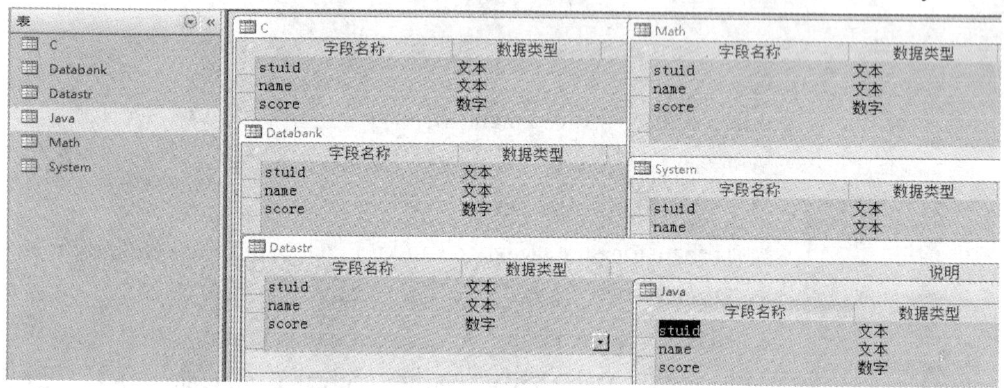

图 12-2 数据库结构

2. 设置数据源

学生成绩管理系统使用 JDBC 实现数据库访问，因此首先要设置数据源。

设置步骤：控制面板→管理工具→数据源（OBBC），如图 12-3 所示。

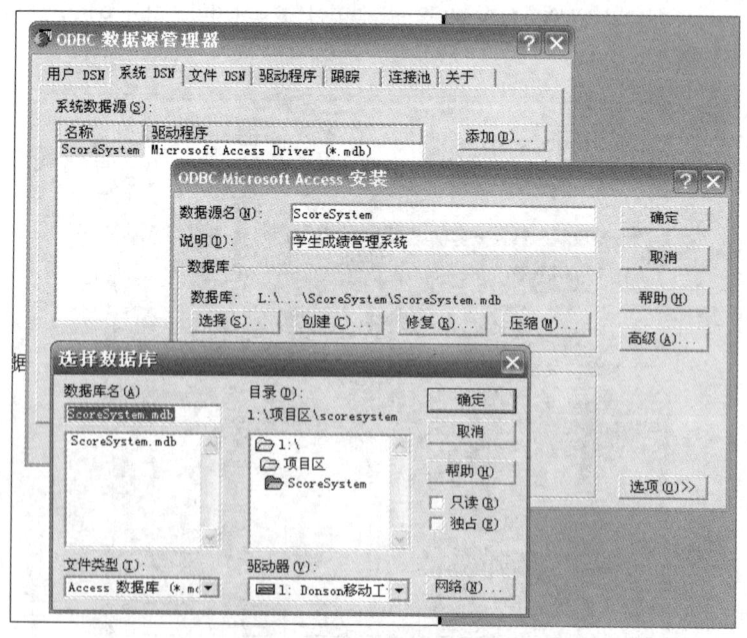

图 12-3 数据源设置

3. 登录系统界面

图 12-4 所示为软件启动的第一个界面，系统登录界面，输入账号、密码，即可进入系统。

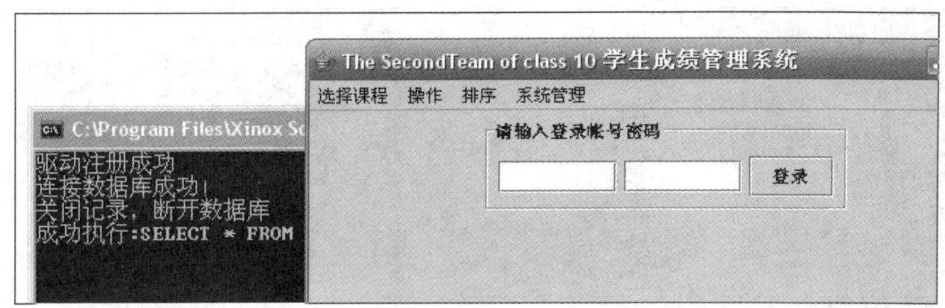

图 12-4 登录界面

4. 课程管理

如图 12-5 所示，用户可选择要管理的课程种类。

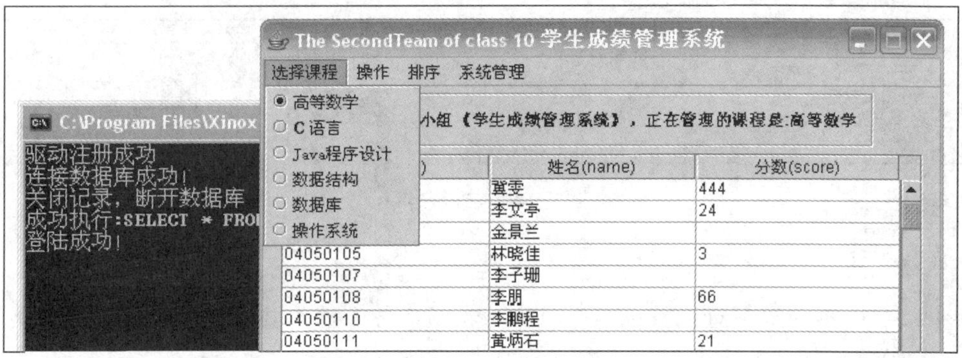

图 12-5 管理课程选择

5. 操作功能菜单

如图 12-6 所示，在操作功能菜单里分别设了录入、查询、修改或删除和刷新的功能。

图 12-6 操作功能选择菜单

6. 修改或删除成绩

如图 12-7 所示为成绩修改与删除。

学号: 04050103 姓名: 金景兰 分数: 0 修改 删除

学号(stuid)	姓名(name)	分数(score)
04050101	冀雯	444
04050102	李文亭	24
04050103	金景兰	
04050105	林晓佳	3
04050107	李子珊	

图 12-7　修改与删除成绩

7. 成绩录入

如图 12-8 所示为成绩录入界面。

录入

学号: 姓名: 分数: 添加

图 12-8　成绩录入

8. 成绩查询

如图 12-9 所示为成绩查询界面。查询功能能以 7 种条件查找学生信息，分别为学号少于、学号大于、学号等于、姓名为、成绩少于、成绩等于、成绩大于等于。

查询

搜索学生: score< 20 搜索 刷新

学号(stuid)	姓名(name)	分数(score)
04050105	林晓佳	3
04050113	崔天杰	12
04050117	佘展奕	12
04051402	栗晓倩	4

图 12-9　成绩查询界面

9. 成绩排序

如图 12-10 所示为成绩排序界面。共有 4 种排序方式，分别为学号由大到小、由小到大，成绩由高到低、由低到高。

10. 系统管理

如图 12-11 所示为系统管理菜单。

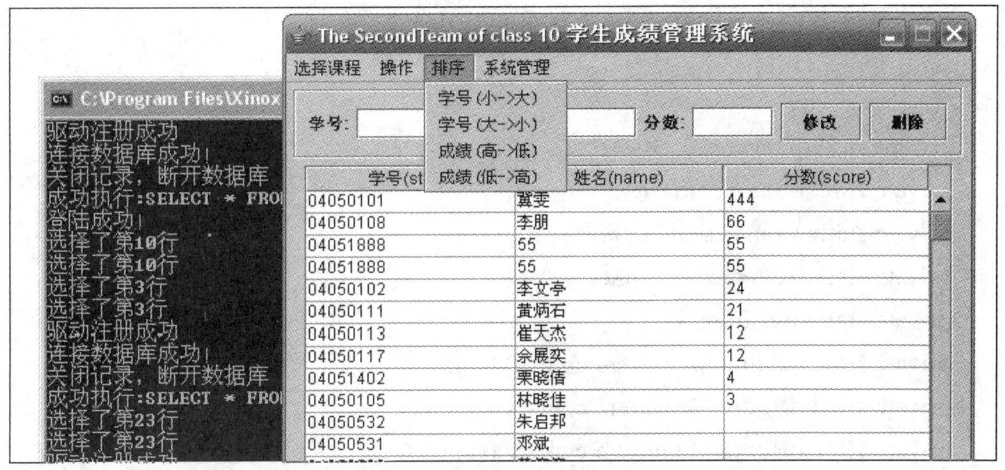

图 12-10　成绩排序

图 12-11　系统管理菜单

例 12-2　MainFrame.java

```
import java.awt.*;
import java.awt.event.ActionEvent;
import java.awt.event.ActionListener;
import java.io.PrintStream;
import java.sql.*;
import java.util.Vector;
import javax.swing.*;
import javax.swing.event.ListSelectionEvent;
import javax.swing.event.ListSelectionListener;
import javax.swing.table.AbstractTableModel;

public class MainFrame extends JFrame
```

```
    implements ActionListener, ListSelectionListener
{
    JFrame myWindow;
    private JMenuBar menuBar;
    private static Connection conn;
    private static Statement comm;
    private static ResultSet rs;
    private JRadioButtonMenuItem courseMath;
    private JRadioButtonMenuItem courseC;
    private JRadioButtonMenuItem courseJava;
    private JRadioButtonMenuItem courseDatastr;
    private JRadioButtonMenuItem courseDatabank;
    private JRadioButtonMenuItem courseSystem;
    private JMenuItem Record;
    private JMenuItem Find;
    private JMenuItem Redel;
    private JMenuItem Refurbish;
    private JMenuItem Stuids;
    private JMenuItem Stuidz;
    private JMenuItem Scores;
    private JMenuItem Scorez;
    private JMenuItem Password;
    private JMenuItem Outlogin;
    private JMenuItem Aboutme;
    private JPanel cardRecord;
    private JPanel cardFind;
    private JPanel cardRedel;
    private JPanel carddl;
    private JPanel cardwc;
    private static JLabel jl;
    private static JLabel jl2;
    private static JLabel jl3;
    private Font t;
    private static String scourse = "Math";
    String data2[] = {
        "stuid=", "stuid>", "stuid<", "name=", "score=", "score>=", "score<"
    };
```

```
JComboBox data2List;
static JButton go;
static JButton add2;
static JButton drop;
static JButton del;
static JButton jbse;
static JButton flush;
static JButton dl;
static JButton ss;
JTable jt;
private static JTextField jid;
private static JTextField jname;
private static JTextField jscore;
private static JTextField se;
private static JTextField uname;
private static JTextField upassword;
private static JTextField jid2;
private static JTextField jname2;
private static JTextField jscore2;
private static int total = 0;
private static int k = 10;
private static int row = 0;
private static int i = 0;
JScrollPane s;
Vector vect;
String columnNames[] = {
      "学号(stuid)", "姓名(name)", "分数(score)"
};
AbstractTableModel tm;
private static String sql;

public MainFrame()
{
      menuBar = new JMenuBar();
      courseMath = new JRadioButtonMenuItem("高等数学", true);
      courseC = new JRadioButtonMenuItem(" C 语言", false);
      courseJava = new JRadioButtonMenuItem("Java 程序设计", false);
      courseDatastr = new JRadioButtonMenuItem("数据结构", false);
```

```
courseDatabank = new JRadioButtonMenuItem("数据库", false);
courseSystem = new JRadioButtonMenuItem("操作系统", false);
Record = new JMenuItem("录入");
Find = new JMenuItem("查询");
Redel = new JMenuItem("修改或删除");
Refurbish = new JMenuItem("刷新");
Stuids = new JMenuItem("学号(小->大)");
Stuidz = new JMenuItem("学号(大->小)");
Scores = new JMenuItem("成绩(低->高)");
Scorez = new JMenuItem("成绩(高->低)");
Password = new JMenuItem("修改登录密码");
Outlogin = new JMenuItem("退出系统");
Aboutme = new JMenuItem("关于本程序");
cardRecord = new JPanel();
cardFind = new JPanel();
cardRedel = new JPanel();
carddl = new JPanel();
cardwc = new JPanel();
t = new Font("宋体", 0, 12);
data2List = new JComboBox(data2);
vect = new Vector();
tm = new AbstractTableModel() {

    public int getColumnCount()
    {
        return 3;
    }

    public int getRowCount()
    {
        return MainFrame.k;
    }

    public Object getValueAt(int j, int l)
    {
        return ((Vector)vect.get(j)).get(l);
    }

    public String getColumnName(int j)
```

```
        {
            return columnNames[j];
        }

        final MainFrame this$0;

        {
            this$0 = MainFrame.this;
            super();
        }
    }
;
    myWindow = new JFrame("The SecondTeam of class 10  学生成绩管理系统");
    setDefaultCloseOperation(3);
    myWindow.setResizable(false);
    setcardRecordPanel();
    setcardFindPanel();
    setcardRedelPanel();
    setdlPanel();
    setwcPanel();
    FlowLayout flowlayout = new FlowLayout();
    myWindow.getContentPane().setLayout(flowlayout);
    myWindow.setJMenuBar(menuBar);
    JMenu jmenu = new JMenu("选择课程");
    JMenu jmenu1 = new JMenu("操作");
    JMenu jmenu2 = new JMenu("系统管理");
    JMenu jmenu3 = new JMenu("排序");
    jl2 = new JLabel("");
    jmenu.add(courseMath);
    jmenu.add(courseC);
    jmenu.add(courseJava);
    jmenu.add(courseDatastr);
    jmenu.add(courseDatabank);
    jmenu.add(courseSystem);
    ButtonGroup buttongroup = new ButtonGroup();
    buttongroup.add(courseMath);
    buttongroup.add(courseC);
    buttongroup.add(courseJava);
```

```
buttongroup.add(courseDatastr);
buttongroup.add(courseDatabank);
buttongroup.add(courseSystem);
jmenu1.add(Record);
jmenu1.add(Find);
jmenu1.add(Redel);
jmenu1.addSeparator();
jmenu1.add(Refurbish);
jmenu3.add(Stuids);
jmenu3.add(Stuidz);
jmenu3.add(Scorez);
jmenu3.add(Scores);
jmenu2.add(Aboutme);
jmenu2.add(Password);
jmenu2.addSeparator();
jmenu2.add(Outlogin);
menuBar.add(jmenu);
menuBar.add(jmenu1);
menuBar.add(jmenu3);
menuBar.add(jmenu2);
courseMath.addActionListener(this);
courseC.addActionListener(this);
courseJava.addActionListener(this);
courseDatastr.addActionListener(this);
courseDatabank.addActionListener(this);
courseSystem.addActionListener(this);
Record.addActionListener(this);
Find.addActionListener(this);
Redel.addActionListener(this);
Refurbish.addActionListener(this);
Stuids.addActionListener(this);
Stuidz.addActionListener(this);
Scores.addActionListener(this);
Scorez.addActionListener(this);
Password.addActionListener(this);
Outlogin.addActionListener(this);
Aboutme.addActionListener(this);
del.addActionListener(this);
```

```
add2.addActionListener(this);
drop.addActionListener(this);
jbse.addActionListener(this);
ss.addActionListener(this);
dl.addActionListener(this);
jmenu.setFont(t);
jmenu1.setFont(t);
jmenu2.setFont(t);
jmenu3.setFont(t);
courseMath.setFont(t);
courseC.setFont(t);
courseJava.setFont(t);
courseDatastr.setFont(t);
courseDatabank.setFont(t);
courseSystem.setFont(t);
Record.setFont(t);
Find.setFont(t);
Redel.setFont(t);
Refurbish.setFont(t);
Stuids.setFont(t);
Stuidz.setFont(t);
Scores.setFont(t);
Scorez.setFont(t);
Password.setFont(t);
Outlogin.setFont(t);
Aboutme.setFont(t);
myWindow.getContentPane().add(cardRecord);
myWindow.getContentPane().add(cardRedel);
myWindow.getContentPane().add(cardFind);
myWindow.getContentPane().add(carddl);
myWindow.getContentPane().add(cardwc);
hidecard();
jt = new JTable(tm);
jt.setSelectionMode(0);
jt.getSelectionModel().addListSelectionListener(this);
s = new JScrollPane(jt);
myWindow.getContentPane().add(s);
myWindow.getContentPane().add(jl2);
```

```
        s.setVisible(false);
        carddl.setVisible(true);
        cardwc.setVisible(false);
    }

    public void setwcPanel()
    {
        FlowLayout flowlayout = new FlowLayout();

cardwc.setBorder(BorderFactory.createTitledBorder(BorderFactory.createEtchedBorder(),
""));
        cardwc.setLayout(flowlayout);
        jl3 = new JLabel("《学生成绩管理系统》，正在管理的课程是:高等数学");
        cardwc.add(jl3);
    }

    public void setcardRecordPanel()
    {
        FlowLayout flowlayout = new FlowLayout();

cardRecord.setBorder(BorderFactory.createTitledBorder(BorderFactory.createEtchedBorder(),
"录入"));
        cardRecord.setLayout(flowlayout);
        add2 = new JButton("添加");
        jid2 = new JTextField(8);
        jname2 = new JTextField(7);
        jscore2 = new JTextField(5);
        cardRecord.add(new JLabel("学号:"));
        cardRecord.add(jid2);
        cardRecord.add(new JLabel("姓名:"));
        cardRecord.add(jname2);
        cardRecord.add(new JLabel("分数:"));
        cardRecord.add(jscore2);
        cardRecord.add(add2);
    }

    public void setcardFindPanel()
    {
```

```
        FlowLayout flowlayout = new FlowLayout();

cardFind.setBorder(BorderFactory.createTitledBorder(BorderFactory.createEtchedBorder(),    "
查询"));
        cardFind.setLayout(flowlayout);
        se = new JTextField(9);
        jbse = new JButton("搜索");
        ss = new JButton("刷新");
        cardFind.add(new JLabel("搜索学生:"));
        cardFind.add(data2List);
        cardFind.add(se);
        cardFind.add(jbse);
        cardFind.add(ss);
    }

    public void setcardRedelPanel()
    {
        FlowLayout flowlayout = new FlowLayout();

cardRedel.setBorder(BorderFactory.createTitledBorder(BorderFactory.createEtchedBorder(),
""));
        cardRedel.setLayout(flowlayout);
        jid = new JTextField(7);
        jname = new JTextField(7);
        jscore = new JTextField(5);
        drop = new JButton("修改");
        del = new JButton("删除");
        cardRedel.add(new JLabel("学号:"));
        cardRedel.add(jid);
        cardRedel.add(new JLabel("姓名:"));
        cardRedel.add(jname);
        cardRedel.add(new JLabel("分数:"));
        cardRedel.add(jscore);
        cardRedel.add(drop);
        cardRedel.add(del);
    }

    public void setdlPanel()
```

```
	{
		FlowLayout flowlayout = new FlowLayout();
carddl.setBorder(BorderFactory.createTitledBorder(BorderFactory.createEtchedBorder(), "请输入登录账号密码"));
		carddl.setLayout(flowlayout);
		uname = new JTextField(7);
		upassword = new JTextField(7);
		dl = new JButton("登录");
		carddl.add(uname);
		carddl.add(upassword);
		carddl.add(dl);
	}

	public void hidecard()
	{
		cardwc.setVisible(false);
		cardRecord.setVisible(false);
		cardRedel.setVisible(false);
		cardFind.setVisible(false);
		carddl.setVisible(false);
	}

	public void exce(String s1)
	{
		try
		{
			jt.getSelectionModel().removeListSelectionListener(this);
			rs = execQuery(s1);
			vect.removeAllElements();
			tm.fireTableDataChanged();
			for(total = 0; rs.next(); total++)
			{
				Vector vector = new Vector();
				vector.addElement(rs.getString(1));
				vector.addElement(rs.getString(2));
				vector.addElement(rs.getString(3));
				vect.addElement(vector);
```

```
            }

            k = total;
            MainFrame _tmp = this;
            closeDB();
            System.out.println((new  StringBuilder()).append(" 成 功 执 行 :").append(s1).
toString());
            jt.getSelectionModel().addListSelectionListener(this);
        }
        catch(Exception exception)
        {
            jl2.setText("无法执行,请填入正确的数据");
            System.out.println("执行失败,可能查询为空");
            k = 0;
        }
    }

    public void excesql(String s1)
    {
        try
        {
            conBuild();
            Statement statement = conn.createStatement();
            statement.executeUpdate(s1);
            myWindow.repaint();
            jl2.setText("操作已执行");
            System.out.println((new  StringBuilder()).append(" 成 功 执 行 :").append(s1).
toString());
            MainFrame _tmp = this;
            closeDB();
        }
        catch(Exception exception)
        {
            jl2.setText("无法执行,请填入正确的数据");
            System.out.println((new  StringBuilder()).append(s1).append(" 无 法 执 行 ").
toString());
        }
    }
```

```
public static void regDriver()
{
      try
      {
            Class.forName("sun.jdbc.odbc.JdbcOdbcDriver").newInstance();
            System.out.println("驱动注册成功");
      }
      catch(Exception exception)
      {
            System.out.println("无法创建驱动程序实体!");
      }
}

public static void conBuild()
{
      try
      {
            regDriver();
            conn = DriverManager.getConnection("jdbc:odbc:ScoreSystem", "", "");
            conn.setAutoCommit(true);
            System.out.println("连接数据库成功！ ");
      }
      catch(Exception exception)
      {
            System.out.println(exception.getMessage());
            System.out.println("无法连接数据库!，请检查是否设置好数据源！ ");
      }
}

public static ResultSet execQuery(String s1)
{
      try
      {
            conBuild();
            comm = conn.createStatement();
            rs = comm.executeQuery(s1);
            return rs;
      }
```

```
        catch(Exception exception)
        {
            System.out.println("创建 Statement 失败!");
        }
        return null;
    }

    public static void closeDB()
    {
        try
        {
            comm.close();
            conn.close();
            System.out.println("关闭记录，断开数据库");
        }
        catch(Exception exception)
        {
            System.out.println(exception.getMessage());
        }
    }

    public void actionPerformed(ActionEvent actionevent)
    {
        if(actionevent.getSource() == dl)
        {
            s.setVisible(true);
            carddl.setVisible(false);
            cardwc.setVisible(true);
            jl2.setText("登陆成功！ ");
            System.out.println("登陆成功！ ");
        }
        if(actionevent.getSource() == courseMath)
        {
            scourse = "Math";
            exce((new StringBuilder()).append("SELECT * FROM ").append(scourse).
append (" order by stuid").toString());
            myWindow.repaint();
            hidecard();
```

```
            cardwc.setVisible(true);
            jl2.setText("你选择了管理［高等数学］学生成绩");
            jl3.setText("《学生成绩管理系统》，正在管理的课程是:高等数学");
            System.out.println("选择了管理［高等数学］学生成绩");
        }
        if(actionevent.getSource() == courseJava)
        {
            scourse = "Java";
            exce((new StringBuilder()).append("SELECT * FROM ").append(scourse).
append(" order by stuid").toString());
            myWindow.repaint();
            hidecard();
            cardwc.setVisible(true);
            jl2.setText("你选择了管理［Java 程序设计］学生成绩");
            jl3.setText("《学生成绩管理系统》，正在管理的课程是:Java 程序设计");
            System.out.println("选择了管理［Java 程序设计］学生成绩");
        }
        if(actionevent.getSource() == courseC)
        {
            scourse = "C";
            exce((new StringBuilder()).append("SELECT * FROM ").append(scourse).
append(" order by stuid").toString());
            myWindow.repaint();
            hidecard();
            cardwc.setVisible(true);
            jl2.setText("你选择了管理［C 语言］学生成绩");
            jl3.setText("《学生成绩管理系统》，正在管理的课程是:C 语言");
            System.out.println("选择了管理［C 语言］学生成绩");
        }
        if(actionevent.getSource() == courseDatastr)
        {
            scourse = "Datastr";
            exce((new StringBuilder()).append("SELECT * FROM ").append(scourse).
append(" order by stuid").toString());
            myWindow.repaint();
            hidecard();
            cardwc.setVisible(true);
            jl2.setText("你选择了管理［数据结构］学生成绩");
```

```
            jl3.setText("《学生成绩管理系统》，正在管理的课程是:数据结构");
            System.out.println("选择了管理［数据结构］学生成绩");
        }
        if(actionevent.getSource() == courseDatabank)
        {
            scourse = "Databank";
            exce((new StringBuilder()).append("SELECT * FROM ").append(scourse).
append(" order by stuid").toString());
            myWindow.repaint();
            hidecard();
            cardwc.setVisible(true);
            jl2.setText("你选择了管理［数据库］学生成绩");
            jl3.setText("《学生成绩管理系统》，正在管理的课程是:数据库");
            System.out.println("选择了管理［数据库］学生成绩");
        }
        if(actionevent.getSource() == courseSystem)
        {
            scourse = "System";
            exce((new StringBuilder()).append("SELECT * FROM ").append(scourse).
append(" order by stuid").toString());
            myWindow.repaint();
            hidecard();
            cardwc.setVisible(true);
            jl2.setText("你选择了管理［操作系统］学生成绩");
            jl3.setText("《学生成绩管理系统》，正在管理的课程是:操作系统");
            System.out.println("选择了管理［操作系统］学生成绩");
        }
        if(actionevent.getSource() == Record)
            try
            {
                jid.setText("");
                jname.setText("");
                jscore.setText("");
                myWindow.repaint();
                hidecard();
                cardRecord.setVisible(true);
                jl2.setText("选择录入操作");
            }
```

```
        catch(Exception exception)
        {
            jl2.setText("你的选择有误");
        }
    if(actionevent.getSource() == Find)
        try
        {
            se.setText("");
            myWindow.repaint();
            hidecard();
            cardFind.setVisible(true);
            jl2.setText("选择查询操作");
        }
        catch(Exception exception1)
        {
            jl2.setText("你的选择有误");
        }
    if(actionevent.getSource() == Redel)
        try
        {
            jid.setText("");
            jname.setText("");
            jscore.setText("");
            myWindow.repaint();
            hidecard();
            cardRedel.setVisible(true);
            jl2.setText("选择修改或删除操作");
        }
        catch(Exception exception2)
        {
            jl2.setText("你的选择有误");
        }
    if(actionevent.getSource() == Refurbish)
    {
        exce((new StringBuilder()).append("SELECT * FROM ").append(scourse).
append(" order by stuid").toString());
        jid.setText("");
        jname.setText("");
```

```
				jscore.setText("");
				myWindow.repaint();
				hidecard();
				cardRedel.setVisible(true);
				jl2.setText("提示:刷新成功");
			}
			if(actionevent.getSource() == ss)
			{
				exce((new StringBuilder()).append("SELECT * FROM ").append(scourse).
append(" order by stuid").toString());
				se.setText("");
				hidecard();
				cardFind.setVisible(true);
				jl2.setText("提示:刷新成功");
			}
			if(actionevent.getSource() == Stuids)
			{
				exce((new StringBuilder()).append("SELECT * FROM ").append(scourse).
append(" order by stuid").toString());
				jid.setText("");
				jname.setText("");
				jscore.setText("");
				myWindow.repaint();
				hidecard();
				cardRedel.setVisible(true);
				jl2.setText("排序成功");
			}
			if(actionevent.getSource() == Stuidz)
			{
				exce((new StringBuilder()).append("SELECT * FROM ").append(scourse).
append(" order by stuid desc").toString());
				jid.setText("");
				jname.setText("");
				jscore.setText("");
				myWindow.repaint();
				hidecard();
				cardRedel.setVisible(true);
				jl2.setText("排序成功");
```

```
            }
            if(actionevent.getSource() == Scores)
            {
                exce((new StringBuilder()).append("SELECT * FROM ").append(scourse).
append(" order by score").toString());
                jid.setText("");
                jname.setText("");
                jscore.setText("");
                myWindow.repaint();
                hidecard();
                cardRedel.setVisible(true);
                jl2.setText("排序成功");
            }
            if(actionevent.getSource() == Scorez)
            {
                exce((new StringBuilder()).append("SELECT * FROM ").append(scourse).
append(" order by score desc").toString());
                jid.setText("");
                jname.setText("");
                jscore.setText("");
                myWindow.repaint();
                hidecard();
                cardRedel.setVisible(true);
                jl2.setText("排序成功");
            }
            if(actionevent.getSource() == add2)
            {
                excesql((new StringBuilder()).append("insert into ").append(scourse).append("
values('").append(jid2.getText()).append("','").append(jname2.getText()).append("','").append(
jscore2.getText()).append("')").toString());
                exce((new StringBuilder()).append("SELECT * FROM").append(scourse).
append(" order by stuid").toString());
                jid2.setText("");
                jname2.setText("");
                jscore2.setText("");
                myWindow.repaint();
                hidecard();
                cardRecord.setVisible(true);
```

```
            jl2.setText("提示：添加成功");
            System.out.println("执行添加操作");
        }
        if(actionevent.getSource() == drop)
        {
            excesql((new StringBuilder()).append("update ").append(scourse).append(" set name='").append(jname.getText()).append("'        ,score='").append(jscore.getText()).append("' where stuid='").append(jid.getText()).append("'").toString());
            exce((new StringBuilder()).append("SELECT * FROM ").append(scourse).append(" order by stuid").toString());
            jid.setText("");
            jname.setText("");
            jscore.setText("");
            myWindow.repaint();
            hidecard();
            cardRedel.setVisible(true);
            jl2.setText("提示：修改成功");
        }
        if(actionevent.getSource() == del)
        {
            excesql((new StringBuilder()).append("DELETE FROM ").append(scourse).append(" WHERE stuid='").append(jid.getText()).append("'").toString());
            exce((new StringBuilder()).append("SELECT * FROM ").append(scourse).append(" order by stuid").toString());
            jid.setText("");
            jname.setText("");
            jscore.setText("");
            myWindow.repaint();
            hidecard();
            cardRedel.setVisible(true);
            jl2.setText((new StringBuilder()).append("提示:成功删除学号为").append(jid.getText()).append("的数据").toString());
            System.out.println("执行删除操作");
        }
        if(actionevent.getSource() == jbse)
        {
            if(data2List.getSelectedIndex() >= 4)
            {
```

```
                String s1 = (new StringBuilder()).append("SELECT * FROM ").
append(scourse).append(" WHERE ").append(data2List.getSelectedItem()).append(se.getText()).
toString();
                exce(s1);
            } else
            {
                System.out.println("执行删除");
                String s2 = (new StringBuilder()).append("SELECT * FROM
").append(scourse).append(" WHERE ").append(data2List.getSelectedItem()).append("'").
append(se.getText()).append("'").toString();
                exce(s2);
            }
            myWindow.repaint();
            hidecard();
            cardFind.setVisible(true);
            jl2.setText("提示:成功查询学生数据");
            System.out.println("执行查询操作");
        }
        if(actionevent.getSource() == Aboutme)
        {
            String s3 = "关于本程序";
            String s4 = "学生成绩管理系统。";
            int j = -1;
            j = 1;
            JOptionPane.showMessageDialog(null, s4, s3, j);
        }
        if(actionevent.getSource() == Outlogin)
        {
            System.out.println("退出程序！");
            System.exit(0);
        }
    }

    public void valueChanged(ListSelectionEvent listselectionevent)
    {
        row = 0;
        row = jt.getSelectedRow();
        if(row < 0)
```

```
            row = 0;
        Object obj = jt.getValueAt(row, 0);
        Object obj1 = jt.getValueAt(row, 1);
        Object obj2 = jt.getValueAt(row, 2);
        hidecard();
        cardRedel.setVisible(true);
        jid.setText(obj.toString());
        jname.setText(obj1.toString());
        if(obj2 != null)
            jscore.setText(obj2.toString());
        else
            jscore.setText("0");
        row++;
        System.out.println((new StringBuilder()).append(" 选 择 了 第 ").append (row).
append("行").toString());
        jl2.setText((new StringBuilder()).append("你选择了第").append (row). append("行
").toString());
    }

    public static void main(String args[])
    {
        MainFrame mainframe = new MainFrame();
        mainframe.myWindow.setBounds(50, 50, 500, 580);
        String s1 = "SELECT * FROM Math order by stuid";
        mainframe.exce(s1);
        mainframe.myWindow.setVisible(true);
    }
}
```

参考文献

[1] 丁振凡. Java 语言实用教程[M]. 北京：北京邮电大学出版社，2008.

[2] ECKEL B. Thinking in Java[M]. Upper Saddle River, New Jersey, USA: Prentice Hall, 2006.

[3]（美）阿诺德,（美）戈斯林，美（詹姆斯）. Java 程序设计语言[M]. 陈昊鹏等，译. 北京：人民邮电出版社，2006.

[4] 耿祥义，张跃平. JAVA 实用教程[M]. 北京：清华大学出版社，2003.

[5] 孙涌. 现代软件工程[M]. 北京：北京希望电子出版社，2003.

[6] 清宏计算机工作室. JAVA 编程技巧[M]. 北京：机械工业出版社，2004.

[7] 张孝祥. 深入 Java Web 开发内幕——核心基础[M]. 北京：电子工业出版社，2006.

[8] 孙卫琴，李洪成. Tomcat 与 Java Web 开发技术详解[M]. 北京：电子工业出版社，2003.